Wolfgang Benz

ALLEIN GEGEN HITLER

Wolfgang Benz

ALLEIN GEGEN HITLER

Leben und Tat
des Johann Georg Elser

C.H.Beck

Mit 29 Abbildungen

www.chbeck.de
Umschlaggestaltung: Kunst oder Reklame, München
Umschlagabbildung: Schweizerisches Bundesarchiv E4320B#1970/25#2*
Satz: Janß GmbH, Pfungstadt
Druck und Bindung: CPI – Ebner & Spiegel, Ulm
Gedruckt auf säurefreiem und alterungsbeständigem Papier
Printed in Germany
ISBN 978 3 406 80061 0

klimaneutral produziert
www.chbeck.de/nachhaltig

Inhalt

Vorwort

Der Versuch, dem Widerstandskämpfer Georg Elser in einer Biografie gerecht zu werden, stößt auf viele Schwierigkeiten. Die erste: Außer dem 1939 entstandenen Protokoll des Gestapoverhörs gibt es kein Schriftstück, in dem Georg Elser seine Gedanken, Empfindungen, Ängste oder Glücksgefühle übermittelt hat. Der wortkarge Mann schrieb nicht. Das zweite Problem besteht darin, dass die Hintergründe des Attentats im Bürgerbräukeller erforscht und dargestellt sind, dass es keine Zweifel an der Alleintäterschaft mehr gibt, dass die Legenden über Auftraggeber und Hintermänner, gar über eine Regie der Nazis erledigt sind. Eine dritte Misshelligkeit liegt darin, dass keine neuen Quellen verfügbar sind und dass die Mitlebenden Georg Elsers nicht mehr befragt werden können.

Warum also doch eine neue Anstrengung, Georg Elser und seiner Tat gerecht zu werden? Der Autor hat in den 1960er Jahren als junger Historiker, als studentische Hilfskraft im Archiv des Instituts für Zeitgeschichte, die akribischen Forschungen Anton Hochs über den Attentäter aus Königsbronn begleitet. Dr. Hoch, der strenge Chef, und der zur Aufsässigkeit neigende Student hatten Probleme miteinander. Die Erforschung des Bürgerbräu-Attentats durch den penibel quellenkritischen Archivar und Historiker erzwang jedoch Hochachtung, und ich habe in den Jahren im Münchner Institut mehr gelernt als in den Seminaren der Universität. Ebenfalls Ende der 1960er Jahre machte Lothar Gruchmann den sensationellen Fund des Verhörprotokolls im Bundesarchiv. Mit Gruchmann verband mich bald eine kollegiale Freundschaft, und Anton Hoch schloss Frieden mit mir. Er wurde besiegelt mit dem Taschenbuch «Der Attentäter aus dem Volke» im November 1980. Die Idee dazu hatte Walter Pehle, der Schöpfer der Schwarzen Reihe im Fischer Taschenbuch Verlag. Er benutzte mich als Kurier, um die beiden Autoren Hoch und

Gruchmann zusammenzubringen, zur gemeinsamen Publikation des Forschungsaufsatzes und der Quellenedition in einem publikumswirksamen Band. Den Dank beider, deren Verhältnis nicht ganz spannungsfrei gewesen war, nachdem der eine jahrelange Detailforschung betrieben hatte, während der andere durch Zufall das zentrale Dokument entdeckt hatte, durfte ich erfahren.

Als Randfigur der frühen Elser-Forschung war ich mit dem Thema vertraut und durch Herkunft aus der Region interessiert, einem Desiderat der bisherigen wissenschaftlichen Literatur über Elser zu begegnen: dem Einfluss der Landschaft und ihrer Menschen auf den Entschluss des bildungsfernen Handwerkers zum Widerstand in seiner höchsten Ausprägung, dem Tyrannenmord.

Die Schwierigkeiten wurden durch die Neigung zum Gegenstand nicht geringer. Die Forschungsleistung der Autoren Peter Steinbach und Johannes Tuchel hat in wissenschaftlicher Hinsicht das Thema Georg Elser glanzvoll zu Ende gebracht. Biografien haben in unterschiedlicher Weise die schwer zugängliche Persönlichkeit Elsers mit ihren Emotionen zu beleben versucht. Durch unermüdliches Zitieren aus dem Verhörprotokoll sollte Authentizität vermittelt werden, oder die Erfindung von Dialogen sollte aus den so spröden wie spärlichen Quellen Funken sprühen lassen.

Die folgenden Kapitel versuchen sich auf schlichtere Weise einem Lebensbild Georg Elsers anzunähern. Anliegen des Autors ist es vor allem, Georg Elser im historischen, sozialen, politischen und menschlichen Kontext zu sehen, als fröhlichen Handwerker in seiner süddeutschen Heimat, als Bürger und moralisch empfindendes politisches Wesen, im Widerstand gegen das Unrechtsregime, als Opfer und in jahrelanger Todesnot. Schließlich gehört die Wirkungsgeschichte seiner Tat untrennbar zum Thema: die Verleumdung und Verleugnung durch die NS-Propaganda, deren jahrzehntelange Folgen, zuletzt die Apotheose als Held, Jahrzehnte nach seinem Tod.

1. Acht Tote und 63 Verletzte – aber Hitler lebt
Der Mordanschlag im Münchner Bürgerbräu

Am 8. November 1939 detonierte gegen 21.20 Uhr im Festsaal des Münchner Bürgerbräukellers eine Bombe. Sie brachte die Decke des Saals zum Einsturz. Acht Menschen wurden getötet, 63 verletzt. Der Anschlag hatte Adolf Hitler gegolten.

Ort und Termin hatten hohe symbolische Bedeutung. Hier, im Münchner Traditions-Brauereikeller, an dessen Stelle heute das Kulturzentrum am Gasteig steht, hatte Adolf Hitler zum ersten Mal nach der Macht gegriffen. Am 8. November 1923 war er mit Anhängern in eine politische Versammlung, veranstaltet von der konservativen Bayerischen Volkspartei und reaktionären militanten Vaterländischen Verbänden aus Anlass des fünften Jahrestags der Novemberrevolution, eingedrungen, hatte theatralisch mit einer Pistole gegen die Decke des Saales geschossen und die anwesenden Repräsentanten der bayerischen Staatsmacht zu Spießgesellen einer «nationalen Diktatur» zu erpressen versucht.[1] Eine «Proklamation an das deutsche Volk» wurde in ganz München plakatiert, die verkündete, «die Regierung der Novemberverbrecher in Berlin» sei abgesetzt und durch die «provisorische deutsche Nationalregierung» unter Führung des Weltkriegsheroen Ludendorff und des Vorsitzenden der rechtsextremen Splitterpartei NSDAP, Adolf Hitler (bei Mitwirkung des Reichswehrgenerals von Lossow und des bayerischen Polizeiobersten von Seisser) ersetzt worden. Da die beiden letztgenannten und der bayerische Generalstaatskommissar Gustav von Kahr sich bald dem Einfluss der Putschisten wieder entziehen konnten, wurde der Staatsstreich schnell zur Operette, allerdings mit blutigem Ende. Unter beträchtlichem Beifall aus der Bevölkerung setzte sich am Vormittag des 9. November vom Bürgerbräukeller aus ein Zug Bewaffneter in Bewegung, Richtung Innen-

Der Saal des Bürgerbräukellers

stadt. An dessen Spitze schritten Ludendorff und Hitler. Die bayerische Staatsregierung hatte inzwischen die Zügel wieder in der Hand. An der Feldherrnhalle am Odeonsplatz erwartete Landespolizei die Demonstranten. Ein Schusswechsel verwandelte den Demonstrationszug in das Chaos wilder Flucht. 16 Putschisten, drei Polizeibeamte und ein Passant kamen ums Leben. Hitler entfloh, wurde zwei Tage später verhaftet. Die NSDAP wurde verboten, die Teilnehmer des Hitlerputsches standen im Frühjahr 1924 wegen erwiesenen Hochverrates vor Gericht. Sie fanden milde Richter. Am 27. Februar 1925 war der Festsaal des Bürgerbräukellers Schauplatz der Wiedergeburt der NSDAP. Hier gründete Hitler nach dem Ende des Verbots die Partei zum zweiten Mal.

Der Hitlerprozess[2] war ein Justizskandal. Er stand am Anfang der Mythologisierung des Hitlerputsches, der als Meistererzählung der NSDAP zur historischen Tat, zum heroischen Rettungsversuch des Deutschen Reiches verklärt und ab 1933 alljährlich symbolisch reinszeniert wurde. Die NS-Propaganda deutete das Geschehen vom kläglichen

Misserfolg eines dilettantischen Staatsstreichversuchs zum triumphalen Heilsgeschehen um, dessen mit allen Emblemen und dem Ritual einer politischen Religion feierlich gedacht wurde. Der gelernte Pferdeknecht Christian Weber, seit 1920 NSDAP-Mitglied und als Leibwächter zur engsten Entourage Hitlers gehörend, leitete nach seinem Aufstieg zum Münchner Lokalpolitiker das «Amt für den 8./9. November», das für die Dekoration und Inszenierung des Spektakels und die Betreuung der «Alten Kämpfer» zuständig war.[3]

Am Abend des 8. Novembers trafen sich im Münchner Bürgerbräukeller stets die «Alten Kämpfer», um des Putschversuchs von 1923 zu gedenken. Am 9. November wurden die «Blutzeugen der Bewegung» mit einem makabren Zeremoniell geehrt. Kostümiert wie damals (ein eigener Fundus verwaltete die historischen Gewänder) marschierte die NS-Prominenz den gleichen Weg wie 1923, musikalisch untermalt und dekoriert mit Fahnenschmuck und Feuerschalen auf Pylonen. Aber seit 1934 endete der Zug nicht mehr an der Feldherrnhalle, dem Ort des einstigen kläglichen Scheiterns, sondern ging weiter zum Königsplatz. Die noble klassizistische Anlage Leo von Klenzes hatten die Nationalsozialisten zum Aufmarschplatz verunstaltet. Das «Parteiforum» der NSDAP war mit Platten belegt (weil darauf die Stiefel von Marschformationen so schön knallten) und zum zentralen Kultort und Aufmarschgelände des Nationalsozialismus geworden. Überragt vom «Führerbau» und dem «Verwaltungsbau der NSDAP» bildeten zwei Ehrentempel für die «Blutzeugen der Bewegung» von 1923 den Mittelpunkt. Die «Gefallenen der Bewegung», die 16 Toten der Schießerei an der Feldherrnhalle vom 9. November 1923, waren 1935 in die Ehrentempel überführt worden. Alljährlich am 9. November wurden auf dem Königsplatz die Herangewachsenen der HJ in die NSDAP übernommen, den Abschluss bildeten nächtliche Treueschwüre des SS-Nachwuchses auf dem Platz.

Die Rede Hitlers vor den «Alten Kämpfern» der NSDAP am Abend des 8. November im Bürgerbräukeller war der Höhepunkt des nationalsozialistischen Feierjahrs. Im Bürgerbräusaal, der Platz für 2000 Gäste bot, fühlten sich Parteiprominenz und Gefolgsleute aus der Anfangszeit der NSDAP, als sie noch eine radikale völkische Sekte mit einem linkischen Demagogen an der Spitze gewesen war, belacht vom Bürgertum, en famille, schwelgten in Erinnerung und lauschten ihrem Idol,

Hitler während seiner Rede im Bürgerbräukeller am 8. November 1939. Im Pfeiler hinter der Fahne tickt die Bombe.

das die armseligen Anfänge der Bewegung zum nationalen Heldenepos stilisierte.

Am 8. November 1939 war die Situation anders als in den Vorjahren. Am 1. September hatte mit dem Überfall auf Polen der Krieg begonnen, auf den Hitler zielstrebig hingearbeitet hatte. Das übliche Ritual des Abends war verkürzt worden. Hitler reiste unmittelbar nach der Veranstaltung nach Berlin zurück. Wegen möglichen schlechten Wetters konnte er in der Frühe des nächsten Tags nicht fliegen. Die Abfahrt des Zuges im Münchner Hauptbahnhof war auf 21.32 Uhr festgesetzt. Deshalb verließ Hitler mit seinem Gefolge aus Reichsministern und Parteigrößen um 21.07 Uhr unter den Klängen der Nationalhymne den Raum. Als die Bombe um 21.20 Uhr explodierte, waren noch 200 Personen im Saal, die beim Bier die Führerrede nachklingen und nachwirken ließen.

Hitler erfuhr bei einem Halt des Zuges in Nürnberg, wie knapp er dem Anschlag entgangen war. Sein Propagandaminister, der mit ihm im

Salonwagen saß, informierte ihn und verewigte den historischen Moment in seinem Tagebuch: «In Nürnberg kommt eine Hiobsbotschaft, ich muß dem Führer ein Telegramm überreichen, nach dem kurz nach unserem Verlassen des Bürgerbräus dort eine Explosion stattfand. 8 Tote und 60 Verletzte. Das ganze Gewölbe heruntergestürzt. Das ist ungeheuerlich. Der Führer hält die Nachricht zuerst für eine Mystifikation. Aber ich frage in Berlin nach, alles stimmt. Man hatte schon zweimal versucht, den Zug anzuhalten, aber ohne Erfolg. Der Umfang des Schadens ist riesengroß. Ein Attentat, zweifellos in London erdacht und wahrscheinlich von bayerischen Legitimisten durchgeführt. Der Führer diktiert ein Communique, das ich gleich schon in Nürnberg herausgebe. Wir überlegen ausgiebig wahrscheinliche Täterschaft, Folgen und evtl. Maßnahmen. Wir halten das Volk vorläufig noch zurück, bis wir wenigstens wissen, aus welcher Richtung der Anschlag kommt. Der Führer und wir alle sind wie durch ein Wunder dem Tode entronnen. Wäre die Kundgebung wie alle Jahre vorher programmgemäß durchgeführt worden, dann lebten wir alle nicht mehr. Er steht doch unter dem Schutz des Allmächtigen. Er wird erst sterben, wenn seine Mission erfüllt ist.»[4]

Für Hitler und sein Sprachrohr Goebbels war die Schuldfrage sofort geklärt. Hitler hatte im Bürgerbräu in seiner Rede den Vorwurf, Großbritannien trage die Schuld am Krieg, eintönig eine knappe Stunde lang paraphrasiert.[5] Folgerichtig meldete der «Völkische Beobachter» am 9. November, «der ruchlose Anschlag» habe im ganzen deutschen Volk höchste Erbitterung und Empörung ausgelöst: «Im gleichen Augenblick, da die Nachricht von dem Verbrechen bekannt wurde, fühlte jeder Deutsche instinktiv, daß England hinter dieser Freveltat steht.»[6] Zum Beweis wurde eine Verlautbarung des Reichsführers SS Himmler angeführt, der als Chef der deutschen Polizei oberste Instanz in Sicherheitsfragen war, nach der die Spuren der Täter ins Ausland führen würden, weshalb eine zusätzliche Belohnung in ausländischer Währung, zahlbar durch die zuständige deutsche diplomatische Vertretung, ausgesetzt sei (damit war das inländische Kopfgeld von 600 000 RM auf insgesamt 900 000 RM erhöht).

Tatsächlich führte die Spur nach Württemberg, in das Dorf Königsbronn. Das wussten auch die Ermittler einige Tage später. Aber glauben durften sie lange nicht, dass der Schreinergeselle Johann Georg Elser aus Königsbronn der Täter war, der den Anschlag ganz allein und selbstständig ausführte, dass nur er für den Plan, die Konstruktion der Bombe und die perfekte Logistik verantwortlich war. Dass es keine Hintermänner, nicht einmal Mitwisser gab. Am wenigsten wollte der zufällig davongekommene Hitler an die Alleintäterschaft des schlichten Mannes aus dem Schwabenland glauben. Sein Wunsch war den Propagandisten des Regimes Befehl. Auftraggeber in Großbritannien wurden erfunden und so unermüdlich beschworen, dass neue Legenden entstanden, in denen die Nazis selbst die Auftraggeber gewesen seien, um die Unverletzlichkeit des «Führers» durch das Walten der «Vorsehung» zu beschwören.

2. Königsbronn: Industriedorf auf der Schwäbischen Alb – Idyll und Rebellen

Das Dorf Königsbronn liegt am östlichen Rand der Schwäbischen Alb, zwischen Albuch und Härtsfeld, den beiden bewaldeten Hochflächen, die vom Tal der Brenz geteilt sind. Die Brenz entspringt einem Quelltopf in der Mitte des Ortes. Der Brenztopf ist ein Quellsee von 43 Metern Durchmesser und – das ergaben neueste Forschungen – 56 Metern Tiefe, aus dem die Brenz nicht als kindlich-zaghaftes Rinnsal, das erst allmählich Gewalt gewinnt, sondern gleich in voller Kraft und ansehnlicher Gestalt die unterirdische Fluss- und Höhlenwelt verlässt. Von gleicher Art, jedoch berühmter, ist der Quellsee der Blau in Blaubeuren, Ursprung eines anderen Nebenflusses der Donau. Im Blautopf lebte nach dem Märchen Eduard Mörikes in einem prächtigen Palast die «schöne Lau», eine Wassernixe lieblicher Gestalt, traurig in der Verbannung. Die Quelle der Blau fand damit Eingang in die Literaturgeschichte, der Königsbronner Brenztopf gehört in die Technikgeschichte: Johann Georg Blezinger, der geniale Unternehmer der Barockzeit, ließ 1772 am Ausfluss des Königsbronner Quelltopfes einen eisernen Wasserkasten mit Fallen-, Räder- und Schaufelwerk errichten, um damit eine Hammerschmiede anzutreiben. Die Einrichtung war die erste dieser Art in Europa. Sie bestand bis 1881. Die Situation, auch das Gebäude der frühindustriellen Hammerschmiede, ist unverändert.

Georg Elser hat den See mit seinem kristallklaren Wasser, das je nach Beleuchtung smaragdgrün oder tiefblau erscheint, den dahinter aufragenden Dolomitfelsen und den Herwartstein mit spärlichen Überresten einer Burg aus staufischer Zeit genauso gesehen, die Schönheit der Umgebung genossen wie der heutige Besucher seines von Wäldern um-

Blick auf Königsbronn vom Herwartstein aus, 1910

gebenen Heimatortes. Freilich sind die Wirtshäuser und Gasthöfe, wie das «Weiße Rössle», der «Hirsch», der «Adler», der «Ochsen», das «Lamm», «Schützen» und «Schlegel», heute nur noch Kulissen ohne hungrige, durstige oder müde Gäste, und der «Hecht», in dem Georg mit der Zither und dem Kontrabass an Vereinsabenden musizierte und den jungen Damen gefiel, wurde nach langem Leerstand 2022 abgerissen.

Die Brenz mündet bei Lauingen in die Donau. Unmittelbar nördlich Königsbronns, nahe dem Ursprung des Flusses «Schwarzer Kocher», der in die entgegengesetzte Richtung fließt und sich bald mit dem «Weißen Kocher» vereinigt, verläuft die Europäische Wasserscheide zwischen Rhein und Donau, zwischen Nordsee und Schwarzem Meer. In der Karstlandschaft der Schwäbischen Alb, die durch aufragende Kalksteinfelsen, Quellen und Höhlen geprägt ist, entstand unweit des Ursprungs der Brenz 1303 bei der Siedlung «Springen» das Zisterzienserkloster Fontes Regio (Königsbronn), das Anfang des 19. Jahrhunderts auch dem Ort den Namen gab. Die Zisterzienser begründeten dort die württembergische Eisenproduktion. Die «Schwäbischen Hüttenwerke» sind mit ihrer mehr als 650 Jahre währenden Tradition der älteste Industriebetrieb Deutschlands. Die Zisterzienser hatten im 14. Jahrhundert in Königsbronn mit der Verhüttung von Bohnerz, das in der Umgebung reichlich vorkommt und im Tagebau zu gewinnen war, den Grundstein gelegt. 1651 wurde der erste Hochofen angeblasen. Energiequelle war das Holz der Schwäbischen Alb. Der Eisengewinnung folgten Produktionszweige der Eisenverarbeitung wie Gießereien, Schmieden und Hammerwerke. Bis 1796 besaß das Herzogtum Württemberg das Monopol der Eisenerzeugung und des Eisenhandels auf seinem Territorium.

Johann Georg Blezinger (1717–1795), Gastwirt und Bierbrauer in Königsbronn, war als geschickter Kaufmann und genialer Erfinder ein Pionier der Industrialisierung in spätbarocker Zeit. Als einer der frühesten Montanunternehmer pachtete er die herzoglichen Eisenwerke im Brenztal und im Schwarzwald, kaufte weitere aus fürstlichem Besitz dazu und betrieb Schmiede- und Hammerwerke. Herzog Karl Eugen von Württemberg (1737–1793), jener Despot, vor dem der junge Friedrich Schiller 1782 aus der Militärakademie, der Hohen Karlsschule in Stuttgart, floh, kam gern nach Königsbronn zur Jagd. Er wohnte dann im Fürstenzimmer im «Palais Blezinger», dem einstigen Wirtshaus «Zum Löwen», das der zu Wohlstand gekommene Industriemagnat zum Wohnhaus mit einer prunkvollen Rokoko-Fassade hatte umbauen lassen. Seit 1885 ist es das Rathaus der Gemeinde.

Die Jagdleidenschaft der Herzöge bedeutete für die Untertanen nicht nur Fronarbeit als Treiber mit der Pflicht, Hunde vorzuhalten, sondern der zu hohe Wildbestand schadete auch der Landwirtschaft, und das Jagdprivileg der Obrigkeit machte Wilderei zum schweren Verbrechen. Aus Not und aus Ohnmacht ob ihrer Rechtlosigkeit begehrten Arme auf, frevelten im Wald, um ihre Ernährung aufzubessern. Es ging dabei auf beiden Seiten, der jagdlustigen Herrschaft wie der unbotmäßigen Untertanen, nicht zimperlich zu. Etliche Forstbeamte wurden von Wilderern ermordet, das trug den Königsbronnern den Spitznamen «Wildschützen» ein. Sie sangen auch ein Heimatlied, in dem sie der «verfluchten Schnauzbartjungen» spotteten, denen Schweizerkäse zum Genuss empfohlen ward, während die Armen sich am Wildbret gütlich taten. Folgerichtig gibt es seit 1982 ein Wilderermuseum in Königsbronn, das erste überhaupt, das dieser Form von Auflehnung gegen Obrigkeit und Besitzanspruch gewidmet ist.

Herzogliche Willkür und Jagdleidenschaft prägten das rebellische Selbstbewusstsein der Bewohner des Industriedorfes Königsbronn. Sie waren mehrheitlich als Arbeiter in den Eisenwerken tätig oder als Handwerker mittelbar oder direkt abhängig davon. Tagelöhner leisteten Fuhr- und Spanndienste, transportierten Holz, Holzkohle, Erz, Schlacke, Asche und natürlich auch die Fertigprodukte. Die Bauern lebten nicht nur von bescheidener Landwirtschaft, sondern sie waren als Arbeiterbauern mit den Eisenwerken existentiell verbunden.

Gegen Entscheidungen höheren Ortes setzten sich die selbstbewussten Schwaben zur Wehr, wenn sie sich im Recht fühlten. Das Zisterzienserkloster war in der Reformation evangelisch geworden. Aufgrund des Restitutionsediktes von 1629 setzten kaiserliche Kommissare 1630 wieder einen katholischen Abt ein, zum Unwillen der Bevölkerung. Abt Theodor wollte wegen der gröblich ausgetragenen Streitigkeiten das Kloster heimlich verlassen, wurde von der Bevölkerung aber daran gehindert. Die Königsbronner sangen Spottlieder auf den Papst, beschmierten den kaiserlichen Schutzbrief, der am Kloster angeschlagen war, mit Kot und schossen auf den unerwünschten, weil katholischen Gottesmann. Dessen Rettung erfolgte 1632 in Gestalt schwedischer Reiter, die ihn gefangen nahmen und abführten.[1]

Nicht nur in religiösen Dingen verstanden die protestantischen Königsbronner keinen Spaß. 1818 beschloss das Finanzministerium des 1806 zum Königreich erhobenen Landes Württemberg das Hammerwerk in Itzelberg, einem Nachbar- und heutigen Teilort Königsbronns, zu schließen. Die Arbeiter wollten das nicht hinnehmen. In einem Fußmarsch von 18 Stunden Dauer begaben sich drei Delegierte mit einem Mandat der Kollegen versehen nach Stuttgart, wo sie Gelegenheit fanden, dem König den Protest der Belegschaft vorzutragen. Der ließ sich aber nicht umstimmen. Die drei Hammerschmiede wurden außerdem mit Haftstrafen wegen ihrer Eigenmächtigkeit belegt. Eine späte Parallele, die jedoch von größerem Erfolg gekrönt war, spielte im Jahr 2019, als Arbeiter der Schwäbischen Hüttenwerke den Erhalt ihrer Arbeitsplätze gegen Managementfehler der Geschäftsführung der Nachfolgebetreiber erkämpften, wozu sie die Mitarbeitergesellschaft «Glückauf

1365» gründeten, die ein Drittel der Anteile der Restrukturierungsgesellschaft hält. Damit wurde die Existenz des historischen Unternehmens gerettet, das mit seinen Hartgusswalzen immer noch Weltmarktführer ist. Der «Hüttenwerksstolz» der Arbeiter hatte zusammen mit der lokalen und regionalen Mentalität, sich nicht ohne weiteres in scheinbar Unabänderliches zu fügen, gesiegt.

Über die Menschen auf der Ostalb hat sich der Dichter Christian Friedrich Daniel Schubart ziemlich drastisch geäußert. Schubart, im nahen Aalen aufgewachsen und nach wilden Studentenjahren kurze Zeit in Königsbronn als Hauslehrer in der Familie Blezinger tätig, wurde berühmt, weil er gegen Fürstenmacht geschrieben und sich als Freigeist bei Hofe unbeliebt gemacht hatte. Herzog Karl Eugen ließ ihn, der zuerst in Augsburg, dann in Ulm, der Reichsstadt an der Donau, die Zeitschrift «Deutsche Chronik» herausgab, 1777 auf württembergisches Gebiet entführen und hielt ihn zehn Jahre auf der Festung Hohenasperg im Kerker gefangen. Schubarts Werk als Dichter und Musiker blieb im Schatten seines Ruhms als Opfer absolutistischen Machtmissbrauchs.

Schubart beschrieb seine Landsleute als «Bürger von altdeutscher Sitte, bieder, geschäftig, wild und stark wie ihre Eichen, Verächter des Auslands, trotzige Vertheidiger ihres Kittels, ihrer Misthäufen und ihrer donnernden Mundart». Das wurde 1791 gedruckt und galt, trotz aller Abschleifung durch die Zeitläufe, in vielem noch lange, zumal zur Zeit des jungen Georg Elser, wenn man Begriffe wie Werte, Rechtsempfinden und Selbstgewissheit, Bürgersinn und Beharrlichkeit unter den vom Dichter beschriebenen Eigenschaften versteht. Im Falle Elser traf die Charakterisierung der Bewohner der rauen Alb nicht zuletzt für die Sprache zu, in der er sich ausdrückte. Den schwäbischen Dialekt der Region hatte Schubart so beschrieben: «Was in Aalen gewöhnlicher Ton ist, – scheint in andern Städten Trazischer Aufschrei und am Hofe Raserei zu seyn.»[2] Die gewöhnlichen Eigenschaften, die das Milieu im Industriedorf Königsbronn in der ersten Hälfte des 20. Jahrhunderts bestimmten – Eigensinn und Sparsamkeit, direkte Rede, Hartnäckigkeit und Recht-haben-Wollen –, waren steigerbar. Aus dem Gerechtigkeitssinn konnte Trotz werden, gelebt als Empörung und Rebellion. Der Zorn der Schwaben über das Projekt eines neuen Bahnhofs in Stuttgart brachte so ein Wutbürgertum hervor, das zu Beginn des 21. Jahrhunderts die Welt in Erstaunen setzte.

Es mag dahingestellt bleiben, ob Aufsässigkeit und Rebellentum – vornehmer ausgedrückt: Freiheitsdurst, Rechtsgefühl und die Bereitschaft zum Widerstand gegen fehlbare Obrigkeit – in der Region besonders leicht entflammbar sind. Auch Graf Stauffenberg und die Geschwister Scholl stammten aus dieser Gegend. Merkwürdigerweise wird Claus Schenk Graf Stauffenberg, der auf Schloss Jettingen bei Günzburg zur Welt kam, einem alten württembergischen Adelsgeschlecht entstammte und in heimischer Umgebung schwäbischen Dialekt sprach, nie als «schwäbischer Widerstandskämpfer» apostrophiert. Auch die studierenden Geschwister Scholl müssen auf das bei der Würdigung ihres Widerstands herkunftweisende Attribut verzichten. Georg Elser, der Handwerker aus Königsbronn, wird dagegen stets und ständig als schwäbischer Schreinergeselle tituliert, als müsse ein Makel konstatiert werden, da er weder von Adel, noch aus dem Militär, nicht einmal aus dem Bildungsbürgertum stammte. Deshalb wird er über die Region und durch die kleinen Verhältnisse, aus denen er kam, definiert und – bewusst oder absichtslos, aber stets eindeutig – auch stigmatisiert, denn das Attribut «schwäbisch» konnotiert die Herkunft mit Charaktereigenschaften wie Einfalt, Unbildung, Provinzialität, beschränktem Horizont, Naivität.

Dass das Milieu den zu früher Einsicht in das unheilvolle Wesen des Hitlerregimes gelangten jungen Mann aus Württemberg geprägt hat, bleibt unbestritten. Seine intellektuelle Leistung als Widerstandskämpfer und seine moralische Integrität sind aber unabhängig von den sozialen und regionalen Determinanten seiner Persönlichkeit zu bewerten. Hohes Gerechtigkeitsempfinden, Skepsis gegenüber politischem Trug und falschem Versprechen sowie die Neigung zum Protest sind in Georg Elsers Heimat freilich besonders ausgeprägt. Protestantische Ethik in der speziellen Form des schwäbischen Pietismus wirkte mindestens bis weit ins 20. Jahrhundert auf die bürgerliche Moral auch derjenigen, die nicht unbedingt kirchenfromm waren. Der Pfarrer von Königsbronn, ein Altersgenosse Georg Elsers, sorgte sich im Dritten Reich unter Hitlers Herrschaft nicht nur im stillen Gebet um die Integrität seiner Kirche gegenüber dem Einfluss nationalsozialistischer Ideologie, die unter «Deutschen Christen» weit in die Gemeinden eingedrungen war.

Pfarrer Kadelbach, der zur Bekennenden Kirche gehörte, schrieb im September 1934 einen denkwürdigen Brief an den «Führer», in dem er deutliche Worte des Widerstands fand: «In der tiefen Not unserer württembergischen Landeskirche und der mir anvertrauten evangelischen Kirchengemeinde wende ich mich an Sie in letzter Stunde mit der eindringlichen Bitte, endlich unserer Gemeinden und unserer eigenen Gewissensnot ein Ende zu machen, weil die Folgen weiterer Vergewaltigung unserer Kirche mit ihrer altüberlieferten Tradition furchtbare sein müssen. Die Vorgänge in meiner Gemeinde am gestrigen Sonntag lassen uns mit einer unmittelbar bevorstehenden Christenverfolgung rechnen.» Pfarrer Kadelbach meinte damit die massive Störung des Sonntagsgottesdienstes am 16. September 1934, mit der sich die regimekritischen Angehörigen der Bekennenden Kirche mit dem Oberhirten der Württembergischen Landeskirche Theophil Wurm solidarisierten. Der war einige Tage zuvor vom Stuttgarter Satrapen des NS-hörigen «Reichsbischofs» Ludwig Müller angegriffen worden. Dessen «Rechtswalter» August Jäger hatte den Landesbischof Wurm der Veruntreuung von Geld bezichtigt. Die Haltlosigkeit des Vorwurfs erwies später das Stuttgarter Landgericht.

Im Herbst 1934 schlug der Kirchenkampf auch in Königsbronn Wellen. An der Unterschriftenaktion für Bischof Wurm hatten sich in der laut Pfarrer Kadelbach «nicht sehr kirchlich eingestellten Arbeiterwohngemeinde» überraschend viele Christen beteiligt. Am späten Abend des 16. September 1934 bekam der Königsbronner Pfarrer ungebetenen Besuch von lokalen Funktionären der NSDAP, die ihn anpöbelten und «mit großem Geschrei der Sabotage am Führer beschuldigt[en]; die Haltung wurde geradezu bedrohlich und der Landjäger mußte meinen Schutz übernehmen ...».[3]

Im Brief des Königsbronner Pfarrers an Hitler heißt es weiter: «Das Kirchenvolk steht treu zur bekennenden Kirche, viele Pfarrer, wie auch ich selbst, sind bereit Amt und Beruf aufzugeben, wenn das Unrecht in der Kirche siegt. Wenn Gott es will, wollen wir mit Seiner Hilfe gewiss unser Leben lassen. Unsere Pflicht vor Gott ist, unserem Volk mit Verkündigung seines Wortes zu dienen, solang wir das in reiner und lauterer Weise mit unverletztem Gewissen tun dürfen. Ich bitte Sie nachdrücklich: Sorgen Sie, dass unsere Kirche das bleiben darf, was sie ihrem Wesen nach sein muss, Kirche Jesu Christi, Kirche, in der nicht Gewalt und Verleumdung herrscht, sondern die der Gemeinde dient mit unverletztem Gewissen.»[4]

Die Polarisierung in Nazis und Regimekritiker prägte die Dorfgemeinschaft. Zur stillen Opposition gehörte Georg Elser, der den Hitlergruß vermied und den Raum verließ, wenn die Tiraden des Führers aus dem Volksempfänger drangen. Pfarrer Kadelbach, der sich exponiert hatte, wurde nicht verfolgt, aber belästigt. Etwa durch die Hitlerjugend, die geräuschvoll exerzierte, um den Gottesdienst oder andere geistliche Handlungen zu stören. Zum Schutz des Pfarrers fanden sich Forstmeister Rau und der Dorfpolizist, den man damals noch Landjäger nannte, regelmäßig zum Kartenspielen im Pfarrhaus ein. 1939 meldete sich der Königsbronner Pfarrer zum Kriegsdienst, 1943 wurde er eingezogen, an der Ostfront ist er seit 1944 vermisst.

Die Rechtschaffenheit und Zugehörigkeit der Menschen im Schwabenland und ihr gesellschaftlicher Status wurden traditionell an der Beobachtung bürgerlicher Tugenden wie Fleiß und Nüchternheit und Eigenschaften wie Herkunft und Stand, Religion und Besitz gemessen. Auch in Königsbronn funktionierte die damit einhergehende Sozialkontrolle reibungslos. Man arbeitete und feierte, darbte und schimpfte nicht nur zusammen, man fühlte sich zueinander gehörend, begegnete Fremden mit Zurückhaltung. Zuzug von außerhalb erfolgte erst allmählich, geheiratet wurde in der Nachbarschaft. Königsbronn hatte 1925 etwa 1300 Einwohner, 1939 waren es 1750, heute sind es (mit der Eingemeindung von Itzelberg, Ochsenberg und Zang) 7100.

3. Kindheit, Jugend, Wanderjahre

Georg Elser war 36 Jahre alt, als sein Foto am 22. November 1939 im «Völkischen Beobachter» die Nachricht der Ergreifung des Hitlerattentäters illustrierte.[1] Es zeigt einen nachdenklich bis skeptisch blickenden Mann, unrasiert, durch die Gestapohaft malträtiert und äußerlich ein bisschen verwahrlost. Damit sollte mit Bildlegenden wie «Der gemeinste Verbrecher des Jahrhunderts»[2] oder «Das gekaufte Werkzeug – Georg Elser»[3] ein möglichst negatives Bild gezeichnet werden. Das Bild wurde zur Chiffre, die in der gleichgeschalteten Presse des Dritten Reiches der «Volksgemeinschaft» einen unsympathischen Bösewicht vorführen sollte. Die Schlagzeilen wiesen den Weg und prägten sich ein. Aber was für ein Mensch war er wirklich?

Georg Elser war am 4. Januar 1903 in Hermaringen bei Heidenheim an der Brenz zur Welt gekommen. Der Vater, Ludwig Elser, stammte aus einem Bauernhof, als Ältester von 18 Geschwistern war er in Ochsenberg, das seit 1972 zur Gemeinde Königsbronn gehört, aufgewachsen. Im November 1903 heiratete er die sieben Jahre jüngere Maria Müller aus Hermaringen. Maria Elser war 1879 als uneheliches Kind in Heidelberg zur Welt gekommen. Ihre Mutter (von der sie den Nachnamen Müller führte) wollte nichts von dem Kind wissen und verschwand spurlos, als Maria neun Tage alt war. Der leibliche Vater Georg Lindenmaier holte sie, nachdem er in Hermaringen in die Wagnerei eingeheiratet hatte, zu sich und zog sie gemeinsam mit seiner Frau groß. Maria lebte und arbeitete bis zu ihrer Heirat im Haushalt und der Landwirtschaft des Vaters und der Stiefmutter.[4]

Als Maria Müller und Ludwig Elser heirateten, war ihr Sprössling Georg bereits zehn Monate alt. Er wurde nachträglich als eheliches Kind anerkannt. Fünf Geschwister kamen im Lauf der Zeit dazu. Friederike 1904, Maria 1906, Ludwig wurde 1909 geboren, er starb 1915, Anna kam

1910 und Leonhard 1913 zur Welt. Zwei weitere Schwestern wurden tot geboren. Die Liebe des Ältesten zu den Schwestern und zum zehn Jahre jüngeren Bruder war nicht besonders ausgeprägt. Weil Georg meist auf die Kleineren aufpassen musste, waren sie ihm eher Last als Quelle kindlicher Freuden. Mit Leonhard verstand er sich am wenigsten, die drei Jahre jüngere Maria stand ihm am nächsten. Sie war es, der er seine Habseligkeiten brachte, ehe er am 8. November 1939 in die Schweiz zu fliehen versuchte. Georgs Verhältnis zu den Eltern entsprach den Konventionen und dem Brauch der Zeit. Zärtlichkeiten wurden weniger demonstriert als Strafen vollstreckt. Vom Vater wurde Georg oft, von der Mutter gelegentlich verprügelt. Körperliche Züchtigung hielten Eltern wie Kinder für selbstverständlich, wenn es dafür Gründe gab: Verfehlungen oder Versäumnisse wurden schmerzhaft geahndet, ebenso Streiche aus jugendlichem Übermut. Das war überall so üblich. Auch in der Königsbronner Dorfschule wurde Autorität handgreiflich ausgeübt und von den Delinquenten hingenommen. Gefühlsregungen zu zeigen gehört nicht zu den besonders praktizierten Kulturtechniken der Schwaben. Die Erziehung zielte eher darauf, Emotionen zu unterdrücken. Nicht von ungefähr lautet im Schwäbischen die Vokabel für alle Formen verbaler Kommunikation «schwätzen», und früh wird erlernt, dass jedes Übermaß mündlicher Mitteilung zu vermeiden ist. Deshalb werden Schwaben als wortkarg wahrgenommen, selbst sehen sie diese Zurückhaltung als hohe Tugend.

Die Lebenswelt auf der Schwäbischen Ostalb war vor und nach dem Ersten Weltkrieg auch sozial von rauhem Klima, von harter Arbeit, Fleiß und Sparsamkeit, württembergischem Patriotismus und protestantischem Christentum bestimmt. Diese Religiosität musste sich nicht unbedingt in der Beobachtung amtskirchlicher Wünsche und Erwartungen ausdrücken. Als Haltung war lutherischer Protestantismus jedoch allgegenwärtig. Der Pietismus war als religiöse Laienbewegung im 17. Jahrhundert entstanden, im Südwesten Deutschlands blieb er auch im 20. Jahrhundert noch wirkmächtig. In Württemberg vor allem von Bürgern und Bauern getragen und von der weltlichen Obrigkeit gefördert, lebten Pietisten ohne sektiererischen Radikalismus, der sich in anderen Regionen ausbildete, im Einklang mit der lutherischen Lehre und der amtskirchlichen Autorität. Die schwäbischen Pietisten sehen Alltags-

Das Haus der Elsers, Ende 1910. Von links: Unbekanntes Mädchen, Ludwig, Marie, Georg, Friederike und Maria Elser mit Anna Elser auf dem Arm

frömmigkeit und gelebte Tugenden wie den Verzicht auf oberflächliche weltliche Genüsse – Theater, Tanz, Unterhaltungsliteratur und andere Lustbarkeit – als wesentlichen Inhalt des religiösen Strebens. Er ist ihnen wichtiger als kirchliche Rituale. Pietismus pflegt seine Eigenart neben dem öffentlichen Gottesdienst auch in privaten Zirkeln, weil er «die gewöhnlichen kirchlichen und Lebensverhältnisse für nicht genügend zur Seligkeit hält und sowohl durch künstliche Aufregung des religiösen Gefühls, wie durch eine gewisse Strenge und Gedrücktheit des äußeren Lebens (Entsagung von öffentlichen Lustbarkeiten, Tanz, Theater usw.) diesen Zweck besser zu erreichen sucht».[5] Lange Zeit als Frömmler verspottet vereinen schwäbische Pietisten weltliche Ideale des protestantischen Bekenntnisses wie Fleiß, Genügsamkeit, Zurückhaltung, Bescheidenheit und Sparsamkeit mit den geistlichen Anforderungen an den Christenmenschen. Verinnerlichung, d. h. Reflexion allen Tuns nach den göttlichen Geboten und die individualistische Begegnung mit Gott ist das Ziel, nach dem mit Hilfe alltäglicher Erweckung und Erbauung zu streben ist.

Georg Elser war nicht nur unter dem Einfluss seiner frommen Mutter vom Pietismus geprägt. Ohne die Attribute einer zur Schau getragenen Frömmigkeit, ohne aktive Teilnahme am kirchlichen Leben und ohne die pietistisch gebotene Askese gegenüber den Freuden des Lebens war die Haltung des verantwortlich denkenden und handelnden Bürgers Georg Elser von christlichen Normen und Werten bestimmt. Nach protestantischer Ethik galt das für ihn auch, ja vor allem im Arbeitsleben.

Die wirtschaftlichen Verhältnisse der Familie Elser in Königsbronn waren zunächst bescheiden, sie wurden zunehmend armseliger. Der kleine Hof, den der Vater mit Unlust bewirtschaftete, reichte zum Leben nicht aus, Ludwig Elser betrieb deshalb auch ein Fuhrgeschäft und verlegte sich dann auf den Holzhandel. Die Landwirtschaft oblag im Wesentlichen der Mutter mit Hilfe der Kinder. Georg, der Älteste, hatte als Heranwachsender und dann als junger Mann naturgemäß die meisten Pflichten im Stall und auf dem Feld, er musste sich außerdem um die jüngeren Geschwister kümmern. Das Ärgste war die Trunksucht des Vaters, sein Jähzorn und seine Gewalttätigkeit gegen die Mutter. Die Familie geriet an den Rand des Elends, der grobe Hausherr, auch im Holzhandel glücklos, kam immer öfter lärmend und besoffen nachhause.

1910 kam Georg in die Schule. Er sei ein mittelmäßiger Schüler gewesen, sagte er über sich. Schönschreiben, Rechnen und Zeichnen waren seine Stärken, gefördert wurde er nicht, weder in der Dorfschule noch von den Eltern. Im Sommer 1914, als der Ausbruch des Ersten Weltkriegs alles zu verändern begann, war Georg elf Jahre alt und besuchte die vierte Klasse der Volksschule, wie sie damals genannt wurde, zur Unterscheidung von den Anstalten der höheren Bildung für die besseren Stände. Der Vater wurde samt seinem Fuhrwerk eingezogen, um in der Festung Ulm Hand- und Spanndienste zu verrichten. Ludwig Elser kehrte aber bald nach Königsbronn zurück, weil er für den Kriegsdienst mit der Waffe schon zu alt war.

Die vaterländische Begeisterung des Sommers 1914 verflog auch auf der Ostalb schnell. Im September erreichten die ersten Todesnachrichten das Dorf, am Ende waren es 79 Väter, Ehemänner, Söhne, Verlobte, Brüder, die gefallen waren, 20 weitere wurden vermisst. Zum Verlust geliebter Angehöriger kam die Sorge um andere, fügten sich die alltäglichen Entbehrungen, die existentielle Not des Krieges auch in der Heimat. Die Bauern stöhnten unter der Last des Ablieferungszwanges, der einen er-

Ludwig Elser (links) mit seinem Fuhrwerk

heblichen Teil der Ernte der Verfügung der Erzeuger entzog. Gehungert wurde nicht nur in den Städten. Die berüchtigten Kohlrüben ersetzten Brot und Kartoffeln, den Mangel an Fett spürten alle, die Zahl der Hungertoten stieg unaufhaltsam. Die Erfahrung des Krieges und das Erlebnis seiner Folgen im Zusammenbruch der alten Ordnung, als Ursache anhaltender Not, durch Geldentwertung, Teuerung und Arbeitslosigkeit, als Enttäuschung patriotischer Illusionen, als Empfindung nationaler Schmach beherrschte die Stimmung der Jahre zwischen der Novemberrevolution 1918 und dem Zusammenbruch der glücklosen Demokratie mit dem Machterhalt Hitlers im Januar 1933.

Der Krieg und die Weimarer Republik prägten das Weltbild des jungen Georg Elser. Für ihn blieb der Krieg das schlimmste aller Übel. Sein emotionaler Pazifismus, der weder durch Lektüre angeleitet noch durch politische Programme entfacht war und jeder wissenschaftlichen Begründung entbehrte, bildete die aus Anschauung und Erfahrung gewonnene Grundüberzeugung, die Georgs Leben bestimmen sollte. Die radikalen

Mit seinem Jugendfreund Eugen Rau (vorne links) bei einem Ausflug ins Wental bei Steinheim, 1936

Sprüche Hitlers und seiner Gefolgschaft stießen ihn ebenso ab wie der militante Nationalismus konservativer oder radikaler Couleur. Anders als viele Widerstandskämpfer, von den Geschwistern Scholl bis zum Grafen Stauffenberg, musste Georg nicht nach anfänglicher Begeisterung für den «Führer» der «nationalen Erhebung» zur besseren Einsicht kommen, er brauchte kein Damaskus-Erlebnis, das ihn wie einst den Saulus zum Apostel Paulus machen musste, weil er in schlichter Unbeirrbarkeit nie auf anderem Wege wandelte, nie eine falsche Richtung eingeschlagen hatte.

1917 verließ Georg 14-jährig die Schule. Zuhause wurde er als kostenlose Arbeitskraft dringend gebraucht, vom Vater im Holzhandel, von der Mutter in der Landwirtschaft. Nach einem halben Jahr begann er gegen den Willen des Vaters eine Lehre als Eisendreher in den Schwäbischen Hüttenwerken in Königsbronn. Vorbild war ihm dabei sein Schulfreund Eugen Rau. Nach eineinhalb Jahren brach Georg ab. Er war körperlich überfordert. Im März 1919 startete er neu mit einer Schreinerlehre beim Königsbronner Schreinermeister Robert Sapper, die er im Frühjahr 1922 mit der Gesellenprüfung als Jahresbester abschloss. Der Beruf erfüllte

Georg Elser (sitzend, Mitte) mit seiner Tanzstundenpartnerin Gertrud Brauer, 1922

ihn. Georg nannte sich Kunstschreiner und hielt deutliche Distanz zum ungeliebten Berufszweig der Bautischlerei. Bis Herbst 1923 übte er sein Handwerk erst in Königsbronn, dann in der Möbelfabrik Paul Rieder in Aalen aus. Wegen der Inflation, die den Lohn zunichtemachte, kündigte er und arbeitete wieder für Kost und Logis bei den Eltern. Eine kleine Werkstatt richtete er sich im Elternhaus ein, um auch schreinern zu können.

Der Werkstolz Georg Elsers war mehr als eine Äußerung üblichen handwerklichen Bemühens um Perfektion. Elser pflegte die von ihm erzeugten Möbel nicht nur vor der Ablieferung auf Standfestigkeit, Funktion, Ästhetik und Präzision mehrfach zu prüfen, er erschien auch danach noch einmal bei den Auftraggebern, um sich im Lokaltermin zu vergewissern, dass das Möbel am richtigen Platz stand, dass die von ihm erstrebte Harmonie seines Werkes mit der Umgebung erreicht war. Anton Egetenmeier, Briefträger und Schneider in Königsbronn, hatte von Elser eine Kinderbettstelle bauen lassen. Er erinnerte sich noch lange an die Erledigung des Auftrags: «Elser fertigte sie in seiner Hütte an, kam dann, brachte das Bett und stellte sich davor auf und betrachtete es mindestens fünf Minuten lang, ohne ein Wort zu sagen, ging dreimal um das Bett herum, rüttelte und prüfte es und ging weg. Am nächsten Tage erschien er wieder, um nochmals das Bettgestell zu prüfen.»[6]

Die Sorgfalt, die Elser bei allem walten ließ, steigerte sich zur Manie, die nur äußerste Perfektion gelten ließ. Dass er den Pfusch weniger akkurater Kollegen verachtete, ließ er sich anmerken. Auch das gehörte zu der Distanz, die seine Mitmenschen bei ihm wahrnahmen, die seinen ihm zu Unrecht zugeschriebenen Ruf des verschrobenen Einzelgängers begründeten. Menschenscheu oder einsam war Elser deswegen nicht. Seine Ernsthaftigkeit hinderte das Vergnügen an Geselligkeit und gemeinschaftlichem Frohsinn keineswegs. Ordnung war ihm aber auch darin wichtig, vereinsmäßig organisierte Freizeitgestaltung im Musik- oder Trachtenverein wie sie in Königsbronn im Gasthaus zum Hecht gepflegt wurde, dem volkskulturellen Mittelpunkt des Gemeindelebens, entsprach sowohl Georgs Bedürfnis nach Teilhabe wie nach Distanz.

Georg Elser war sehr musikalisch. Als Autodidakt spielte er erst Flöte, kaufte sich dann eine Ziehharmonika und eignete sich die zum Spiel notwendigen Fertigkeiten selbst an. Ohne Notenkenntnis spielte er nach Gehör. Für die Zither, die er 1926 in Konstanz erwarb, nahm er dann gründlichen Unterricht. Ein paar Jahre später kam der Kontrabass hinzu, auf dem er im Zitherclub Königsbronn und im Gesangverein Konkordia musizierte.

Seine besten Jahre verbrachte der junge Mann ab Anfang des Jahres 1925 am Bodensee. Um sich beruflich fortzubilden und den desolaten Familienverhältnissen zu entfliehen, hatte er sich nach alter Handwerkersitte, die freilich nur noch wenige übten, auf Wanderschaft begeben. In Bernried bei Tettnang fand er Arbeit in einer Möbelschreinerei, kündigte aber bald, weil die Werkstatt allzu unzulänglich ausgestattet war und weil es dort nichts zu lernen gab. In den Dornier-Werken in Manzell brauchte man einen tüchtigen Schreiner für den Bau von Flugzeugpropellern. Elser verdiente dort so gut wie noch nie.

Unter dem Einfluss eines befreundeten Kollegen, der wie Georg musikbegeistert war und von den Möglichkeiten in Konstanz schwärmte, zog er in die Stadt an der Grenze zur Schweiz. Er fand dort Arbeit in einer Uhrenfabrik. Als diese in Schwierigkeiten geriet, nahm Georg nach kurzer Arbeitslosigkeit in Bottighofen in der Schweiz in der Schreinerei Schönholzer eine Stelle als Geselle an. Er wohnte weiterhin in Konstanz zur Untermiete, erst in der Inselgasse 15 bei Malermeister Bruno Braster, dann in der Gebhardstraße 4 bei der Witwe Alfonsa Stadel und schließ-

Georg Elser in Tracht mit seinem Akkordeon, 1932

lich bei der Familie Niedermann in der Fürstenbergstraße 1. Nach Bottighofen pendelte er mit dem Fahrrad. Der Arbeitgeber Schönholzer schätzte seinen Gesellen als tüchtigen Arbeiter. Dass Georg im Sommer nachmittags gelegentlich die Arbeit unterbrach, um im Bodensee zu baden, wurde toleriert, weil er abends die verlorene Zeit mehr als nachholte. So gab es Schönholzer der Eidgenössischen Polizei zu Protokoll, die nach dem Bürgerbräu-Attentat der Gestapo Amtshilfe leistete und im Fall Elser ermittelte. Die Schweizer Gendarmen fanden auch heraus, dass Georg bei den Damen als «flotter Bursche», als einfühlsamer Tänzer beliebt gewesen sei.[7] Kontakt fand Georg in den Trachten-Vereinen «Oberrheinthaler» und «Alpenrose», er engagierte sich auch im «Freien Abstinentenverein Kreuzlingen». Das war ein Reflex auf den trinkenden Vater, jedoch keine grundsätzliche Absage. Ein Glas Bier trank er schon, wenn es sich ergab. Mitglied war Georg auch bei den Naturfreunden, dem Verband der sozialistischen Arbeiterbewegung, der vor der Jahrhundertwende in Wien seinen Anfang nahm und heute als internationale Vereinigung der «roten Grünen» aktiv ist.

Georg mit seiner Freundin Mathilde Niedermann und seinem jüngeren Bruder Leonhard auf der Insel Mainau im Bodensee, um 1929

Bei den Damen war der höfliche junge Mann wegen seines zurückhaltenden Charmes beliebt. Aus der Bekanntschaft mit der 19-jährigen Mathilde Niedermann wurde eine Liebesbeziehung. Sie war gelernte Näherin, arbeitete aber als Servierfräulein. Die Freundschaft, die 1928 begann, hatte Folgen. Mathilde wurde schwanger. Jemand gab dem Paar die Adresse einer Hebamme in Genf, die einschlägig bekannt war. Georg und Mathilde reisten zu ihr, aber die Schwangerschaft war schon so weit, dass die Engelmacherin den Eingriff nicht mehr wagte. Am 13. September 1930 kam ihr Sohn Manfred zur Welt. Georg zeigte sich als zugewandter Vater, aber die Partnerschaft der Eltern zerbrach – aus nicht bekanntem Grund – bald jäh und gründlich. Mathilde trennte sich in unversöhnlichem Zorn von Georg. Der wurde vom Konstanzer Amtsgericht zur Zahlung von Manfreds Unterhalt verurteilt. Auf 45 Reichsmark monatlich waren die Alimente festgesetzt worden. Dazu wurde der Lohn, sobald er 24 RM pro Woche überstieg, gepfändet. Das reichte natürlich nicht aus, und der Vater schleppte eine erhebliche Schuldenlast, deren Höhe er nicht kannte und die er auch gar nicht wissen wollte, durch die Jahre.

Georg Elsers Sohn Manfred mit dessen Mutter Mathilde Bühl (geb. Niedermann), um 1939

Die unfreiwillige Mutter wurde von ihrem Vater nach altem Brauch erst einmal verstoßen. Das Kind wuchs dann bei den Großeltern auf, besuchte auch einmal die Königsbronner Oma, erfuhr aber bis zu seinem siebten Lebensjahr nichts über seinen leiblichen Vater und das wenige auch nicht von seiner Mutter, die bis zu ihrem Ende nichts mehr von Georg Elser oder über ihn hören wollte. Mathilde heiratete im Mai 1939 den Schlosser Johannes Bühl, der den kleinen Manfred adoptierte. Der Stiefvater musste bald in den Krieg, als Feldwebel ist er im Januar 1945 gefallen. Wie Mathilde Bühl die Nachricht vom Attentat ihres einstigen Liebhabers aufnahm, ist unbekannt. Der Sohn Manfred hat später, kurz vor seinem Tod in einem Interview mit dem «Spiegel» berichtet, die Nachricht habe ihn, damals begeisterter Pimpf der Hitlerjugend, erschüttert. Seine Mutter wurde von der Gestapo nach Berlin geholt und verhört. Für den neunjährigen Sohn des Attentäters interessierte sich die Polizei nicht. Zuhause blieb das Thema Georg Elser tabu. Mathilde heiratete 1949 zum zweiten Mal, sie starb 1980 im Alter von 70 Jahren. Manfred Bühl, Georg Elsers Sohn, interessierte sich zeitlebens für die

Geschichte seines leiblichen Vaters, nahm begierig alles auf, was über den Hitler-Attentäter zu erfahren war, und zeigte sich, als die Ächtung Georg Elsers dem Nimbus des Widerstandshelden wich, als stolzer Sohn.

Die Weltwirtschaftskrise beendete Georg Elsers Aufenthalt am Bodensee. Im Frühjahr 1932 gab es nach dem Konkurs der Meersburger Uhrenfabrik Rothmund und einer kurzen Zeit in einer Bautischlerei keine Arbeit mehr. Georg bot sich als Störschreiner an: Mehrere Familien gaben ihm nacheinander Unterkunft und Verpflegung für die Reparatur von Mobiliar. Als Elser am Ende seiner finanziellen Möglichkeiten Mitte 1932 beschloss, nach Königsbronn zurückzukehren, endete auch seine Beziehung zu Hilda Lang, einer Schneiderin in Konstanz.[8]

4. Der Aufstieg der NSDAP in Württemberg

Nicht nur das Dorf Königsbronn, in das Georg Elser im August 1932 auf dringenden Wunsch der Mutter zurückkehrte, war im Wandel begriffen. Die ökonomische und politische Situation hatte sich Ende der 1920er Jahre verschlechtert. Arbeitslosigkeit und Niedriglöhne grassierten auch in der schwäbischen Provinz. Nicht wenige traten der Hitlerbewegung bei und taten ihre neue Überzeugung von der heilbringenden Wirkung des Nationalsozialismus lautstark kund. Im Sommer 1932, als Georg sich, wohl schweren Herzens, entschloss, nach Königsbronn zurückzukehren, war nicht nur die Wirtschaftslage katastrophal. Die längst polarisierten politischen Lager, die der jungen Demokratie den Kampf angesagt hatten – Hitlers Nationalsozialisten im Bündnis mit den Anhängern der Deutschnationalen Volkspartei rechtsaußen im Kampf mit dem linken Extremismus der Kommunisten – radikalisierten sich von Tag zu Tag. Als paramilitärische Truppen des Bürgerkriegs marschierte Hitlers «Sturmabteilung» SA gegen den Rotfrontkämpferbund der KPD, für die Demokratie kämpfte mit schwindendem Erfolg das «Reichsbanner Schwarz-Rot-Gold» mit der Eisernen Front aus Sozialdemokraten, Gewerkschaften und Arbeitersportverbänden.

Die demokratische Mitte schmolz dahin, während die ideologischen Gegensätze der Extremen auf den Straßen gewaltsam ausgetragen wurden. Aus den Reichstagswahlen am 31. Juli 1932 ging die Hitlerpartei NSDAP als stärkste politische Kraft hervor. Erhebliche Unterstützung hatte der reaktionäre Reichskanzler Franz von Papen geleistet, der elf Tage zuvor die Regierung Preußens, das demokratische Bollwerk im größten deutschen Staat, durch einen Putsch beseitigte.

Georg Elser hatte in einer der wenigen Postkarten, die er vom Bodensee nachhause schrieb, davor gewarnt, die Nationalsozialisten zu wählen. Die zeigten mit Aufmärschen und Demonstrationen längst ihr wahres

Gesicht. Im oberschlesischen Dorf Potempa überfielen fünf Nazis einen kommunistischen Arbeiter und traten ihn vor seiner Mutter zu Tode – sieben Tage nach dem triumphalen Wahlerfolg der NSDAP. Hitler rechtfertigte die Tat seiner SA öffentlich. Die für politischen Mord aus diesem Anlass wieder eingeführte Todesstrafe wurde zwar verhängt, aber nicht vollstreckt. Die brutalen Mörder wurden im September 1932 zu lebenslanger Haft verurteilt und im März 1933 amnestiert.

Wie hatte sich Württemberg verändert? Die «Machtergreifung», wie die nationalsozialistische Propaganda die Übergabe der Regierungsgewalt an den Chef der NSDAP durch den greisen Reichspräsidenten Hindenburg am 30. Januar 1933 großmäulig nannte, betraf das Deutsche Reich als Gesamtstaat. In den drei süddeutschen Ländern Bayern, Württemberg und Baden blieben nach der «Machtergreifung» Hitlers in Berlin die demokratisch verfassten Regierungen im Amt. Aufgrund ihrer föderalistischen liberalen und demokratischen Traditionen wollten sich die Regierungen in München, Stuttgart und Karlsruhe auch keinem Diktat aus Berlin beugen. Die Nationalsozialisten, im Verein mit konservativen Patrioten und reaktionären Nationalisten, unterstützt von hysterischen, teilnahmslosen und verängstigten Unpolitischen, erwiesen sich jedoch als stärker. Historisch war Württemberg, der Fläche nach bis 1945 das viertgrößte deutsche Land (nach Preußen, Bayern und Sachsen), mehr als fast alle anderen deutschen Territorien jahrhundertelang von freiheitlich gesinnten Bürgern geprägt, die ihre Rechte gegen den Landesherrn zu wahren wussten. Das war 1514 im Tübinger Vertrag zwischen dem Herzog Ulrich und den Landständen (Kirche, Städte, Adel) festgelegt worden. Dieses Grundgesetz, auf das sich die Stände erfolgreich beriefen, um absolutistischer Fürstenwillkür zu wehren, galt bis zum Ende des Alten Reiches 1805. Im Königreich Württemberg, das 1806 entstand und in der Novemberrevolution 1918 unterging, herrschte ein liberales Klima, in dem auch lange vor dem Ersten Weltkrieg die Sozialdemokraten und bürgerlichen Demokraten politische Teilhabe genossen. Auch die Novemberrevolution 1918 vollzog sich in gemäßigteren Bahnen als in Bayern, Preußen und anderen Ländern. Das historisch gewachsene bürgerliche Selbstbewusstsein, der dadurch geschärfte Sinn für das Recht des Einzelnen und das Verständnis für die Notwendigkeit des politischen und gesellschaftlichen Interessenausgleichs machten Württemberg in der

Zeit der Weimarer Republik zu einer von Demokraten, Liberalen und Konservativen regierten, von der SPD bei Bedarf tolerierten Insel der Vernünftigen im strudelnden Radikalismus, die sich bis zur «Gleichschaltung» durch die Berliner Reichsregierung im März 1933 behauptete.

Der Sieg der NSDAP in den württembergischen Landtagswahlen 1932 war freilich mehr als ein Erdrutsch: Von 1,8 % der Stimmen im Wahljahr 1928 schwoll sie mit 26,4 % zur stärksten Partei im Stuttgarter Landtag an. Die von Eugen Bolz, dem konservativen katholischen Zentrumsmann, seit 1928 als Staatspräsident geführte Regierung amtierte seit der Landtagswahl 1932 ohne parlamentarische Mehrheit, bis die Reichsregierung (damals noch eine Koalition aus Nationalsozialisten, Deutschnationalen und parteilosen Reaktionären) im März 1933 den NSDAP-Gauleiter Wilhelm Murr zum Staatspräsidenten, Innen- und Wirtschaftsminister ausrief und wenig später zum «Reichsstatthalter» in Württemberg ernannte.

Eugen Bolz wurde mehrfach verhaftet, er stand in Opposition zum NS-Regime, blieb in Kontakt mit demokratischen und sozialdemokratischen Politikern und stand mit dem Widerstandskreis des ehemaligen Leipziger Oberbürgermeisters Carl Goerdeler in Verbindung. Dass ihm ein Ministeramt in der Regierung zugedacht war, die nach dem Staatsstreich des 20. Juli 1944 gebildet werden sollte, wurde sein Verhängnis. Am 12. August 1944 wurde er verhaftet, am 21. Dezember verurteilte ihn der Volksgerichtshof zum Tod, am 23. Januar 1945 wurde Eugen Bolz im Gefängnis in Berlin-Plötzensee hingerichtet.

Württemberg war in den zwölf Jahren des Dritten Reiches seiner staatlichen Hoheit entkleidet und existierte nur noch als Regionalverband, als Verwaltungsbezirk im zentralisierten Deutschen Reich. Der föderalen Gesinnung entsagten wohl nur die fanatischen Parteigänger Hitlers. Gegen Feinde der neuen Ordnung, die der «nationalen Revolution» folgte, wurden Zwangsmittel in Gestalt bislang unbekannter außernormativer Institutionen errichtet. Eines der frühen Konzentrationslager, die überall im Deutschen Reich wie Pilze aus dem Boden schossen, wurde in Württemberg auf dem Truppenübungsplatz Stetten am Kalten Markt errichtet, das KZ Heuberg. Dort wurden ab Mitte März 1933 politische Gegner wie der jüngste Landtagsabgeordnete, der Kommunist Alfred Haag, und das Reichstagsmitglied Kurt Schumacher (SPD) inhaftiert. Als Nachfolge des

KZ Heuberg wurde im Oktober 1933 im Fort Oberer Kuhberg in Ulm ein zentrales Konzentrationslager für Württemberg eingerichtet, das bis Juli 1935 existierte. In Schwäbisch Gmünd entstand am 31. März 1933 im ehemaligen Kloster Gotteszell das erste KZ für Frauen. Die frühen KZ verschwanden bald wieder, nicht aber der Terror, dem sie dienten. Das System wurde verfeinert und zentralisiert, die Funktion der frühen regionalen Lager übernahmen Dachau und (ab Sommer 1936) Sachsenhausen bei Oranienburg in der Nähe Berlins sowie Buchenwald ab Juli 1937. Zwei dieser drei Lager sollte Georg Elser als Gefangener kennenlernen: Sachsenhausen und Dachau.

Als Anlass zur Errichtung der Konzentrationslager benutzte die Regierung den Reichstagsbrand am 28. Februar 1933. Mit der Verordnung des Reichspräsidenten zum «Schutz von Volk und Staat» wurde «Schutzhaft» als angeblich vorbeugende Maßnahme eingeführt. Ohne Mitwirkung rechtsstaatlicher Institutionen wie der Justiz wurde gegen Verdächtige, Andersdenkende, sonstige Missliebige die Einweisung in ein Konzentrationslager verfügt. Aus der Brandstiftung im Parlamentsgebäude durch Marinus van der Lubbe, einen Einzeltäter, entstand sechs Jahre später im öffentlichen Bewusstsein eine Parallele mit dem Attentäter vom Münchner Bürgerbräukeller – ebenso bei den Verfolgungsbehörden. Sowohl dem Kommunisten aus den Niederlanden Marinus van der Lubbe, der 1933 den Reichstag entzündete, als auch dem Schreiner Elser aus Königsbronn wollte man lange nicht glauben, dass sie nicht Strohmänner oder Galionsfiguren gewesen seien, sondern alleinverantwortlich handelten. Kriminalisten, die Georg Elser verhörten, sprachen untereinander von ihm als «Lubbe Nr. 2».

Fast 10 % der Wahlberechtigten Württembergs hatten 1932 in den letzten demokratischen Wahlen für die Kommunistische Partei votiert, darunter auch Georg Elser. Für ihn gaben, wie für viele, die ökonomische Situation der Weltwirtschaftskrise wie die Arbeitslosigkeit und deren soziale Folgen den Ausschlag, nicht Ideologie und revolutionäre Visionen der KPD.

In Königsbronn waren wegen des Arbeitermilieus die Linksparteien traditionell attraktiv. Im Niedergang der demokratischen und deshalb von einer wachsenden Mehrheit ungeliebten Weimarer Republik gewann aber auch in Königsbronn die NSDAP erheblich Stimmen. In den

Reichstagswahlen am 5. März 1933, deren Ergebnis Hitler das Ermächtigungsgesetz mit der Vollmacht, als Diktator zu herrschen, bescherte, erzielte die NSDAP 40,3 % der Stimmen in Königsbronn. Das waren einige weniger als der Landesdurchschnitt.

In Heidenheim, dem Sitz des Oberamts, waren es nur 23,3 % der Stimmen, wogegen SPD und KPD zusammen 40,2 % bekamen. In Itzelberg, dem heute eingemeindeten Nachbardorf Königsbronns, hatten sich sogar nur 24,3 % der Wähler für die NSDAP entschieden, aber fast die Hälfte (46,8 %) für SPD und KPD. War das ein später Nachhall des Widerspruchsgeistes, der einst die Itzelberger Schmiede zum Protest nach Stuttgart getrieben hatte? Während sich viele die widerspenstige Skepsis ihres schwäbischen Naturells gegen die hysterisch deklarierten Heilslehren Adolf Hitlers bewahrten, setzten in anderen Dörfern des Oberamts Heidenheim viele ihre Hoffnungen auf die Nazis, am mächtigsten in Sontheim mit 68,3 % NSDAP-Wählern oder in Zang (das seit 1971 zu Königsbronn gehört) mit 53,3 %. Dort erhielten die Linksparteien nur 3,7 % bzw. 5,5 %. Die politische Landschaft in Georg Elsers Heimat hatte sich im Jahr seiner Rückkehr vom Bodensee dramatisch verändert.[1] In Königsbronn führte Georg Vollmer, Bauunternehmer und Besitzer des Steinbruchs in Itzelberg, als Ortsgruppenleiter der Hitlerpartei das große Wort.

5. Prekäre Existenz in der Heimat

Für Georg Elser, der die NSDAP und ihre Funktionäre verachtete, stand persönliches Unglück im Vordergrund, als er im Sommer 1932 auf die Ostalb zurückkehrte: die Zerrüttung der Familie und deren unaufhaltsamer wirtschaftlicher Niedergang. Georgs Heimkehr ins Elternhaus wurde von der Mutter und dem jüngeren Bruder Leonhard begrüßt, vom Vater teilnahmslos hingenommen. Die Freude über den heimgekehrten Ältesten war allerdings fern aller herzlichen Emotionen vor allem ökonomischer Natur. Georgs Arbeitskraft wurde gebraucht, auch geschätzt, aber nicht entlohnt. Die Eltern, Maria und Ludwig Elser, lebten im Laufe ihrer Ehe mehrere Male über längere Zeit voneinander getrennt, sie waren einander gründlich entfremdet. 1935 waren die Schulden aufgrund der Misswirtschaft des Vaters so hoch, dass der kleine Hof – natürlich weit unter Wert – verkauft werden musste. Der größere Teil des Erlöses diente der Tilgung der Schulden. Maria Elser brachte sich dann als Tagelöhnerin durch und arbeitete gelegentlich als Bedienung im Gasthof der Brauerei zum Weissen Rössle. Ludwig Elser ging keiner Beschäftigung mehr nach. Zunehmend invalide, von Rheumatismus an den Beinen gelähmt, hauste er zuletzt in einer Hütte auf der ihm verbliebenen Obstwiese am Flachsenbuckel. 1942 ist er gestorben.

Georg Elser trat 1936 bei einem Königsbronner Schreiner in Dienst, kündigte aber bald wieder – nicht nur wegen des niedrigen Lohnes, sondern vor allem wegen der Belehrungen, die ihm der fachlich unterlegene Dienstherr ständig angedeihen ließ. Der karge Lohn kränkte Elsers Gerechtigkeitssinn, das nörgelnde Besserwissen sein sensibles Ehrgefühl. Im Dezember 1936 fand Georg Elser eine neue Stelle, zunächst als Hilfsarbeiter, in der Armaturenfabrik Waldenmaier in Heidenheim.

Der introvertierte wortkarge Einzelgänger war, wie in der Zeit am Bodensee, ein Freund der Geselligkeit. Auch wenn ihm die Gabe des

Georg Elser (rechts außen am Kontrabass) bei den Feiern zum 100-jährigen Jubiläum des Königsbronner Gesangvereins Konkordia, 1935

Plauderns versagt war, saß er stundenlang bei bester Laune unter Menschen. Im Königsbronner Zitherclub und im Gesangverein war er aktiv. Der Naturfreund beteiligte sich gern an Ausflügen, 1933 ging er eine neue Liebesbeziehung ein. Seine Freundin Elsa war allerdings verheiratet, wenngleich unglücklich und ihrem trinkenden Ehegatten längst fremd geworden. Anfang 1937 wurde Elsa vom Zimmermann Hermann Friedrich Härlen geschieden. In den von kleinbürgerlichen Normen geprägten Verhältnissen der engen Welt Königsbronns blieb das Verhältnis zwischen Georg und Elsa mit einem Makel behaftet.[1] Dass Georg im Hause Härlen wohnte und sich dort im Keller eine Werkstatt eingerichtet hatte, machte die Dinge noch komplizierter.

Nach dem Rauswurf durch den Nochehemann Härlen wohnte Georg Elser ab Anfang 1937 in der Dachkammer der neuen Behausung seiner Mutter. Sie lebte mit ihrem Sohn Leonhard in einer Doppelhaushälfte am Sumpfwiesenweg, die sie von ihrem Anteil des Erlöses aus dem Hof und mit einer Hypothek erworben hatte. Krach gab es dort nicht nur wegen der Beziehung zwischen Elsa und Georg. Mutter und Bruder betrachteten das Verhältnis als unanständig, mindestens solange Elsa noch nicht geschieden war. Nach der Scheidung kehrte Elsa Härlen ins Elternhaus in Jebenhausen bei Göppingen zurück. Georg besuchte sie dort von

Zeit zu Zeit und blieb gelegentlich auch über Nacht. Die beiden galten als verlobt, trotzdem wurde auch in Jebenhausen über sie gelästert, denn dort funktionierte die Sozialkontrolle der Dorfbewohner so gut wie in Königsbronn. Auch Hochbetagte erinnerten sich am Ende des Jahrhunderts noch an den Besucher der Elsa Härlen. Die Wirtin des Gasthofs Waldhorn gehörte dazu. Sie hatte sich manchmal mit Georg unterhalten, wenn er in der Wirtsstube auf Elsa wartete, die gegenüber dem Waldhorn wohnte. Eine andere Beobachterin beschrieb ihn als stets dunkel gekleidete gepflegte Erscheinung.

Eine Zeitlang hatten Georg und Elsa Heiratspläne, aber die Gefühle erkalteten, wie Elsa vor der Staatsanwaltschaft in München 1950 erklärte: «Wir haben uns nur noch wenig geschrieben und es wurde immer mehr offensichtlich, dass wir uns auseinander gelebt hatten.»[2] Georg Elser hat seine Freundin nicht in seinen Attentatsplan eingeweiht, er sagte nur, dass er nach München gehen wolle. Elsa Härlen heiratete im Dezember 1939 zum zweiten Mal. Ihr Mann war seit 1942 an der Ostfront vermisst. Eine dritte Ehe, die sie 1954 einging, hatte Bestand. Elsa lebte zuletzt in einem Altenheim in Wiesensteig, wo sie am 11. Oktober 1994 starb. Sie war 22 Jahre alt gewesen, als sie sich in Georg verliebte. Es blieb die längste Beziehung, die er je einging. Dass die acht Jahre jüngere Elsa bereits drei Kinder hatte (das älteste war vor ihrer Ehre geboren, aber legimitiert worden), scheint das Verhältnis der beiden nicht belastet zu haben. Elsa war 28 Jahre alt, als Georg sie zum letzten Mal sah. Auch nach dem Ende ihrer Liebe hat Elsa kein böses Wort über Georg geäußert. Er sei ein «Gentleman» gewesen, in den sechs Jahren ihrer Gemeinsamkeit habe sie nie erlebt, «dass er sich vorbei benommen habe».[3]

In der Familie Elser entstand ein weiterer Streitpunkt aus der Forderung des Bruders Leonhard, Georg müsse für die Dachkammer Miete bezahlen. Das war zu viel für den empfindlichen Gerechtigkeitssinn Georg Elsers. Er war benachteiligt, denn als Eigentümer des vom Bauunternehmer Georg Vollmer im Sommer 1936 erworbenen Häuschens waren nur die Eltern Ludwig und Maria Elser und der Bruder Leonhard eingetragen worden, nicht aber Georg. Er fühlte sich zurückgesetzt, sah seine Leistungen von klein auf für die Familie dadurch missachtet. Die Eltern hatten ihm früh Verantwortung für die jüngeren Geschwister übertragen, und er hatte vor seiner Zeit am Bodensee wie nach der Rückkehr ins Dorf stets ohne Lohn oder auch nur Taschengeld der Mutter in der Landwirtschaft und dem Vater im Wald und beim Holzhandel geholfen. Im Mai 1939 kam es zum Bruch. Georg verließ die Dachkammer und schied im Zorn von der Familie. Das freundliche Gemüt Georgs hatte in seiner Starrköpfigkeit den Gegenpol. Schon zwei oder drei Jahre vor dem Auszug in Königsbronn hatte er mit seiner Schwester Friederike und deren Mann gebrochen, das unheilbare Zerwürfnis war wegen eines Schrankes entstanden.

Im benachbarten Dorf Schnaitheim fand Georg nicht nur eine Unterkunft im Haus der Familie Schmauder, er knüpfte auch zarte Bande zur Tochter Maria, die er als Arbeitskollegin in Heidenheim kennengelernt hatte. Der Sachschaden, den Georg beim Experimentieren mit Sprengstoff in der Wohnung verursachte, bedurfte der Erklärung. Eine Erfindung gilt im Land der Tüftler und Bastler als gute Entschuldigung und dass das Projekt in der Inkubationszeit das Geheimnis des Erfinders bleiben muss, dass detaillierte Erläuterungen also nicht möglich sind, wird als Selbstverständlichkeit allemal akzeptiert. Weitere Experimente mit Sprengstoff und Zündern unternahm Georg auf dem Grundstück der Eltern am Flachsenbuckel in Königsbronn. Georg hatte, als er am 4. Mai 1939 bei den Schmauders einzog, erklärt, dass er bald nach München übersiedeln werde, wo er eine Arbeitsstelle in Aussicht habe. Am 5. August verließ er Schnaitheim. Damit endete die bürgerliche Existenz Georg Elsers, der sich in den folgenden drei Monaten in München der technischen und logistischen Vorbereitung des Attentats widmete.

Seine politische Überzeugung war, als er spätestens zur Zeit des Münchner Abkommens Ende September 1938 den Entschluss zum Tyrannenmord fasste, längst gefestigt. Als die Regierungen von Großbritannien und Frankreich Hitlers Forderung auf das Sudetengebiet auf Kosten der Integrität und Souveränität der Tschechoslowakei erfüllten, stand für Georg Elser bereits fest – das gab er dann auch der Gestapo nach der Verhaftung im November 1939 zu Protokoll –, dass das NS-Regime die Konzessionen der Appeasement-Politik nicht mit Mäßigung belohnen würde, sondern Hitler vielmehr unbedingt einen Krieg wolle. Die Abneigung des Individualisten, dem die persönliche Freiheit über alles ging, gegen die vielfältigen Zwänge des nationalsozialistischen Alltags, gegen die martialischen Rituale der «Volksgemeinschaft», gegen den Hitlergruß, den das dressierte Volk gehorsam entbot, war schon früh ausgeprägt. Das Rechtsgefühl des einfachen Bürgers und Handwerkers stieß sich an der Rabulistik einer Sozialpolitik, die das Volk zum ohnmächtigen Arbeitsheer formierte, mit Zwangsorganisationen wie dem Reichsarbeitsdienst, dem «Reichsnährstand» und der «Deutschen Arbeitsfront» «gleichschaltete». Die Verheißungen der Freizeitorganisation «Kraft durch Freude» hatten nur die Formierung aller Arbeitenden zum Ziel, bei sinkendem Realeinkommen, unter Verlust von Freizügigkeit, Tarif- und Koalitionsfreiheit. Die Realität der nationalsozialistischen Arbeitswelt in Gestalt von Ausbeutung und Quieszierung der Werktätigen, verbrämt mit gemeinschaftsstiftenden Phrasen und dekoriert mit chauvinistischen völkischen Parolen, die Lebensraum und Hegemonie versprachen, war natürlich nicht nur Georg Elser bewusst. Aber er sah früher als andere, besser Gebildete und sozial besser Situierte die Folgen nationalsozialistischer Gewaltpolitik voraus, und er zog Konsequenzen aus dem, was er mit scharfem Verstand beobachtete und unbestechlich analysierte.

Elser verabscheute den Krieg, den er als Kind erlebt hatte, als Zeit von Entbehrung, Not und vielfachem Leid. Militärdienst blieb dem am Ende des Ersten Weltkriegs 15-Jährigen erspart, denn auch die Wiedereinführung der Wehrpflicht am 21. Mai 1935 betraf ihn nicht. Er gehörte zu den «Weißen Jahrgängen» 1901–1913. Für den Zweiten Weltkrieg, der mit dem Überfall auf Polen am 1. September 1939 begann, waren zunächst die ab 1914 bis 1920 geborenen Männer gefragt. Erst ab 1940 hätte auch Georg Elser mit der Rekrutierung für die Wehrmacht rechnen müssen, da saß er jedoch als Hitlers Gefangener im KZ.

Elsers Einsichten und seine Beweggründe für das Bestreben, den Lauf der Dinge zu ändern, sind im Protokoll der Verhöre durch die Gestapo dokumentiert. Natürlich hat Elser seine Motive nicht in dem dort zu lesenden ledernen Beamtendeutsch in Worte gefasst. Was er in schwäbischer Mundart formulierte, haben die Polizeikommissare geglättet, ins Schriftdeutsche, in die gestelzte Sprache der Behörden übersetzt, sie haben zusammengefasst und redigiert. Aber der Inhalt ist mit Sicherheit richtig wiedergegeben, denn er entspricht dem redlichen Charakter des Aussagenden: «Nach meiner Ansicht haben sich die Verhältnisse in der Arbeiterschaft nach der nationalen Revolution in verschiedener Hinsicht verschlechtert. So z. B. habe ich festgestellt, dass die Löhne niedriger und die Abzüge höher wurden. Während ich im Jahre 1929 in der Uhrenfabrik in Konstanz durchschnittlich 50,– RM wöchentlich verdient habe, haben die Abzüge zu dieser Zeit für Steuer, Krankenkasse, Arbeitslosenunterstützung und Invalidenmarken nur ungefähr 5,– RM betragen. Heute sind die Abzüge bereits bei einem Wochenverdienst von 25,– RM so hoch. Der Stundenlohn eines Schreiners hat im Jahre 1929 eine Reichsmark betragen, heute wird nur noch ein Stundenlohn von 68 Pfg. bezahlt Es ist mir erinnerlich, dass 1929 sogar ein Stundenlohn von 1,05 RM tarifmäßig bezahlt worden ist. Aus Unterhaltungen mit verschiedenen Arbeitern ist mir bekannt, dass auch in anderen Berufsgruppen nach der nationalen Erhebung die Löhne gesenkt und die Abzüge größer wurden. Beispiele kann ich nicht anführen. [...] Ferner steht die Arbeiterschaft nach meiner Ansicht seit der nationalen Revolution unter einem gewissen Zwang. Der Arbeiter kann z. B. seinen Arbeitsplatz nicht mehr wechseln wie er will, er ist heute durch die HJ nicht mehr Herr seiner Kinder und auch in religiöser Hinsicht kann er sich nicht mehr so frei betätigen. Ich denke hier insbesondere an die Tätigkeit der Deutschen Christen.»[4]

Anders als diejenigen, die sich in die Ohnmacht der kleinen Leute fügten, die Diktatur als höhere Gewalt und deshalb als unabänderlich hinnahmen und allenfalls auf bessere Zeiten hofften, empfand Elser die Notwendigkeit zu handeln. Er war im landläufigen Sinne kein politischer Mensch. Er war gewerkschaftlich im Holzarbeiterverband organisiert. Das gehörte für ihn zum beruflichen Status. Engagiert hat er sich über die formale Mitgliedschaft hinaus nicht. Elser wählte bis 1933 stets KPD, weil er die Interessen der Arbeiter durch die Kommunistische Partei am besten vertreten glaubte. Mit dem Parteiprogramm und politischen Theorien hatte er sich nie beschäftigt. Höchstens dreimal besuchte er Versammlungen als Mitglied des Rotfrontkämpferbundes, dem er auf Werben eines Kollegen in Konstanz beigetreten war.

Georg Elser war, protestantisch erzogen und aufgewachsen, Christ. Möglicherweise nicht im Sinne der amtskirchlichen Beobachtung von Sitte und Brauch und regelmäßiger Übung und gewiss nicht in der in seiner Heimat damals viel geübten Frömmigkeit pietistischer Observanz. Aber christliches Verständnis im Sinne humanen Verhaltens war ihm selbstverständlich. Eine weitere Triebfeder für Lebensgefühl und Haltung

Georg Elsers war der Pazifismus, wiederum ohne theoretische Fundierung, vielmehr aus der Erkenntnis des menschlichen Leides, das Kriege verursachen. Am Ende des Ersten Weltkriegs hatte er gerade die sieben Jahre der Volksschule absolviert, die Familie Elser hatte wie die ganze Bevölkerung gehungert, aber in der schwäbischen Provinz gab es keine besonderen Gründe, Krieg aus ethischer Reflexion grundsätzlich zu verdammen. Die Stimmung war in Königsbronn nicht anders als überall im Reich. Die Patrioten glaubten sich um die Früchte des verdienten Sieges betrogen, und alle fühlten sich durch die Folgen beschwert. Für Georg Elser war die Konsequenz selbstverständlich. Er war aus Gefühl und tiefer Überzeugung Gegner des Krieges als Mittel der Politik. Seinen Entschluss zu handeln begründete Elser in den Vernehmungen der Gestapo im November 1939 nach dem gescheiterten Attentat: «Die seit 1933 in der Arbeiterschaft von mir beobachtete Unzufriedenheit und der von mir seit Herbst 1938 vermutete unvermeidliche Krieg beschäftigten stets meine Gedankengänge. Ob dies vor oder nach der Septemberkrise 1938 war, kann ich heute nicht mehr angeben. Ich stellte allein Betrachtungen an, wie man die Verhältnisse der Arbeiterschaft bessern und einen Krieg vermeiden könnte. Hierzu wurde ich von niemandem angeregt, auch wurde ich von niemandem in diesem Sinne beeinflusst. Derartige oder ähnliche Unterhaltungen habe ich nie gehört. Auch vom Moskauer Sender habe ich nie gehört, dass die deutsche Regierung und das Regime gestürzt werden müssen. Die von mir angestellten Betrachtungen zeitigten das Ergebnis, dass die Verhältnisse in Deutschland nur durch eine Beseitigung der augenblicklichen Führung geändert werden könnten. Unter der Führung verstand ich die ‹Obersten›, ich meine damit Hitler, Göring und Goebbels. Durch meine Überlegungen kam ich zu der Überzeugung, dass durch die Beseitigung dieser 3 Männer andere Männer an die Regierung kommen, die an das Ausland keine untragbaren Forderungen stellen, ‹die kein fremdes Land einbeziehen wollen› und die für eine Besserung der sozialen Verhältnisse der Arbeiterschaft Sorge tragen werden.»[5]

Literarisch und intellektuell war der tödliche Streich gegen den Inhaber usurpierter und missbrauchter Macht längst legitimiert in Schillers Wilhelm Tell. In der Szene des Rütlischwurs stimmt Werner Stauffacher die Eidgenossen mit seinem «Nein, eine Grenze hat Tyrannenmacht» auf Widerstand ein und ermuntert sie zur Gewalt mit den Worten: «Zum letzten Mittel, wenn kein andres mehr verfangen will, ist ihm das Schwert gegeben.» In Schillers Drama sind einfache Bauern die Adressaten, vergleichbar dem schlichten Georg Elser, dem Wilhelm Tell allenfalls vom Hörensagen ein Begriff war, in dessen Schulbildung Schillers Stück gewiss nicht vorgekommen war. Auch Kants Kategorischer Imperativ war Georg Elser fremd. Statt Bildung verfügte er aber über Realitätssinn, ein intaktes ethisches Wertesystem und die feste Überzeugung, was Unrecht und deshalb nicht hinzunehmen war, auch wenn die dafür Verantwortlichen durch Ämter und Würden legitimiert schienen.

Zielstrebigkeit und moralischer Rigorismus unterschieden Elser von allen anderen Widerstandskämpfern. Als er zur Einsicht gelangte, dass es seine Pflicht sei, das Unrechtsregime durch Tyrannenmord zu beseitigen um einen Krieg zu verhindern zögerte er nicht, die Erkenntnis in die Tat umzusetzen. Über die Schuld, die er als Mörder dadurch nach christlicher Überzeugung auf sich laden würde, hatte er lange nachgedacht, die von ihm beabsichtigte Viele rettende Tat gegen die damit zu begehende individuelle Sünde abgewogen. Dem Schreinergesellen, der allenfalls Fachzeitschriften las, keineswegs Traktate über Philosophie und Ethik, war die moralische Problematik seines Tuns vollkommen bewusst. Im Verhör sagte er: «Wenn ich gefragt werde, ob ich die von mir begangene Tat als Sünde im Sinne der protestantischen Lehre betrachte, so möchte ich sagen, ‹im tieferen Sinne, nein!›. Ich glaube an ein Weiterleben der Seele nach dem Tode und ich glaubte auch, daß ich einmal in den Himmel kommen würde, wenn ich noch Gelegenheit gehabt hätte, durch mein ferneres Leben zu beweisen, daß ich Gutes wollte. Ich wollte ja auch durch meine Tat ein noch größeres Blutvergießen verhindern.»[6]

Georg Elsers Religiosität beruhte auf seiner Erziehung. Unter dem Einfluss der streng protestantischen Mutter wurde gebetet und der Sonntagsgottesdienst besucht, nach der Konfirmation mit abnehmender Tendenz. In der Zeit der Vorbereitung des Attentats erneuerte Georg die religiösen Bindungen: «Erst im Laufe dieses Jahres ging ich wieder öfter in die Kirche, nämlich bis heute vielleicht seit Jahresbeginn ungefähr 30 mal. Ich bin in letzter Zeit auch öfter werktags in eine katholische Kirche gegangen, wenn gerade keine evangelische Kirche da war, um dort mein Vaterunser zu beten. Es spielt meines Erachtens keine Rolle, ob man dies in einer evangelischen oder katholischen Kirche tut. Ich gebe zu, dass diese häufigen Kirchenbesuche und dieses häufige Beten insofern mit meiner Tat, die mich innerlich beschäftigte, in Zusammenhang stand, als ich bestimmt nicht soviel gebetet hätte, wenn ich die Tat nicht vorbereitet bzw. geplant hätte. Es ist schon so, dass ich nach einem Gebet immer wieder etwas beruhigter war.»[7]

Elser hatte sich auch über den hohen Preis der mit der Tat verbundenen wahrscheinlichen Tötung Unschuldiger Gedanken gemacht. Er wollte Hitler zusammen mit seiner Entourage, der Elite des NS-Staats, umbringen, aber Kellnerinnen und Personal des Bürgerbräu nicht gefährden. Dazu hatte Elser zu seiner Beruhigung in Erfahrung gebracht, dass während der Rede Hitlers nicht serviert wurde, dass also während der Detonation kein Personal im Saal sein würde. Dass es anders kommen sollte, konnte er nicht vorhersehen.

6. Tyrannenmord: ethische Voraussetzungen und technische Probleme

Um Georg Elsers Anschlag am 8. November 1939 beurteilen zu können, muss man die Anstrengungen betrachten, die andere mit dem gleichen Ziel, Hitler zu beseitigen, Krieg zu verhindern oder ihn zu beendigen, eine neue Staatsordnung zu errichten, unternommen haben. Insbesondere müssen die Möglichkeiten in den Blick gefasst werden, die den Angehörigen traditioneller gesellschaftlicher Eliten Kraft ihrer Verbindungen, ihrer Position, ihrer Profession und Professionalität zur Verfügung standen bzw. gestanden hätten. Zur moralischen Dimension des Entschlusses, den Tyrannenmord zu wagen, kamen die technischen und logistischen Probleme der Ausführung. Auf welche Weise vor und nach Elser alle anderen scheiterten, muss im Folgenden erörtert werden, ehe die Probleme der Vorbereitung des Bürgerbräuanschlags und die Lösungen, die Georg Elser fand – von der technischen Perfektion der Bombe bis zur minutiösen Planung aller äußeren Umstände – im Mittelpunkt stehen werden.

Nicht allen Deutschen lief es aus patriotischer Begeisterung kalt über den Rücken, wenn sie Hitler sahen oder hörten, nicht alle hatten Gänsehaut in seiner Gegenwart aus Ehrfurcht oder unter der Magie seiner Persönlichkeit. Nicht alle wollten sich in blinder Begeisterung dem «Führer» unterwerfen. Viele haben ihn immer verabscheut. Andere brauchten Zeit, um die anfängliche politische oder emotionale Zustimmung zu überwinden. Am längsten brauchten jene, denen Hitlers Regime Karrierechancen verhieß wie den Berufssoldaten, die sich in der Weimarer Republik entwurzelt und verunglimpft gefühlt hatten.

Je länger der Diktator herrschte, desto schwieriger wurde es auch, ihm bedrohlich zu werden. Der Volkstribun der 1920er Jahre suchte gern das Erlebnis der Masse, auch zur Macht gekommen liebte der «Führer und Reichskanzler» immer noch das Bad in der Menge. Aber die Vorkehrungen zu seiner Sicherheit steigerten sich, sie kulminierten in einer eigenen Behörde, dem «Reichssicherheitsdienst». Außerdem schützten das SS-Begleitkommando und Soldaten der Wehrmacht den «Führer» auf Schritt und Tritt.[1] Die Sicherheitsmaßnahmen waren ebenso beträchtlich wie die Propaganda, die das Walten einer «Vorsehung» stilisierte, um die Unverletzlichkeit des Diktators als Mythos zu zelebrieren. Die Liste fehlgeschlagener Handstreiche gegen Hitler, nicht minder die Erzählungen über vergebliche Pläne, ihn zu töten, schufen die Fama, dass ihm nichts von fremder Hand geschehen könne. Mit dem Selbstmord am Ende seiner Herrschaft, mit dem er sich irdischer Gerechtigkeit entzog, schien sich das endgültig zu bestätigen.

In der Literatur ist von mehr als 40 Anschlägen auf das Leben Adolf Hitlers zu lesen.[2] Viele weitere Attentatspläne waren nichts als Wunschträume und Mordphantasien gewesen. Die meisten waren über das Stadium des Abscheus und der Absicht nicht hinausgelangt – aus Verzagtheit, aus Dilettantismus, aus technischem Grund, weil die Gelegenheit sich nicht bot, weil ein Zufall die Tat vereitelte. Lediglich zwei Anstrengungen sind ins kollektive Gedächtnis eingedrungen und der Nachwelt präsent geblieben. Das Bürgerbräu-Attentat in München im November 1939, technisch perfekt ausgeführt im Alleingang von Georg Elser, dem Handwerker aus Königsbronn, und die Tat des Grafen Stauffenberg, die nach langer Vorbereitung als Auftakt eines Staatsstreichs durch eine Fronde von Offizieren am 20. Juli 1944 fehlschlug.

Das Münchner Attentat blieb lange Zeit vergessen oder wurde falsch gedeutet. Der 20. Juli und seine Märtyrer wurden nach der Demokratiegründung zwar offiziell in der Bundesrepublik Deutschland als Symbol notwendigen und berechtigten Widerstands gegen das Regime des Unrechts und der Verbrechen zur Ehre der Altäre erhoben.[3] Aber trotz der alljährlichen staatsfeierlichen Rituale der Beschwörung der Heroen des militärischen Widerstands blieben sie lange Zeit umstritten als Hochverräter, die ihren Eid und damit ein deutsches Tabu gebrochen hatten. Jedenfalls sind alle Versuche missglückt, der menschenfeindlichen Ideologie des Nationalsozialismus und den Verbrechen aus Staatsräson Einhalt zu gebieten oder doch wenigstens dem längst verlorenen Angriffs-

und Vernichtungskrieg in letzter Stunde ein Ende zu machen. Der frühe Versuch Georg Elsers steht für die Zivilcourage eines aus richtiger Erkenntnis handelnden Bürgers. Das späte Unternehmen Stauffenbergs und seiner Freunde markiert die Skrupel der Vertreter einer militärischen Elite, die sich berufen fühlte, ins Rad der Geschichte zu greifen, aber zu lange brauchte, um Erfolgsaussicht und moralische Berechtigung der geplanten Tat abzuwägen.[4] Auflehnung gegen die Staatsgewalt war freilich weder in ihrer Sozialisation als Offiziere noch in der Tradition ihres Berufes zu verorten. Meuterei war im deutschen Soldatentum das Fremdwort schlechthin.

Die Geschichte der Anschläge gegen Hitler beginnt mit einzelnen rebellierenden Bürgern. Morddrohungen gegen Adolf Hitler waren, schon ehe er 1933 an die Macht gelangte, nicht selten. Der Polizei gelang es kaum je, die Urheber zu identifizieren und ihre Motive zu ergründen, und Publizität war dem Regime nicht erwünscht. Im März 1933 konnte in Königsberg ein politischer Gegner des Nationalsozialismus, der Schiffszimmermann Kurt Lutter, ermittelt und verhaftet werden. Er stand unter Verdacht, gemeinsam mit kommunistischen Gesinnungsgenossen ein Sprengstoffattentat auf den Reichskanzler geplant zu haben. Bei einer Wahlveranstaltung sollte es angeblich ausgeführt werden. Aber noch war Deutschland ein Rechtsstaat, und die Indizien reichten dem Gericht für eine Verurteilung nicht aus. Aus Mangel an Beweisen kam Lutter wieder in Freiheit.

Der Plan des Studenten Helmut Hirsch, der sich im Dezember 1936, angestiftet in Prag von Otto Straßer, Hitlers abtrünnigem Gesinnungsgenossen, auf den Weg nach Nürnberg machte, um Julius Streicher, den antisemitischen Agitator und «Frankenführer» (und mit ihm womöglich auch gleich Hitler), zu töten, scheiterte schon im Vorfeld. Helmut Hirsch, Mitglied der bündischen Jugend und mit seiner jüdischen Familie 1936 nach Prag emigriert, ließ sich dazu überreden, einen Mordanschlag auszuführen, von dem die künftige Behandlung der deutschen Juden durch Straßers «Schwarze Front» angeblich abhängig sei. Hirsch wurde bereits wenige Stunden nach der Ankunft in Stuttgart verhaftet. Denn der Mittelsmann, der ihm den Sprengstoff für das Attentat aushändigen sollte, war ein Gestapospitzel. Am 8. März 1937 wurde der 21-Jährige vom Volksgerichtshof zum Tod verurteilt und am 4. Juni 1937 in der Strafanstalt

Berlin-Plötzensee hingerichtet. Das war ein politisch angestifteter Justizmord. Aber Deutschland war zu dieser Zeit kein Rechtsstaat mehr.[5]

Auch obskure Gestalten machten sich als Hitlergegner bemerkbar. Im Februar 1937 wurde ein wahrscheinlich alkoholisierter Mann, der 33-jährige Metzger Franz Kroll, festgenommen, als er in die Reichskanzlei eindringen wollte. Wenig später kündigte der Buchbinder Walter Zeitler an, er werde am Palmsonntag in die Reichskanzlei kommen, um Hitler über seine Mission als «Göttlicher Retter» aufzuklären. Ein offensichtlich Gestörter, der Hitler und Göring sprechen wollte, dazu eine Pistole mit sich führte, wurde im November 1937 verhaftet.[6]

Herausragend absurd unter den wenigen bekanntgewordenen Attentatsplänen von Einzelpersonen war der Fall des Maurice Bavaud, der 1916 in Neuchâtel in der Schweiz in einer streng katholischen Familie als Sohn eines Postangestellten und einer Gemüsehändlerin zur Welt gekommen war. Nach der Ausbildung zum technischen Zeichner beabsichtigte er, Missionar zu werden, und studierte Theologie in einem Seminar für Spätberufene in Saint Ilan in der Bretagne. Aus den Sommerferien 1938, die er bei den Eltern verbrachte, kehrte er nicht mehr ins Priesterseminar zurück, weil er den Drang verspürte, die Welt durch den Tyrannenmord an Hitler zu retten. Im Oktober 1938 reiste er deshalb nach Deutschland. Für seine Mission hatte er in Basel eine Pistole erworben. Einen Plan hatte Maurice Bavaud jedoch nicht. Er fuhr in der Hoffnung, Hitler zu treffen, erst nach Berlin, dann nach Berchtesgaden und schließlich nach München. Der Erinnerungsmarsch am 9. November sollte ihm die Gelegenheit bieten, hoffte er, Hitler so nahe zu kommen, dass er ihn erschießen könnte. Bavaud ergatterte sogar eine Tribünenkarte gegenüber der Heiliggeistkirche im Zentrum Münchens. Auf dem Ammersee und im Wald bei Pasing übte er sich im Schießen. Während der Feierlichkeiten des Pomp funèbre am 9. November erkannte er, dass die Entfernung zum Opfer viel zu groß war. Um Hitler aus der Nähe zu erwischen, reiste der Eidgenosse, der kaum Deutsch verstand, am folgenden Tag nach Berchtesgaden, wo er erfuhr, dass Hitler in München weilte.

Bavaud versuchte, sich mit gefälschten Empfehlungsbriefen ein Entree im Braunen Haus, der NSDAP-Zentrale, zu verschaffen, was natürlich misslang. Dann wollte er abermals auf den Obersalzberg, um dort Hitler persönlich zu stellen, gab aber schließlich, inzwischen auch ohne

Mittel, entnervt auf. Um Deutschland wieder zu verlassen, bestieg er in München einen Zug nach Paris, aus dem ihn die Polizei allerdings schon in Augsburg herausholte, weil er keine Fahrkarte besaß. Wegen der Pistole und wegen Schwarzfahrens erhielt er zunächst eine Strafe von neun Wochen Haft. Aufgrund der bei ihm gefundenen gefälschten Empfehlungsschreiben, mit denen er sich Zutritt zu Hitler verschaffen wollte, wurde er nach Berlin-Moabit überstellt, verhört und wegen der erwiesenen Absicht, Hitler töten zu wollen, am 18. Dezember 1939 vom Volksgerichtshof zum Tod verurteilt und eineinhalb Jahre später, am 14. Mai 1941, hingerichtet. Erst spät wurden das Wahnhafte des Attentatsplanes und der zwiespältige Charakter des jungen Schweizers deutlich.[7] Dubios war, dass er sich als Antisemit bekannte, noch dubioser war der Hinweis auf einen engen Freund im Priesterseminar, einen Marcel Gerbonay, der ihn zum Attentat angestiftet hatte. Der Freund wähnte sich als Oberhaupt der Familie Romanow. Um den russischen Zarenthron wieder besteigen zu können, wollte er den Kommunismus ausrotten. Dazu müsse zuerst Hitler aus dem Weg geräumt werden, machte er seinem Freund Bavaud ohne Zimperlichkeit hinsichtlich der Logik klar. Ohne die Mordlust der NS-Justiz, die bei solcher Beweislage das Todesurteil gegen einen Verwirrten fällte, wäre die Angelegenheit die Farce geblieben, die sie in Wirklichkeit war.

Oder doch nicht? Im Dezember 1976 wurde die Geschichte neu entdeckt und prominent als tragisches Ende eines Helden inszeniert. Rolf Hochhuth nannte in der Rede, mit der er sich für den Basler Kunstpreis 1976 bedankte, Bavaud den einzigen wahren Widerstandskämpfer, feierte ihn als Wiedergeburt des Wilhelm Tell und «heroischen Einzelgänger», der «noch realistischer als Georg Elser und Claus Schenk von Stauffenberg» gewesen sei. In einem wahren Amoklauf pries der streitbare Dichter den Verwirrten aus der Westschweiz als Inkarnation des authentischen Widerstandes gegen die Hitlerdiktatur.[8]

Die Idee, mit Hitler die Ursache allen Übels zu vernichten, trieb viele um. Nur die wenigsten aber, die dem NS-Regime den Untergang und als Voraussetzung dazu dem «Führer» den Tod wünschten, fühlten sich selbst zum Tyrannenmord berufen. Die einen begnügten sich mit ihren Fantasien von der Beseitigung Hitlers und einer besseren Welt, die dem Mord folgen müsse. Andere hielten Ausschau nach einem Ausführenden, weil sie sich die befreiende Handlung selbst nicht zutrauten. Auf der Suche nach einem, der die Tat begehen könnte, waren auch zwei Angehörige des regimekritischen Salons, der als Solf-Kreis in die Geschichte des Widerstands einging. Die Witwe des deutschen Botschafters in Tokio, Wilhelm Solf, hielt Cercle, in dem sich Diplomaten, Männer der Wirtschaft und auch Damen der Berliner Gesellschaft in oppositioneller Gesinnung trafen.

Der ehemalige Diplomat Herbert Mumm von Schwarzenstein und der Unternehmer Nikolaus von Halem glaubten, im Solf-Kreis den Richtigen in Dr. Josef (Beppo) Römer gefunden zu haben. Wegen seiner Vergangenheit als Gründer des ultranationalistischen «Freikorps Oberland», das 1919 gegen die Münchner Räterepublik und 1920/21 für das Deutschtum in Oberschlesien kämpfte, hielten sie ihn für eine zum Tyrannenmord brauchbare Landsknechtsnatur. Römer hatte sich einst Hitler angeschlossen, dann aber wieder vom Nationalsozialismus abgewendet und war über den Nationalbolschewismus Kommunist geworden. Nach dem Ersten Weltkrieg hatte Römer parallel zu seinen militärischen Aktivitäten Jura studiert und 1922 promoviert. Er war als Justitiar und Syndikus großer industrieller Unternehmen und Handelsgesellschaften tätig. Als Herausgeber der Zeitschrift «Aufbruch» wurde er 1932/33 als entschiedener Gegner des Nationalsozialismus bekannt. Das büßte er mit «Schutzhaft» zunächst im Frühjahr 1933 und wieder von Mitte 1934 bis Juli 1939 u. a. in den Konzentrationslagern Columbiahaus Berlin und Dachau.

Nach seiner Entlassung aus der Haft organisierte Römer in München und Berlin kommunistische Widerstandsgruppen. Er hatte – zu Unrecht – den Ruf eines Draufgängers, den man als Werkzeug für den Mord am Staatschef gewinnen könnte. Mumm von Schwarzenstein und Halem verschafften Römer in dieser Annahme eine Anstellung bei der Gräflich von Ballestrem'schen Güterverwaltung. Die Liegenschaften des Kohle- und Stahlmagnaten befanden sich in Schlesien. Dienstort der Sinekure Römers war Berlin. Als Römer im Herbst 1941 das Ansinnen, als Attentäter zu agieren, ablehnte, trennten sich die Wege.[9] Römer wurde mit 200 Mitgliedern seiner weit verzweigten Widerstandsgruppen im Februar 1943 verhaftet, im Juni 1944 durch den Volksgerichtshof verurteilt und am 25. September 1944 hingerichtet.

Mordpläne gegen Hitler wurden von der Militäropposition diskutiert, die sich im Herbst 1938 unter hohen Offizieren formierte, die den militärischen Dilettantismus des obersten Kriegsherrn mit Entsetzen beobachteten und die sichere Niederlage in dem von Hitler erstrebten Krieg fürchteten. Erste Opposition im Militär regte sich um die Jahreswende 1937/38, als manche Offiziere die Gefahren der aggressiven Außenpolitik Hitlers zu erkennen begannen. Zu ihnen gehörte auch der Oberbefehlshaber des Heeres, Generaloberst Werner Freiherr von Fritsch, der Hitlers Annexionsabsichten gegen die Tschechoslowakei und Österreich kritisch gegenüberstand. Eine Intrige, die von der SS angezettelt worden war, um Fritsch und andere konservative Generale loszuwerden, drängte ihn Anfang 1938 aus dem Amt. Diese Kabale, die auch den Kriegsminister von Blomberg zu Fall brachte, ermöglichte es Hitler, die Spitze der militärischen Organisation so umzubauen, dass er nicht nur formell, sondern auch tatsächlich Oberbefehlshaber der Wehrmacht wurde. Die Armee war nunmehr praktisch gleichgeschaltet und nicht mehr in der Lage, Einfluss auf den politischen Entscheidungsprozess zu nehmen.

Hitler hatte im November 1937 den Offizieren an der Spitze der Wehrmacht mitgeteilt, dass er Österreich und die Tschechoslowakei annektieren wolle, als erste Etappen zur Erweiterung des deutschen «Lebensraumes» durch Krieg. Der Chef des Generalstabs des Heeres, Generaloberst Ludwig Beck, wollte sich dieser Entwicklung entgegenstemmen. Nach der Annexion Österreichs im März 1938 versuchte er, erst mit Denkschriften den Gang der Dinge zu beeinflussen und dann vergeblich die Generale zur Gehorsamsverweigerung zu bewegen. Im August 1938 trat er angesichts der Aussichtslosigkeit seines Bemühens zurück.[10]

Ähnlich wie Beck dachten andere hochrangige Offiziere, etwa der Leiter des militärischen Geheimdienstes («Abwehr») Admiral Wilhelm Canaris, und dessen Stabschef Hans Oster sowie Becks Nachfolger als Chef des Generalstabs des Heeres Franz Halder. Auch der Kommandierende General des III. Armeekorps, Erwin von Witzleben, gehörte zu den Militärs, die Überlegungen anstellten, wie man Hitler an der Fortsetzung seiner aggressiven Politik hindern könnte. Zwei Strömungen standen bei den zum Staatsstreich bereiten Offizieren einander gegenüber. Die eine, vertreten durch die Männer der Abwehr, zielte dahin, Hitler festzunehmen und zu töten; die andere beabsichtigte lediglich, den «Führer» zu zwingen, seine Kriegspläne aufzugeben. Zu letzteren gehörten der Generalstabschef des Heeres Halder und der Oberbefehlshaber des Heeres Walther von Brauchitsch.

Im Herbst 1938, anlässlich der Annexionsforderung Hitlers gegen die Tschechoslowakei, schien die Zeit des Handelns gekommen. Ein Stoßtrupp, geführt von Major Friedrich Wilhelm Heinz, einem ehemaligen Angehörigen der rechtsradikalen Brigade Ehrhardt und anschließendem Stahlhelmführer, sowie Fregattenkapitän Franz Maria Liedig sollte General Witzleben im Herbst 1938 auf dem Gang zur Reichskanzlei begleiten, wo er Hitler zum Abdanken zwingen wollte. Der Stoßtrupp war revolutionärer gesonnen als die Generalität und wollte den Diktator unter allen Umständen töten, während die militärische Führung mit Halder an der Spitze Hitler nur gefangen setzen wollte. Über die Methoden des Staatsstreichs herrschte jedenfalls keine Einigkeit. Wegen der vermeintlichen politischen Lösung der Sudetenkrise durch das Münchner Abkommen bliesen die Verschwörer den Staatsstreich ab.

Auch ein junger Diplomat, Erich Kordt, gehörte zum Widerstand. Er war Bürochef des Reichsaußenministers Joachim von Ribbentrop, ehe er 1941 als Gesandter nach Tokio versetzt wurde. Kordt war wie Georg Elser im Herbst 1939 zum Attentat entschlossen, aber der Schreiner aus Königsbronn kam ihm um zwei Tage zuvor. Kordt, der in Verbindung zur Militäropposition stand, hatte am 11. November 1939 in Berlin handeln wollen.[11] Seine Stellung ermöglichte ihm den Zugang zur Reichskanzlei, aber das Attentat im Münchner Bürgerbräu hatte erhöhte Sicherheitsmaßnahmen in Berlin zur Folge. Die Verschiebung der Westoffensive war ein weiterer Grund, dass der Plan nicht zur Ausführung kam.[12]

Als Hitler im September 1938 die Tschechoslowakei durch Kriegsandrohung zur Abtretung des Sudetengebietes zwang, war der Kreis um Oberstleutnant Hans Oster im Amt Ausland/Abwehr zu einer gewaltsamen Aktion gegen die Reichskanzlei entschlossen. Hitler sollte getötet werden, um den Frieden zu retten. Absicht der oppositionellen Offiziere um Beck und den Goerdeler-Kreis war es hingegen, Hitler unmittelbar nach der Kriegserklärung, mit der er nach ihrer Ansicht die Zerstörung der Tschechoslowakei beginnen würde, durch einen Staatsstreich zu stürzen. Mit der diplomatischen Lösung der Sudetenkrise durch das «Münchner Abkommen» entfielen die Voraussetzungen für den geplanten Putsch.

Die Militäropposition resignierte für längere Zeit und blieb auch nach dem Überfall auf Polen am 1. September 1939 passiv. Hochrangige Militärs beurteilten den Krieg gegen Frankreich und Großbritannien skeptisch, weil sie die Wehrmacht noch nicht hinlänglich gerüstet und ausgebildet glaubten. Die beabsichtigte Missachtung der Neutralität Belgiens, Hollands und Luxemburgs missbilligten viele. Die Nachrichten von dem deutschen Schreckensregiment in Polen taten ein Übriges, um das Offizierskorps an der Westfront gegen Hitler einzunehmen. Alle Vorbereitungen zu einem Staatsstreich wurden jedoch Anfang November 1939 von General Halder abgebrochen, weil er glaubte, Hitler sei über diese Aktivitäten informiert.

Die am stärksten motivierten und engagierten unter den Hitlergegnern im militärischen Bereich waren die Männer im Amt Ausland/Abwehr des Oberkommandos der Wehrmacht (OKW) unter Admiral Canaris. Bis April 1943 war die Dienststelle das Zentrum des Widerstandes. Die Aktivitäten des Kreises um Wilhelm Canaris und Hans Oster wurden seit 1939/40 vom Chef des SS-Reichssicherheitshauptamtes Reinhard Heydrich beobachtet. Nach der Verhaftung wichtiger Mitarbeiter (des Reichsgerichtsrats Hans von Dohnanyi und des Theologen Dietrich Bonhoeffer) und der Kaltstellung Osters war das «Amt Abwehr» als Ort des Widerstandes lahmgelegt. Im Februar 1944 wurde auch Canaris abgelöst, etwas später unter Hausarrest gestellt, dann ins KZ Flossenbürg eingeliefert und im April 1945 hingerichtet.

In drei anderen militärischen Dienststellen entstanden ab Ende 1941 oppositionelle Gruppen, die auch Verbindung untereinander aufnahmen: Im «Allgemeinen Heeresamt beim Befehlshaber des Ersatzheeres» in Berlin, geleitet von General Friedrich Olbricht, beim Militärbefehlshaber in Frankreich (General Carl-Heinrich von Stülpnagel) und an der Ostfront in der Heeresgruppe Mitte, dessen Erster Generalstabsoffizier Henning von Tresckow Mittelpunkt einer Gruppe von Regimegegnern war. Die Gräuel der deutschen Besatzungspolitik im Osten und der 1941 beginnende Völkermord an den Juden durch die Einsatzgruppen der SS und in den Vernichtungslagern blieben den Soldaten der Wehrmacht nicht verborgen. Offiziere, die Rechtsempfinden und Moral über die formale soldatisch-militärische Pflichterfüllung stellten, waren zwar in der Minderheit, aber es gab sie. Der in der Nachwelt Prominenteste war Oberst

Claus Schenk Graf von Stauffenberg, der nach schwerer Verwundung in Afrika 1944 Chef des Stabes beim Oberbefehlshaber des Ersatzheeres in Berlin wurde. Graf Stauffenberg drängte seit Frühjahr 1942 auf einen Staatsstreich, um Hitler auszuschalten und den Krieg zu beenden.

Die Verbrechen der Wehrmacht an der Zivilbevölkerung und die Massaker an Juden waren den oppositionellen Offizieren Antrieb zum Widerstand. Die militärischen Frondeure bewegten sich auf zwei Ebenen, die einander bedingten. In Berlin arbeiteten Offiziere des Ersatzheeres um Oberst Stauffenberg und des militärischen Geheimdienstes um Admiral Canaris im Amt Abwehr am Plan «Walküre». Ursprünglich war damit der Rückgriff der Wehrmacht im Dezember 1941 auf Reserven in der Heimat gemeint. Im Sommer 1943 sah der Operationsplan «Walküre» in einer Neufassung Maßnahmen bei «inneren Unruhen» (etwa einer Revolte von «Fremdarbeitern») vor. Die Wehrkreis-Kommandos sollten auf das Stichwort «Walküre» Ersatz- und Ausbildungseinheiten zu Kampfgruppen formieren. Die Verschwörer adaptierten den Terminus als Code für den Staatsstreich. Voraussetzung dazu war die Beseitigung Hitlers, die durch ein Attentat erfolgen sollte. Darum mühten sich vor allem die Stabsoffiziere der Heeresgruppe Mitte in Smolensk. Treibende Kraft war Oberst (ab Januar 1944 Generalmajor) von Tresckow.[13]

Henning von Tresckow, aus einer Soldatenfamilie stammend, im Ersten Weltkrieg mit 17 Jahren Leutnant, dann erfolgreich als Bankkaufmann, gebildet und weltläufig, war ab 1926 wieder Berufssoldat. Nach anfänglicher Begeisterung für den Nationalsozialismus stand er seit der Sudetenkrise im September 1938 dem Regime kritisch gegenüber. Als Erster Generalstabsoffizier (I a) in der Heeresgruppe Mitte tat er Dienst in deren Hauptquartier bei Smolensk. Tresckow scharte gleichgesinnte Offiziere um sich, die seine Überzeugung teilten, dass Hitler ausgeschaltet werden müsse. Er sah den Tyrannenmord als Notwehr gerechtfertigt, stand in Verbindung mit Hans Oster, dem Kopf der Militäropposition im Amt Ausland/Abwehr des OKW. Die Suche nach einem populären Frontgeneral, der sich an die Spitze der Erhebung stellen würde, war mühsam und blieb erfolglos. Unterdessen scheiterten aber auch auf geradezu groteske Weise alle Attentatsversuche gegen Hitler.

Im Frühjahr 1943 konkretisierten sich die Pläne eines Attentats auf Hitler. Tresckows Adjutant, Cousin und engster Vertrauter war Fabian von Schlabrendorff, Oberleutnant der Reserve, im Zivilberuf Jurist. Tresckow bemühte sich, den regimekritischen, aber zaudernden Oberbefehlshaber der Heeresgruppe Mitte, Generalfeldmarschall Kluge, für einen Staatsstreich zu gewinnen. «Aber Kluge hatte wohl die Erkenntnis, nicht aber den Willen», schrieb Schlabrendorff im Rückblick: «er schwankte. Immer wieder wandte er ein, weder die Welt, noch das deutsche Volk, noch der deutsche Soldat würden in diesem Zeitpunkt eine solche Tat verstehen. Man müßte warten, bis die Ereignisse die Beseitigung Hitlers von selbst nahelegten.»[14] So blieben Tresckow und Schlabrendorff mit einigen wenigen Gesinnungsgenossen auf sich allein gestellt.[15] Voraussetzung ihres Plans, Hitler auszuschalten, war dessen Besuch bei der Heeresgruppe. Es gelang, den Chefadjutanten Hitlers, General Schmundt, davon zu überzeugen, dass der «Führer» aus militärischen Gründen zu einer Besprechung vom Führerhauptquartier Wolfsschanze bei Rastenburg in Ostpreußen nach Smolensk fliegen müsse. So geschah es am 13. März 1943.

Tresckow hatte zusammen mit seiner Ordonnanz Fabian von Schlabrendorff den Anschlag gründlich vorbereitet. Eine Bombe sollte in Hitlers Flugzeug geschmuggelt und durch einen Zeitzünder auf dem Rückflug ausgelöst werden, um die Maschine detonieren und abstürzen zu lassen. Tresckow und Schlabrendorff experimentierten mit Sprengstoff, studierten den Zündmechanismus, holten die Expertise von Pionieren ein. Das Resultat war eine Bombe, die als Päckchen, bestehend aus zwei Cognacflaschen, getarnt war. Den Zündmechanismus beschreibt Schlabrendorff als «besonders kunstvoll eingerichtete Konstruktion». Sie stammte wie der Sprengstoff aus England. Das Material war von britischen Flugzeugen zur Benutzung durch Agenten abgeworfen und von Einheiten der Wehrmacht sichergestellt worden.[16]

Der Zünder bestand aus einer Ampulle, die durch einen Druckknopf zerstört wurde. Die ausströmende Säure zersetzte innerhalb von zwei Stunden den Draht, der eine Feder und den Schlagbolzen fixierte. Dann schnellte der Schlagbolzen auf das Zündhütchen, das – im Erfolgsfall – die Explosion der Sprengladung bewirkte. Die beiden Offiziere setzten die Bombe zusammen, sicherheitshalber verwendeten sie zwei Sprengladungen. Schlabrendorff nahm das mörderische Paket an sich und übergab es, nachdem Hitler das Flugzeug wieder bestiegen hatte, an Oberst

Brandt, einen der Begleiter des «Führers». Tresckow hatte ihn gebeten, das Päckchen mit den beiden «Cognacflaschen» zur Erfüllung einer Wettschuld an Oberst Stieff im OKH weiterzuleiten. Schlabrendorff hatte die Bombe kurz vor der Übergabe gezündet, die Explosion sollte zwei Stunden später erfolgen, als sich Hitlers Flugzeug in der Nähe von Minsk befand. Nach Berlin hatte Schlabrendorff das Stichwort «Initialzündung» über den bevorstehenden Anschlag als Auftakt für die «Operation Walküre», den Staatsstreich, bereits durchgegeben.

Aber Hitler landete unbehelligt in Ostpreußen. Das Komplott war gescheitert. Furcht und Schrecken befiel die verhinderten Täter. Was war schiefgegangen und würden sie entdeckt werden? Tresckow teilte dem Überbringer der Bombe, Oberst Brandt, telefonisch mit, er möge das Paket nicht weitergeben, es habe eine Verwechslung gegeben. Am folgenden Tag flog Schlabrendorff ins Führerhauptquartier, übergab zwei echte Flaschen Cognac als Präsent an den Oberst Stieff und nahm die Bombe wieder in Empfang. Die Inspektion nach der Entschärfung ergab, dass die Säure den Draht zerstört, der Schlagbolzen das Zündhütchen getroffen, es aber nicht entzündet hatte. Die Präzision des Sprengkörpers der Offiziere im März 1943 hatte offensichtlich nicht den Standard der Elser-Bombe von 1939 gehabt. Der Attentatsversuch blieb unentdeckt.

Eine zweite Chance ergab sich den widerständigen Offizieren um Henning von Tresckow einige Tage später. Auch sie brachte nicht den erhofften Erfolg. Am 21. März 1943 stand im Terminkalender Hitlers die Besichtigung sowjetischer Beutewaffen im Berliner Zeughaus. Dazu war Oberst Rudolf von Gersdorff, Abwehroffizier der Heeresgruppe Mitte, kommandiert. Durch Tresckow eingeweiht erbot sich Gersdorff, eine Bombe am Körper einzuschmuggeln, um Hitler mit dessen Entourage (Göring, Himmler, Keitel, Dönitz) in die Luft zu sprengen. Schlabrendorff brachte den Sprengstoff am Vorabend zu Gersdorff ins Hotel Eden in Berlin. Wieder gab es Probleme mit dem Zünder – jedoch anderer Art. Denn Oberst Gersdorff hatte gar keine Gelegenheit, die Bombe zur Explosion zu bringen. Nach einer kurzen Ansprache im Foyer des Zeughauses hastete Hitler nach kaum mehr als zwei Minuten Verweildauer in der Ausstellung davon. Der Säurezünder war zwar aktiviert, brauchte aber zehn Minuten zur Wirkung. Mit knapper Not konnte Gersdorff ihn auf der Toilette wieder entschärfen. Folgt man den Erinnerungen der verhinderten Tyrannenmörder, so waren sie vom frühen Aufbruch des «Führers» überrascht. Freiherr von Gersdorff war zur äußersten Konsequenz bereit gewesen. Er hatte sich, um den Diktator zu töten, selbst opfern wollen.

An Stauffenbergs Tat am 20. Juli 1944 war Gersdorff wieder beteiligt. Er verwahrte den Sprengstoff und den Zünder, womit Stauffenberg zur Wolfsschanze flog. Gersdorff gehörte zu den wenigen Überlebenden des 20. Juli, geschützt durch das Schweigen seiner Kameraden. In die neu gegründeten Streitkräfte der Bundesrepublik wurde er entgegen seinem Wunsch aber nicht aufgenommen. Er beschuldigte dafür jene Offiziere, die in den 1950er Jahren keine «Verräter» in der Bundeswehr dulden wollten. Im Jahr vor seinem Tod wurde Gersdorff jedoch das Große Bundesverdienstkreuz zuerkannt.[17]

24 Jahre alt war der Hauptmann Axel von dem Bussche-Streithorst, Sohn eines Rittergutsbesitzers aus westfälischem Uradel, zum Offizier in einem vornehmen Potsdamer Regiment ausgebildet, der im Oktober 1943 zum Widerstandskreis um den Grafen Stauffenberg stieß. Als Schüler war er 1932 der Hitlerjugend beigetreten, um sie 1935, angeödet durch den dort praktizierten Stumpfsinn, wieder zu verlassen. Als junger Offizier war er im Polenfeldzug und an der Ostfront mit dem Massenmord des NS-Regimes an Zivilisten konfrontiert. Als Regimentsadjutant erlebte er in der Ukraine eine Exekution, bei der «ungefähr einen Kilometer lang» nackte Menschen Schlange vor der Erschießungsgrube standen und auf den Genickschuss durch SS-Männer warteten. Nach der Meldung beim Regimentskommandeur, einem Oberst, der im Balkanfeldzug einen Arm verloren hatte, diskutieren die beiden Offiziere. Der Kommandeur hält eine Intervention für sinnlos und gefährlich. Er sagt traurig: «Wissen Sie, Bussche, jetzt hat er uns auch noch unsere Ehre genommen».[18]

Der junge Oberleutnant teilte die Resignation seines Vorgesetzten nicht. Um seine Offiziersehre zu wahren, sah er drei Wege, entweder den Tod auf dem Schlachtfeld oder Fahnenflucht oder Rebellion. Er wollte sich einreihen «in die Gruppe der Opfer» und erklärte sich im Gespräch mit Stauffenberg zum Selbstmordattentat bereit. Henning von Tresckow, der Regimentskamerad Bussches gewesen war und als Mitverschwörer zum Stauffenberg-Kreis gehörte, hatte die Idee, den Anlass einer militärischen Modenschau zu nutzen, bei der im Führerhauptquartier Wolfsschanze neue Uniformen der Wehrmacht Hitler vorgeführt werden sollten. Auch Reichsmarschall Göring und Reichsführer SS Himmler würden an dem Ereignis teilnehmen, das am 23. November 1943 stattfinden sollte, dann aber auf den 16. Dezember verschoben wurde.

Hauptmann von dem Bussche hatte die Absicht, sich selbst und Hitler mit einer unter der Uniform verborgenen Bombe in die Luft zu sprengen. Das Problem bestand auch hier im geeigneten Zünder. Da chemische Zünder zu viel Zeit zwischen dem Schärfen und der Explosion benötigten, wollte er einen Handgranatenzünder benutzen und dessen zischendes Geräusch übertönen, während er Hitler von hinten umklammern und damit sichergehen wollte, dass der «Führer» keine Überlebenschance habe. Bussche hielt sich bereits drei Tage und zwei Nächte in der Gästebaracke des Führerhauptquartiers auf, als ihn Oberst Hellmuth Stieff, Mitwisser und Organisator des geplanten Attentats[19], informierte, dass der Eisenbahnwaggon mit den neuen Uniformen einem Luftangriff auf Berlin zum Opfer gefallen war. Ersatz sei frühestens Anfang 1944 zu erwarten. Für Februar 1944 war die Vorführung erneut anberaumt. Als Ersatz für Bussche, der im Januar an der Ostfront schwer verwundet wurde und nicht mehr in Frage kam, war Ewald-Heinrich von Kleist bereit, den Anschlag auszuführen. Der 22-jährige Oberleutnant aus pommerschem Adel gehörte wie sein Vater zum Kreis der engagierten Widerständler um Stauffenberg. Bei der Uniformvorführung im Februar 1944 in der Wolfsschanze sollte er der Attentäter sein. Der Plan scheiterte jedoch endgültig, denn die Veranstaltung wurde abgesagt. Auch deshalb, weil ein zuständiger Offizier, der in die Attentatspläne nicht eingeweiht war, sich weigerte, seine Soldaten als Models auftreten zu lassen.

Axel von dem Bussche blieb trotz seiner engen Verbindung zu den Männern des 20. Juli unbehelligt, weil er schwer verwundet seit Ende Januar 1944 im Lazarett lag. Nach dem Krieg studierte er Jura, machte Karriere im Presse- und Informationsamt der Bundesregierung, leitete den Deutschen Entwicklungsdienst und bekleidete viele Ehrenämter. Axel von dem Bussche rang zeitlebens mit den ethischen Problemen seines Widerstands und dessen Konsequenzen. Zum Widerstand hatte er sich in aller Entschiedenheit entschlossen, setzte sich wie nur wenige andere Offiziere über soldatische Konvention und militärische Sozialisation hinweg. Dem Eid auf den «Führer» hielt er den Notwehrparagraphen im Militärstrafgesetzbuch entgegen, der allen Soldaten in der Ausbildung eingebläut worden war: «Notwehr ist dasjenige Maß an Verteidigung, was hinreichend ist, um einen gegenwärtigen und rechtswidrigen Angriff von sich oder einem anderen abzuwehren.» Axel von dem Bussche sah auch im Rückblick die Tötung des Tyrannen als ethische und politische Pflicht, nicht als Mord. Die Angemessenheit, daß Adolf als oberster Befehlshaber, Staatschef, umgebracht werden mußte, war ein echter Akt der Notwehr. Und nur ihn umbringen konnte diese Maschine auf ein neues Gleis verhelfen. Deswegen ist das Wort Mord in meinem ganzen Erlebniswortschatz nicht vorhanden. Akt der Notwehr für sich oder für andere.»[20]

Auf triviale Weise scheiterte schließlich auch ein weiterer Plan aus dem Umkreis Tresckows. Eberhard von Breitenbuch, hochkonservativer Reserveoffizier, im Zivilberuf Forstassessor, war Ordonnanz im Stab der Heeresgruppe Mitte. Er war bereit, Hitler zu töten, um den Plan «Operation Walküre» der Fronde um Graf Stauffenberg in Berlin auszulösen. Da Breitenbuch sich mit Bomben nicht auskannte, wollte er den Diktator mit der Pistole beseitigen. Als Adjutant hoffte er bei einer Lagebesprechung nahe genug an ihn heranzukommen.

Zum Termin auf dem Obersalzberg bei Berchtesgaden am 11. März 1944 war Breitenbuch im Gefolge des Generalfeldmarschalls Busch angereist. Erstmals waren jedoch Ordonnanzen zur Besprechung nicht zugelassen. Der Attentäter saß zwei Stunden mit der geladenen Pistole in der Tasche im Vorraum, im irrigen Glauben, das Komplott sei entdeckt und er werde gleich verhaftet. «Es waren zwei Stunden, die ich in meinem Leben nicht noch mal erleben möchte – und dabei war die Sache recht unrühmlich für mich.»[21] Abgesehen von der völlig verfehlten Annahme, den am ganzen Körper gepanzerten Hitler, der von einer hochtrainierten SS-Leibwache geschützt wurde, mit der Pistole töten zu können, war auch die Schlussfolgerung Tresckows, dem Breitenbuch nach der Rückkehr ins Hauptquartier der Heeresgruppe Bericht erstattete, einigermaßen naiv: «Da meinte Tresckow, die Sache, meine Absicht, wäre ohne Zweifel verraten gewesen. Denn er hätte ja trotz aller Ungewissheit des Gelingens über meine Absicht natürlich völlig getarnt mit Berlin telefonieren müssen, damit alle wichtigen Leute erreichbar gewesen wären. Und dieses Gespräch sei – wie übrigens alle Gespräche – abgehört worden, und da sei eben befohlen worden, am nächsten Tage nur Leute an den Führer heran zu lassen, die und deren Einstellung genau bekannt sei. Auf meinen Einwand, dass man mich doch nur hätte zu untersuchen brauchen, um die Pistole in meiner Tasche zu finden und mich damit zu überführen, sagte Tresckow: ‹Hätten Sie nichts Verdächtiges bei sich gehabt, wäre das eine solche Brüskierung Ihres Feldmarschalles Busch gewesen, den man ja einstellungsmäßig irgendwie mit seinem persönlichen Adjutanten gleichstellt, dass Busch daraufhin nur seinen Abschied hätte nehmen können.› Das hätte man sich damals im März 1944 nicht leisten können.»[22]

Der verhinderte Attentäter Breitenbuch war jedenfalls mit den Nerven fertig und fühlte sich nicht mehr in der Lage, an weiteren Aktionen – also dem letzten Versuch der Militärs am 20. Juli 1944 – teilzunehmen. «So etwas macht man nur einmal», habe er nach dem Krieg seinen Söhnen erklärt.[23] Sein Mentor Henning von Tresckow hatte den Grafen Stauffenberg noch am Tag vor dem 20. Juli zur Tat ermuntert. Er selbst wählte unmittelbar nach dem Zusammenbruch der Verschwörung den Freitod.

Breitenbuchs Unternehmen war der letzte Anlauf vor dem Anschlag am 20. Juli 1944 gewesen. Graf Stauffenberg hatte am 6. und am 11. Juli 1944 zwei Gelegenheiten verstreichen lassen, weil Göring und Himmler nicht anwesend waren. Am 20. Juli stellte er im Bewusstsein, dass seine Tat nur noch symbolische Bedeutung haben konnte, die Bombe im Führerhauptquartier Wolfsschanze unter den Tisch in der Lagerbaracke. Sie sollte Hitler töten, hatte aber zu wenig Sprengkraft. So fiel zwar das Gebäude in Trümmer, Hitler aber wurde nur leicht verletzt und nahm furchtbare Rache an den Beteiligten des missglückten Staatsstreichs und deren Familien.

Zum späten Zeitpunkt Sommer 1944 wäre aber auch ein gelungener Anschlag auf den Diktator nur noch ein Signal gewesen. Dessen waren sich die Verschwörer, die so viel Zeit von der Erkenntnis über die verbrecherische Natur des Hitlerregimes bis zur Tat verstreichen ließen, bewusst. Rudolf von Gersdorff, einer der wenigen Überlebenden aus dem Kreis der Verschwörer des 20. Juli, hat es so formuliert: «Es kam bei der

Tat des Grafen Stauffenberg nicht mehr allein darauf an, daß der Staatsstreichversuch gelingen sollte. Bedeutender war es, daß deutsche Männer und gerade auch deutsche Soldaten vor aller Welt die Entschlossenheit zeigten, die Ehre des deutschen Volkes wiederherzustellen. So stellt das Geschehen vom 20. Juli 1944 den einzigen Pluspunkt dar, den das deutsche Volk gegenüber der Weltöffentlichkeit für sich beanspruchen kann, ehe es sich auf Gnade oder Ungnade den alliierten Siegermächten in die Hand geben mußte.»[24]

Das Attentat des Georg Elser im Münchner Bürgerbräu fünf Jahre zuvor hätte im Falle des Gelingens größere politische Wirkung gehabt, obwohl er über den Tyrannenmord hinaus nichts plante, obwohl er keine Mittäter hatte. Skrupel und ethische Zweifel waren ihm nicht fremd, aber er diskutierte sie nicht mit Gesinnungsgenossen. Seine Tat war – in richtiger Erkenntnis ihrer Notwendigkeit – einsame Obsession. Er führte sie aus in einzigartiger technischer Präzision.

7. Entschluss und Obsession

Dass Hitler Anfang November 1937 den Oberbefehlshabern der Wehrmacht in Anwesenheit des Kriegs- und des Außenministers feierlich seine Expansionspläne vorgetragen hatte, die Krieg bedeuteten, konnte die Bevölkerung nicht wissen. Das Protokoll des Treffens, das Hitlers Wehrmachtsadjutant, Oberst Friedrich Hoßbach, drei Tage später anfertigte, diente nach dem Ende des «Dritten Reiches» als Beweisdokument für die Absicht des Diktators zum Angriffskrieg mit dem Ziel deutscher Weltmacht. Die militärischen Spitzen zeigten sich irritiert, erhoben Einwände gegen das Tempo und den Zeitpunkt der Aggression, wiesen auf die außenpolitischen und militärischen Risiken hin. Das veranlasste Hitler, die militärische Führungsstruktur neu zu formieren. Er schwang sich selbst zum obersten Feldherrn auf, das Amt des Kriegsministers schaffte er ab und ernannte stattdessen einen willfährigen General, Wilhelm Keitel, zum Chef des Oberkommandos der Wehrmacht.

Im Frühjahr 1938 nutzte Hitler die außenpolitische Isolation und die inneren Probleme Österreichs zur Erpressung, die im Einmarsch deutscher Truppen eskalierte und am 13. März mit der Annexion abschloss. Im allgemeinen Jubel verklärten sich den Zeitgenossen die Jahre davor mit den außenpolitischen Erfolgen der Hitlerregierung – Sprengung der Fesseln des Versailler Vertrages durch Remilitarisierung des Rheinlands und Wiedereinführung der Wehrpflicht 1935, Olympiade 1936 – zur glanzvollen Zeit des Wiederaufstiegs. Die deutsche Intervention im Spanischen Bürgerkrieg als Etüde neuer militärischer Kraftentfaltung ging im Propagandagetöse über die «Volksgemeinschaft» und die Gaukelei sozialpolitischer Fortschritte unter, während der deutsche Alltag von Ernährungsproblemen – Fettmangel («Kanonen statt Butter»), Engpässen und Ersatzstoffen – bestimmt war. Ursache war eine Außenhandels- und Devisenkrise, hervorgerufen durch die Autarkiepolitik, mit der längst die

Weichen zum Krieg gestellt waren. Dem Trugbild «Volksgemeinschaft» stand die Realität einer formierten Gesellschaft gegenüber, in der die sozialen Errungenschaften der demokratischen Jahre der Weimarer Republik Schritt um Schritt demontiert wurden, durch staatliches Reglement des Arbeitsmarktes, durch Lohnstopp, Zwangsmitgliedschaft in Organisationen wie der Deutschen Arbeitsfront oder dem Reichsnährstand, berufsständigen Pflichtvereinigungen, die durch die NS-Ideologie gesteuert waren.

Dem schlichten Bürger Georg Elser blieben die strategischen Überlegungen des Chefs der Reichsregierung, der alleinherrschenden Partei und des militärischen Apparats wie den Millionen deutscher Männer und Frauen verborgen. Auch war er nicht zur theoretischen Reflexion über die Probleme von Staat und Gesellschaft gerüstet. Aber – und das unterschied ihn von der Mehrheit – er war nicht bereit, das, was er wahrnahm, zu akzeptieren, er misstraute dem verordneten Jubel, vertraute stattdessen seiner Wahrnehmung und seinem Gefühl, dass die Politik aus nationalem Machtanspruch und Erpressung der Nachbarnationen ins Verhängnis führen müsse. Das Unbehagen Georg Elsers steigerte sich spätestens im Herbst 1938 in der «Sudetenkrise», die Hitler inszenierte, zur Gewissheit, dass ein Krieg gewünscht und geplant war.

Hitler interpretierte im Frühjahr 1938 Andeutungen aus London richtig, dass die britische Regierung Erfolge bei ihrer Appeasement-Politik mit Entgegenkommen auf deutsche Territorialforderungen honorieren würde. Er begann deshalb, unmittelbar nach der Annexion Österreichs, mit einer Kampagne gegen die Tschechoslowakei. Das Land war nach dem Ersten Weltkrieg als selbstständiger Staat aus dem Erbe des Habsburger Reiches entstanden, und auf seinem Territorium lebte eine deutschsprachige Minderheit von 3,2 Millionen Menschen. Schon im März 1938 ermunterte Hitler den von Berlin aus gelenkten und finanzierten Chef der Sudetendeutschen Partei, Konrad Henlein, zu unerfüllbaren Autonomieforderungen gegen die Prager Regierung. Mit der Kampagne «Heim ins Reich» wurde die «Sudetenkrise» systematisch verschärft und zum internationalen Konflikt ausgeweitet. Hitler, zur Zerschlagung der Tschechoslowakei längst entschlossen, betrieb bis zum Herbst die Eskalation mit der ultimativen Forderung nach Abtretung der Sudetengebiete an das Deutsche Reich. Es handelte sich um 28 000 Quadratkilometer, die 20 % des Territoriums der Tschechoslowakei ausmachten.

Der drohende Krieg veranlasste die kleine Gruppe oppositioneller Offiziere um Generalstabschef Ludwig Beck, mit Eingaben und Denkschriften bei Hitler auf eine Kurskorrektur hinzuwirken. Andere schmiedeten sogar Attentatspläne gegen den Diktator. Die sich formierende Widerstandsbewegung hatte auch Kontakt zur britischen Regierung gesucht. Aber Hitler war mit seiner Strategie schneller und erfolgreich. Der britische Premierminister Arthur Neville Chamberlain reiste auf dem Höhepunkt der Krise nach Berchtesgaden, um auf Hitler einzuwirken. Nachdem er die Zustimmung Prags zu der deutschen Erpressung erzwungen hatte, offerierte Chamberlain bei einer Konferenz in Bad Godesberg die Abtretung des Sudetenlands. Das sollte Hitler den Vorwand zum militärischen Angriff nehmen. Im Berliner Sportpalast forderte dieser unmittelbar danach am 26. September «so oder so!» das Sudetengebiet bis 1. Oktober und verkündete gleichzeitig, das sei der letzte territoriale Anspruch des Deutschen Reiches.

In München trafen sich drei Tage später die Regierungschefs von Frankreich, Daladier, und Großbritannien, Chamberlain, mit Hitler. Als Vermittler trat Italiens Duce Benito Mussolini auf, der die mit Berlin abgekarteten Vorschläge forcierte, denen Großbritannien und Frankreich schließlich im Glauben zustimmten, damit Deutschland befriedet zu haben. Der Regierung in Prag wurde die Hinnahme des «Münchner Abkommens» am 30. September 1938 diktiert. Einen Tag später marschierte die Wehrmacht im künftigen «Reichsgau Sudetenland» ein.

Die Annexion war aber nur eine Etappe der Zerstörung des Nachbarstaats. Am 15. März 1939 waren der Staatspräsident der Tschechoslowakei und ihr Außenminister nach Berlin einbestellt. In der gerade eingeweihten Neuen Reichskanzlei, deren Architektur ganz auf Einschüchterung angelegt war, mussten sie der Zerschlagung ihres Staates zustimmen. Sie begann noch am gleichen Tag. Die Wehrmacht stand unter der Weisung «Fall Grün» seit Oktober 1938 bereit, die «Resttschechei» anzugreifen. Durch Erpressung waren slowakische Politiker veranlasst worden, die Slowakei als selbstständigen Staat zu proklamieren und Deutschland um Schutz und Hilfe zu bitten. Das Land wurde mit einem «Schutzvertrag» zum ersten Satelliten des Deutschen Reiches. Die tschechischen Länder, deren industrielles Potential für die weiteren deutschen Expansionspläne eminente Bedeutung hatte, wurde als koloniales Gebilde «Protektorat Böhmen und Mähren» direkter deutscher Herrschaft unterstellt.

Die britische Appeasement-Politik war gescheitert. Hitler, unbeirrt vom Odium des Lügners, verlangte noch im März 1939 von Polen die Rückgabe Danzigs und Konzessionen im 1919 eingerichteten «Korridor», ließ zwei Tage später am 23. März Truppen ins litauische Memelgebiet einmarschieren und das Territorium für das Deutsche Reich vereinnahmen. Nach den Forderungen an Polen konnte die Welt keinen Zweifel über die deutschen Absichten mehr haben. Hitlers Weisung zur Vorbereitung eines Krieges datiert vom 3. April 1939. Am Ende des Monats kündigte er den Nichtangriffspakt mit Polen und das Flottenabkommen mit Großbritannien.

Hitler hatte, trotz seines weiteren Prestigegewinns im Herbst 1938, das Münchner Abkommen eher als Niederlage denn als Sieg begriffen, weil Frankreich und England dadurch ihren Gestaltungsanspruch in Mitteleuropa betont hatten. Er verachtete andererseits die Regierungen der Westmächte als schwach und unkämpferisch. Im April 1939 war der deutsche Diktator, von keiner Opposition gebremst und nur noch von gehorsamen Militärs umgeben, zum Angriff auf Polen entschlossen. Damit sollte, wie er den Oberbefehlshabern der Wehrmacht am 23. Mai erläuterte, «Lebensraum im Osten» gewonnen werden. Der Erfolg der bisherigen Drohungen und Erpressungen bestärkte Hitler, und die noch unzulängliche Aufrüstung gedachte er im kalkulierten Konflikt mit Frankreich und Großbritannien, möglicherweise auch den USA, durch Schnelligkeit auszugleichen, mit der er vollendete Tatsachen schaffen wollte. Überdies hoffte er, Interventionen der Westmächte auf Grund ihrer Bündnispflichten gegenüber Polen würden nur formellen Charakter haben, da weder Paris noch London für einen Krieg gerüstet seien.

Georg Elser machte sich, ohne diese Zusammenhänge zu kennen, ohne Informationen durch Eingeweihte, ohne sich mit irgendjemand über seine Überlegungen auszutauschen, an die Arbeit, mit der Beseitigung des Diktators den Krieg zu verhindern. Widerstandsbewegungen, die sich Gedanken über die Staats- und Gesellschaftsordnung nach einem Staatsstreich machten, die den dazu notwendigen Umsturz organisieren und den Elitenaustausch planen würden, gab es noch nicht, wenn man von den kommunistischen Gruppen absieht, die unter großen Verlusten Sabotage übten, und wenn man das politische Exil außer Acht lässt, das keine Handlungsmöglichkeiten hatte und überdies ideologisch zerstritten war. Georg Elser glaubte, mit dem Tyrannenmord den ersten und wichtigsten Schritt tun zu müssen. Das kann als Mission interpretiert werden, die er empfand und die in sektiererischer Einsamkeit auszuführen ihm Verpflichtung war. Mehr als solche emotionale Begründung richtiger Erkenntnis konnte niemand und zu keiner Zeit von ihm verlangen. Erst lange Zeit nach ihm gelangten auch andere, besser Informierte, besser Gebildete, mit besseren Möglichkeiten Ausgestattete aufgrund rationaler Reflexion zur gleichen Einsicht. Dann waren sie aber zu lange mit ihren Skrupeln und der Abwägung der Umstände beschäftigt, so blieben auch sie erfolglos.

Mehr als ein Jahr lang wendete Georg Elser alle Energie auf die Vorbereitung der Tat. Am 8. November 1938 fuhr er nach München, um die alljährlichen Feierlichkeiten im Bürgerbräukeller zu studieren. Er plante, im folgenden Jahr während der Hitler-Rede eine Bombe direkt hinter dem Rednerpult zu zünden, sie sollte auch die Umgebung Hitlers treffen.

Ende Dezember 1936 war Georg Elser in die Heidenheimer Armaturenfabrik Waldenmaier als Gussputzer eingetreten. Ein Bekannter, der dort Vorarbeiter war, hatte die Stelle vermittelt.[1] Die Tätigkeit als Hilfsarbeiter war weit unter Georgs Qualifikation, auf die er so großen Wert legte. Aber im erlernten Beruf war nichts zu finden, und nach einem halben Jahr Dreckarbeit wechselte Georg in die Versandabteilung, wo er den Materialeingang auf Vollständigkeit und Qualität prüfte. Diese Arbeit gefiel ihm so, dass er sich nicht weiter nach einer Stelle als Schreiner umsah. Der in seinem Beruf höhere Verdienst bildete keinen besonderen Anreiz, da ja jedes Einkommen oberhalb 24 RM pro Woche der Pfändung für die Alimente verfiel. Überhaupt war er, obwohl bei manchen als geizig stigmatisiert, an Geld nicht besonders interessiert.

Durch Zufall erfuhr Elser von der Existenz einer «Sonderabteilung» der Armaturenfabrik, in der streng geheim Rüstungsproduktion betrieben wurde: Zünder für Geschosse wurden hergestellt, außerdem gekörntes Pulver zu Pressstücken geformt. Als Arbeiter der Versandabteilung hatte Elser Zutritt zu den geheimen Produktionsstätten, wenn er bestellte Ware oder Materialproben dort abzuliefern hatte. Verweilen oder gar zuschauen durfte er nicht. In dem großen Betrieb war es jedoch möglich, Zünderteile und gepresstes Pulver unauffällig verschwinden zu lassen. Das geschah ab Herbst 1938, nachdem Georg den Entschluss zum Mordanschlag auf Hitler gefasst hatte. Das gestohlene Pulver, etwa 250 Pressstücke, bewahrte er, in Papier gewickelt, in seiner Dachkammer auf. Er hortete es auf dem Boden des Kleiderschranks und bedeckte es mit Wäsche. Außerdem hielt er die Tür seiner Kammer bei Abwesenheit verschlossen.

Den Weg nach Heidenheim legte er mit dem Fahrrad zurück, bei sehr schlechtem Wetter fuhr er mit der Bahn. Im März 1939 endete die Beschäftigung in der Armaturenfabrik Waldenmaier. Anlass der Kündigung war ein banaler Streit mit einem Meister. Der hatte von Elser verlangt, für ihn ein Paket vorrangig zu öffnen. Weil Georg das nicht tat, weil er es nicht für notwendig und den Meister zu solcher Anweisung nicht für berechtigt hielt, kam dieser ihm schließlich mit Grobheiten. Ungerechtigkeit konnte Georg überhaupt nicht vertragen. Das hat er oft bewiesen. Groben Ton auch nicht. Seine Versteifung in der Abwehr konnte sich vom gerechten Zorn zur Rechthaberei steigern.

Der Betriebsleiter weigerte sich, die Kündigung des zuverlässigen Mitarbeiters anzunehmen. Etwas später akzeptierte jedoch sein Stellvertreter Elsers Kündigung und händigte ihm die Papiere aus. Im Gestapoverhör bestand Elser darauf, dass der Kündigungsgrund nicht gewesen sei, dass er in der Firma Waldenmaier nicht genug Pulver habe entwenden können.

Wenige Tage später, am 4. April 1939, reiste Georg nach München. Es war der zweite Lokaltermin zur Vorbereitung des Anschlags. Genau acht Tage hielt er sich in München auf, um den Tatort zu untersuchen, den Pfeiler im Festsaal des Bürgerbräukellers an der Rosenheimer Straße zu vermessen, die Örtlichkeit zu prüfen. Er logierte für wenig Geld in einem Gasthaus am Rosenheimer Platz nahe dem Bierkeller.

Dort speiste er täglich im Bräustüberl neben dem Haupteingang, studierte die lokalen Gegebenheiten, kam mit dem Hausburschen ins Gespräch. Der teilte ihm mit, dass er wahrscheinlich zum Militärdienst eingezogen würde und deshalb seine Stelle aufgeben müsse. Georg bewog den Hausknecht, ihn dem Pächter als Nachfolger vorzuschlagen. Der versprach es ihm, als er aber am fünften Tag noch immer nichts darüber hören ließ, begab sich Georg selbst zum Chef des Hauses und bewarb sich. Der Pächter wusste noch gar nichts, machte dem Hausburschen einen Krach und teilte Elser mit, dass er die Stelle nicht bekomme, weil er den Hausburschen freistellen lassen würde. Das war ein herber Schlag für Elser, weil es so praktisch gewesen wäre und so günstig, wenn er als Hausknecht Kost und Logis am Tatort gehabt hätte. Deshalb hatte er nicht nur große Hoffnungen in den Plan gesetzt, sondern auch durch Freibier und 20 RM Anzahlung an den Stelleninhaber auf die Belohnung im Erfolgsfall investiert. Die Neugier des Hausburschen, warum Georg so scharf auf die Stelle war, wusste Georg zu beschwichtigen.

Mit Skizzen und den Maßen des Pfeilers sowie Fotos des Festsaales fuhr Georg am 12. April 1939 nachhause. Das war ab Mai die Wohnung der Familie Schmauder in Schnaitheim, wo er als Untermieter mit Familienanschluss lebte. Im benachbarten Dorf Itzelberg hatte Georg Elser gleich nach der Rückkehr aus München Arbeit im Steinbruch des Bauunternehmers Georg Vollmer gefunden. Er war dort nur einige Wochen lang beschäftigt. Weil ihm ein Stein auf den Fuß gefallen war, musste er mit einem Knochenbruch im Gipsverband die nächste Zeit auf dem Sofa der Wirtsleute in Schnaitheim verbringen. Zur ärztlichen Behandlung in Heidenheim fuhr er mit dem Fahrrad – mit dem gesunden Fuß trat er ein Pedal, den gebrochenen streckte er aus. Die Menschen der Ostalb waren nicht zimperlich mit sich, aber sparsam in allen Lebenslagen. Deshalb benutzte Georg unter Qualen das Fahrrad und nicht die Eisenbahn.

Die Zeit als Hilfsarbeiter im Steinbruch hatte aber ausgereicht für den Diebstahl einer beträchtlichen Menge von Patronen und Sprengkapseln aus dem schlecht gesicherten Depot. In das Häuschen aus Beton, dessen Blechtür Georg mit einem zugefeilten Schlüssel aus dem Elternhaus öffnete, drang er vier oder fünf Mal zur Nachtzeit ein und entnahm aus den beiden Holzkisten jeweils 20 bis 25 Patronen. Beim letzten Einbruch stahl er 125 Sprengkapseln aus den Blechschachteln, die auf einem Wandbord aufbewahrt wurden. Der Diebstahl blieb unentdeckt, weil es keine Buchführung über Bestand und Verbrauch des explosiven Materials gab. Dem Steinbruchbesitzer sollte das nach dem Bürgerbräu-Attentat viel Ungemach bringen, ebenso dem Fabrikanten Erhard Waldenmaier, der den Diebstahl in seiner Firma bemerkt, Elser auch verdächtigt, aber nicht angezeigt hatte.[2]

Der Bauunternehmer Georg Vollmer (2. Reihe, 3. von links) mit seinen Mitarbeitern 1928

Georg schaffte seine Beute im Rucksack nachhause und versteckte sie im doppelten Boden eines Holzkoffers, den er wie seinen Augapfel hütete. Den Koffer hatte er noch in der Lehrzeit beim Schreinermeister Sapper angefertigt, das Geheimfach baute er später ein. Auch in Schnaitheim stand der Koffer verschlossen neben Georgs Bett. Als ihn Maria, die Tochter der Eheleute Schmauder und Georgs letzte Geliebte, einmal beim geöffneten Koffer überraschte, erklärte ihr Georg, im Geheimfach bewahre er Geld, vor allem aber die Konstruktionszeichnungen seiner «Erfindung» auf. Da diese ja geheim bleiben musste, gab sich die junge Frau mit der Auskunft zufrieden.

Obwohl Elser im Itzelberger Steinbruch an Sprengarbeiten nicht beteiligt war (er beförderte lediglich Steine mit dem Rollwagen), eignete er sich elementare Kenntnisse des Metiers an. Den Krankenstand nutzte er zu Modellversuchen an seinem Apparat. Elser war kein Bastler, der so lange hantiert, bis das gewünschte Ergebnis annähernd erreicht ist. Er war Konstrukteur, der Probleme durchdachte und zeichnerisch löste, ehe er die Umsetzung in Angriff nahm. Am 22. Juli wurde Elser gesundgeschrieben. Er nahm keine Stelle mehr an und widmete sich von nun an ausschließlich seinem Projekt. Elser war auf dem Gebiet der Waffentechnik vollständiger Autodidakt. Das Innere eines Gewehrs habe er noch nie gesehen, gab er im Verhör nach dem Anschlag zu Protokoll. Mechanik und Wirkung von Schusswaffen waren ihm ebenso fremd wie die Zündtechnik einer Bombe. Im Steinbruch hatte er gelernt, dass man den Sprengstoff möglichst tief am zu zerstörenden Objekt anbringen muss, dass man Sprengkapseln zur Entzündung des Sprengstoffs braucht, dass mithilfe einer Zündschnur die Explosion in Gang gesetzt wird. Bedenkt man die Schwierigkeiten, die die militärischen Verschwörer trotz ihrer professionellen Kenntnis aller denkbaren Mordwaffen mit dem geeigneten Werkzeug zum Tyrannenmord hatten, dann erscheint die technische Leistung des Schreinergesellen aus Königsbronn in noch strahlenderem Licht. Die Voraussetzungen für das Gelingen konnten für einen Attentäter, zumal mit dem obsessiven Anspruch auf Perfektion, den Georg Elser hatte, kaum geringer sein.

Georg grübelte, skizzierte, verwarf und erwog Lösungen. Dass statt der Zündschnur eine mechanische Verrichtung die Sprengkapsel zur Entzündung bringen musste, war ihm bald klar. Durch Entspannung einer Feder sollte ein Bolzen gegen eine Gewehrpatrone getrieben, durch deren Explosion die Sprengkapsel entzündet und dadurch eine größere Menge Sprengstoff zur Detonation gebracht werden. Das war das Prinzip der Bombe, wie es Elser theoretisch durchdacht hatte. Als Treibsatz für die Sprengkapseln und den Sprengstoff – beides hatte er durch die Diebstähle in der Waldenmaier-Fabrik und im Steinbruch reichlich zur Verfügung – brauchte er jetzt noch Patronen. Mit dem Fahrrad fuhr er wieder nach Heidenheim und verlangte in einem Fachgeschäft Gewehrmunition. Die Frage nach dem Kaliber brachte Georg in Verlegenheit, er reagierte mit der Gegenfrage, welche Größen denn vorrätig seien, und entschied sich für die größten, Kaliber 9 mm. Er kaufte eine Schachtel mit 20 oder 25 Stück. Nach einem Jagd- oder Waffenschein wurde er nicht gefragt.

Mit den Patronen unternahm Georg praktische Versuche. Nach dem Schaden, den er im Keller der Familie Schmauder in Schnaitheim beim ersten Probelauf angerichtet hatte, zog Georg die abgelegene Obstwiese des Vaters am Königsbronner Flachsenbuckel für weitere Experimente vor. Als Versuchsanordnung hatte Georg ein Modell konstruiert. Auf einem Brett waren zwei Holzklötzchen fest installiert, sie dienten als Führung einer Spiralfeder, mit der ein drittes bewegliches Holzklötzchen, das mit einem Nagel als Spitze bewehrt war, gegen eine Patronenhülse getrieben wurde. Deren Inhalt kam durch den Aufschlag zur Entzündung und brachte die Sprengkapsel zur Explosion. Georg fixierte das Brett mit der Versuchsanordnung im Garten an einem Holzblock, spannte mithilfe einer Schnur aus hinreichender Entfernung die Spiralfeder am beweglichen Klötzchen und setzte durch Loslassen der Schnur die Explosion in Gang. Das reibungslose Funktionieren des Modells befriedigte den Konstrukteur. Natürlich unternahm er mehrere Versuche, um sicher zu sein.

Elser, der am Familienleben der Schmauders in Schnaitheim teilhatte, arbeitete rastlos an seinem Projekt. Weitere Modelle brauchte er nicht, alle später auftretenden Probleme bei der Konstruktion der Höllenmaschine löste er zeichnerisch. Das machte er in seiner Kammer, in der Küche (dem zentralen Ort des kleinen Hauses) oder in der Werkstatt im Keller. Natürlich schauten ihm die Schmauders, nicht nur deren Tochter, seine Freundin Maria, dabei über die Schulter. Was das denn werden solle, fragten sie, gaben sich aber mit der Antwort, er arbeite an seiner «Erfindung», zufrieden.

Am 1. August hatte Elser nach München abreisen wollen. Er habe dort eine Stelle als Schreiner, sagte er den Schmauders und nannte sogar einen Betrieb, nämlich die «Deutschen Werkstätten», deren Ladengeschäft er beim vorigen Aufenthalt in der bayerischen Metropole gesehen hatte. Eine Unpässlichkeit verzögerte die Abreise. Vier Tage musste Elser das Bett hüten, liebevoll von der Gastfamilie gepflegt. Noch halb krank brach er am 5. August auf. Das Wichtigste, darunter den Sprengstoff im Geheimfach, nahm er im Holzkoffer als Handgepäck mit, die übrige Habe, vor allem das Werkzeug, war in Kisten verpackt und wurde ihm von der Familie Schmauder nach München gesandt.

Welche Gefühle den 36-jährigen Mann bewegten, als er die Heimat verließ, die Freundin Maria, deren Eltern, die ihm in Schnaitheim mehr als eine Kammer überlassen hatten, nämlich Zuwendung, die er im Königsbronner Elternhaus so nicht erfahren hatte, die Geselligkeit im Zitherclub, das Tanzvergnügen im «Hecht», den Gesangverein Konkordia – das ist nicht bekannt. Die Weiblichkeit übte auf Georg enorme Anziehungskraft aus. Das beweisen nicht nur die folgenreiche Beziehung mit Mathilde Niedermann in Konstanz und das anschließende Verhältnis mit Hilde Lang. Davor hatte es in Konstanz eine Brunhilde und danach eine Anne gegeben. In Königsbronn war Georg Elser die längste Zeit mit Elsa Härlen liiert. In Schnaitheim nahm dann Maria Schmauder mit Schmerzen Abschied von ihm. In München knüpfte er keine festen Bande, aber bei seinem ersten Aufenthalt an Ostern 1939 fielen ihm drei Kellnerinnen ins Auge, die er im Garten des Bürgerbräukellers fotografierte. Den Fotoapparat, den er nach München mitgenommen hatte, um Aufnahmen des künftigen Tatortes zu machen, hatte ihm Maria Schmauder zu Weihnachten geschenkt. Elser machte ein Gruppenbild der drei Servierfräulein, von denen ihm vor allem eine, Anna Ludwig, ins Auge gefallen war. Der Brief an deren Privatadresse erwies sich als unzustellbar und kam zurück. Vorsichtshalber, damit Maria Schmauder nichts erfuhr, korrespondierte Elser unter der Adresse «postlagernd Heidenheim», unter der er auch Briefe Elsa Härlens erhielt. Unter Verzicht auf die eigentlich gebotene Diskretion sandte er den Brief an die Münchner Kellnerin erneut an die Adresse des Bürgerbräu, bestellte bei der Gelegenheit auch Grüße an den Hausburschen und an die Zigarrenverkäuferin. Beschäftigt mit der Vorbereitung eines Attentats auf den mächtigsten Mann im Staat legte der Täter in diesem Punkt eine Sorglosigkeit an den Tag, die man als bodenlosen Leichtsinn oder als grenzenlose Naivität sehen kann. Der Kontrast zu den Vorsichtsmaßnahmen und der Verschwiegenheit, die er sich sonst auferlegte, ist jedenfalls beträchtlich.

Die Vorbereitung des Anschlags hatte Elser in die Einsamkeit gezwungen. In den Verhören nach der Tat gab er sich größte Mühe, niemanden als Mitwisser seines Vorhabens zu belasten, und tatsächlich hat er sich mit keinem oder keiner ausgetauscht, seine Zweifel am Gelingen, sein moralisches Ringen um die Rechtfertigung der schrecklichen Tat mit niemandem geteilt. Zweimal nur hat er in der ihm eigenen Kargheit Andeutungen gemacht. Bei einer zufälligen Begegnung mit dem Schulfreund Eugen Rau und dessen Frau in einem Waldstück zwischen Königsbronn und Ochsenberg brach es nach dem üblichen «Wie geht's, wie steht's», das man äußert, wenn man sich längere Zeit nicht gesehen hat, aus ihm heraus: «Mir kriegad in Deutschland koi bessera Zeit, hend koi bessera Zukunft, bevor dui Regierung et end Luft gschprengt ischt. Ond i sag's dir, i mach es no, i du's.» Der Freund entgegnete: «Ha, Georg, des kascht doch et macha!», und er erinnerte sich drei Jahrzehnte später: «Georg verabschiedete sich von uns mit der eindringlichen Bitte: ‹Gell, schwätzet fei nex!'»[3]

Der Originalton mag die Authentizität der Erinnerung des Zeitzeugen Rau, der keinerlei Details hinzufügte, belegen. Weniger deutlich ist ein Leserbrief des früheren Schnaitheimer KPD-Funktionärs Josef Schurr aus dem Jahr 1947, der sich erinnerte, seinen «alten Freund Georg Elser» im Jahr 1937 in der Armaturenfabrik Waldenmaier nach fünfjähriger Pause wiedergetroffen zu haben. Er habe sich von dessen unveränderter antifaschistischer Gesinnung überzeugt, und sie hätten sich gegenseitige Treue gelobt und den Wunsch ausgedrückt, «Hitler möge recht bald verrecken».[4] Ob Georg dem eher flüchtigen Bekannten Josef Schurr darüber hinaus seine Absicht («den Hitler jag' ich in die Luft») in solchem Klartext anvertraut hat, ist eher zu bezweifeln.

8. Vorbereitung der Tat

Am frühen Nachmittag des 5. August 1939 bestieg Georg Elser in Schnaithaim den Personenzug nach Ulm und dort den Schnellzug nach München. Er reiste in der 3. Klasse. Ihm war bewusst, dass dies der Abschied für immer war. Er hatte alles geregelt, geplant und verkauft, was er nicht mehr brauchte, den Kontrabass und das Fahrrad. Werkzeug und Material für sein Vorhaben, den «Apparat» oder die «Erfindung», die er in München bauen wollte, packte er in die Kisten, die ihm nachgeschickt wurden. Eine Unterkunft in München hatte er per Inserat («Herr sucht einfach möbliertes Zimmer») gesucht und im zweiten Anlauf bei der Familie Baumann in der Blumenstraße 19 nahe dem Viktualienmarkt im Zentrum der bayerischen Landeshauptstadt gefunden. Am 1. August hatte er dort einziehen wollen, aber das jähe Fieber mit Erbrechen und Durchfall verzögerte die Abreise um vier Tage. Die Familie Schmauder pflegte ihn halbwegs gesund, noch schwach, aber unbeirrt zielstrebig brach Georg auf.

Die Ausrüstung für sein Vorhaben im Bürgerbräu war bereit: fünf oder sechs Uhrwerke, von denen drei funktionsfähig waren, die anderen dienten als Ersatzteillager, eine Autobatterie und drei Winker (das waren elektro-magnetisch arbeitende Richtungsanzeiger aus den Jugendjahren des Automobils), Uhrengewichte und eine Granathülse als Sprengstoffbehälter, d. h. das Herzstück der Bombe, Schwarzpulver in 250 Pressblättchen, gestohlen in der Heidenheimer Firma Waldenmaier, 150 Sprengkapseln aus dem Itzelberger Steinbruch und die Schachtel Gewehrmunition, die Georg in Heidenheim gekauft hatte.

Das elektrische Autozubehör war für eine Version der zeitverzögerten Auslösung der Explosion vorgesehen, die der Konstrukteur später verwarf. Als Werkzeug würde er am Tatort einen Satz Hobel, Zangen, Hämmer, Feilen, Gehrungs-, Streich- und Schrägmaß, Meißel, Bohrer und einen Fuchsschwanz brauchen. Das packte er in die Kisten, der Sprengstoff war im Geheimfach des Holzkoffers verborgen, den Georg mit Kleidern, Wäsche und Habseligkeiten als Reisegepäck mit sich führte. Ungern ließ er den Koffer aus den Augen und verschloss ihn, wenn er ihn nicht beaufsichtigen konnte.

Nach der Ankunft am Abend des 5. August nahm Georg am Münchner Hauptbahnhof einen Dienstmann in Anspruch, der ihn mit dem schweren Gepäck in die Blumenstraße fuhr. Drei Reichsmark kostete ihn das seltene Vergnügen, im Kraftfahrzeug befördert zu werden. Die Großstadt bereitete dem Dorfbewohner keine Mühe. Die Topografie hatte er bei seinem Aufenthalt im Frühjahr schon erkundet. Die weiten Wege legte Georg stets zu Fuß zurück. Das Zimmer bei den Baumanns in der Blumenstraße war zu teuer und so bürgerlich ausgestattet, dass Georg dort nicht an «der Erfindung» arbeiten konnte. 35 RM war als Monatsmiete vereinbart, von der zwar fünf Mark nachgelassen wurden, weil Georg es erst am 5. August bezog, das Frühstück wurde jedoch mit 20 RM extra berechnet. Die Ersparnisse und der bescheidene Erlös aus dem Verkauf der Bassgeige, des Fahrrads und anderer Besitztümer betrugen höchstens 400 RM. Sparsamkeit, die Tugend der Schwaben, war angesagt, und Elser zog zum 1. September um, in die Maxvorstadt. Dort hatte er in der Türkenstraße 94, hinter der Universität, eine im Fenster annoncierte Schlafstelle entdeckt. Es war ein kleines schmales Zimmer in der Wohnung des Tapezierers Alfons Lehmann und seiner hochschwangeren Frau Rosa. Das Zimmerchen im zweiten Stock kostete nur 17,50 RM im Monat. Vielleicht war das Ehepaar Baumann in der Blumenstraße auch zu neugierig gewesen. Georg erklärte auf deren Insistieren, er sei zum Besuch eines Polierkurses in München. Dass er das Zimmer tagsüber kaum verließ, stand im Gegensatz zu dieser Erklärung und machte die Vermieter wenn nicht misstrauisch, so doch mindestens interessiert. Elser befriedigte den Wissensdurst der Vermieterin mit der Eröffnung, er arbeite an einer Erfindung, über die er sich allerdings ausschwieg. Die nächtliche Abwesenheit erklärte er damit, dass er auf einer Parkbank über seine Erfindung nachdenken müsse.

In der neuen Unterkunft beim Ehepaar Lehmann stellte sich Elser gleich als Kunstschreiner und Erfinder vor. Von den Baumanns war er im Guten geschieden, gelegentlich suchte er sie auf, spaltete Holz und verrichtete weitere Arbeiten gegen ein Mittag- oder Abendessen und Trinkgeld. Elser hatte sich ordnungsgemäß in der Blumenstraße wie in der Türkenstraße polizeilich gemeldet. Im karg möblierten Zimmer in der Türkenstraße, das er für zwei Monate bis zum 1. November 1939 gemietet hatte, konnte er, soweit die Enge das zuließ, auch zeichnen und basteln, d. h. an der Konstruktion der Bombe arbeiten. Rosa Lehmann erinnerte sich Jahrzehnte später an ihren Untermieter, der beim Einzug «viel Zeug» mitgebracht habe, in Kisten, die im Keller verstaut wurden. An einem Sonntag hätten ihr Mann und sie ihn, von einem Spaziergang zurückkehrend, überrascht, als der Holzkoffer offen auf dem Gang stand und von dem erschrockenen Elser rasch zugedeckt worden sei. Ein Reißbrett, das er im Keller unbenutzt fand, habe er sich ausgebeten und benutzt. Georg Elser sei ihnen nicht sympathisch gewesen, sagte Rosa Lehmann im Sommer 1969 im Gespräch mit der Historikerin Erna Danzl: Er sei ein verschlossener Typ gewesen, habe kaum geredet, nie Besuch empfangen, nur ein einziges Mal einen Brief erhalten. Sie nannte ihn einen «Herumschleicher». Sie hatte ihn auch deshalb nicht in guter Erinnerung, weil er vergessen hatte, die Abmeldung nach dem Auszug am 1. November zur Polizei zu bringen, wie er versprochen habe. Sie verübelte ihm auch, dass der Tapezierer Lehmann, obwohl er sich nach dem Bekanntwerden der Person des Attentäters beeilt habe, der Polizei das Mietverhältnis anzuzeigen, 14 Tage im Gefängnis verbringen musste und weil den Lehmanns angekündigt worden war, sie müssten zu weiterer Vernehmung nach Berlin.[1]

Georgs Tage in der Türkenstraße waren vollkommen mit der Vorbereitung des Anschlags, der Konstruktion der Bombe, aber auch mit der Erholung von den Strapazen der Nacht und dem Warten auf den nächsten Abend ausgefüllt. Wie der ganz auf sich allein gestellte Widerstandskämpfer die politischen Ereignisse während seines einsamen Treibens wahrnahm, ob er sich durch den deutschen Überfall auf Polen am 1. September in seinem Entschluss zum Tyrannenmord bestätigt fühlte oder von Zweifeln geplagt war, wissen wir ebenso wenig wie es Anhaltspunkte gibt, dass er das Entsetzen der proletarischen Antifaschisten in aller Welt teilte, als am 23. August 1939 die Nachricht die Welt erschütterte, dass sich die antagonistischen Diktatoren Hitler und Stalin verbündet hatten. Mit dem Nichtangriffspakt zwischen dem nationalsozialistischen Deutschen Reich und der kommunistischen Sowjetunion sollte nicht nur wenige Tage später Polen das erste Opfer werden, der europäische Krieg, der zum Weltkrieg wurde, den Georg Elser hatte kommen sehen, stand vor der Tür. Er brach an dem Tag aus, an dem Elser in der Türkenstraße sein neues Zimmer bezog.

68 Tage lagen vor ihm, die er zur Ausführung seines Planes nutzen musste. Die Bombe und ihr Auslösungsmechanismus waren zu konstruieren und zu installieren. Durchdacht und zeichnerisch bewältigt hatte Georg alle Probleme. Das Material hatte er weitgehend aus Schnaitheim mitgebracht. Teile, die er während des Baus noch benötigte, wie Flansche, Schrauben, Drahtseil und dergleichen erwarb er in den Münchner Fachgeschäften am Viktualienmarkt und dessen Umgebung, in denen Hand- und Heimwerker, Bastler und Hausmeister auch heute noch ihren Bedarf decken, bei Kustermann oder Suckfüll in der Türkenstraße, im Schraubenladen Utzschneiderstraße oder in der Reichenbachstraße. Spezielles gab Georg beim Dreher Wechsler oder beim Schlosser Solleder in Auftrag. Werkzeug wie die Zange, mit der er zuletzt Sprengstoff in die schwer zugängliche Höhle hinter der eigentlichen Bombe in der Säule des Festsaales füllte, fertigte er selbst. Ganz wichtig für Elser war der Schreinermeister Brög in der Türkenstraße 59, in dessen Werkstatt er für sich arbeiten durfte. Dafür half er dem Kollegen beim Liefern und Aufstellen eines großen Schrankes. Brög erlaubte auch, dass Georg seine Habe in den ersten Novembertagen, als er bei Lehmanns schon gekündigt hatte, in einem Lagerraum der Werkstatt unterstellte.

Der schwierigste Teil des Unternehmens war die Installation der Höllenmaschine und davor die Zurichtung des Ortes, an dem sie platziert werden sollte. Viel Mut und Glück brauchte es, die erforderlichen Arbeiten unentdeckt am Tatort auszuführen. Diesen hatte Georg Elser im Frühjahr ja gründlich inspiziert und festgelegt, wo er die Bombe verstecken wollte: im Pfeiler hinter dem Rednerpult, von dem aus Hitler sprechen würde.

Die Großgaststätte Bürgerbräukeller an der Rosenheimer Straße, die 1979 abgerissen wurde (an ihrer Stelle befinden sich heute ein Hotel und das Münchner Kulturzentrum Am Gasteig), war in den drei Monaten von Elsers Münchner Aufenthalt nächtlicher Arbeitsplatz und oft auch Ort täglichen Aufenthalts, an dem er nicht nur Mahlzeiten zu sich nahm,

Eingang zum Bürgerbräukeller in München, um 1930

mit der Kellnerin Berta flirtete und mit der Zigarrenfrau Merkel plauderte, sondern auch gelegentlich beim Tanzvergnügen Entspannung suchte. Von den drei Kellnerinnen, die er beim Frühjahrsbesuch fotografiert hatte, gab es wie vom Hausknecht, dessen Stelle Georg so gern übernommen hätte, keine Spur.

Die Perfektion, mit der Georg sein subversives Tun tarnte, stand stark im Kontrast zur Sorglosigkeit, die er in den 30 oder 35 Nächten im Festsaal walten ließ. Das Betreten des dunklen Raumes am Abend zwischen 20 und 22 Uhr war die einfachere Übung. Er verbarg sich auf der Galerie in einem Abstellraum, bis Frau Merkel, die Verkäuferin im Zigarrenkiosk, ihre Katzen im Saal gefüttert und er am Geräusch des Schlüssels gehört hatte, dass der Raum verschlossen war. Dann machte er sich ans Werk, arbeitete bis etwa zwei Uhr an der Säule, machte dann Feierabend und döste den Rest der Nacht zwischen Pappschachteln in der Gerümpelkammer. Ab 6.30 Uhr morgens, als der Saal wieder aufgesperrt war, ging er ins Freie. Die Männer der Luftschutzwache, die seit Kriegsbeginn am 1. September im Haus stationiert waren, sahen ihn regelmäßig beim Verlassen des Hauses, ohne ihn jemals anzusprechen.

Nur einmal wurde Elser am frühen Morgen auf der Galerie erwischt. Ein Angestellter erblickte den Fremden in der Abstellkammer, entfernte sich wortlos, kam aber mit dem Chef des Hauses, dem Pächter Andreas Payerl, zurück. Von zwei Seiten näherten sie sich dem Verdächtigen, der inzwischen an einem Tisch Platz genommen hatte und vorgab, dort einen Brief zu schreiben. Auf die Frage Payerls (bei dem sich Elser im Frühjahr als Hausknecht beworben hatte), was er in der Kammer getrieben habe, antwortete er geistesgegenwärtig, er habe sich dort einen Furunkel am Oberschenkel ausgedrückt und nun schreibe er einen Brief. Der Wirt, der ihn offenbar nicht wiedererkannte, komplimentierte ihn ohne weitere Untersuchung hinaus.

Um die Säule[2] hinter dem Rednerpult für die Aufnahme der Bombe zu präparieren, löste Georg in den ersten drei Arbeitsnächten ein Brett der Holzvertäfelung und baute es nach allen Regeln der Kunst zu einer Tür um, die er innen mit Blech verkleidete, später auch noch mit Kork gegen den Schall der Uhrwerke dämpfte und mit einem nicht sichtbaren Innenriegel verschloss.

Die größte Mühe bereitete jetzt das Gewinnen eines Hohlraums. Georg entfernte zuerst den Verputz, dann den Mörtel des Ziegelwerks. Zum Ausbrechen der Backsteine aus dem Mauerwerk ließ Georg den Meißel vom Schlossermeister Solleder dreimal durch Anschweißen von Bolzen verlängern. Den anfallenden Schutt sammelte Georg in einem aus einem Handtuch selbstgefertigten Sack, dessen Öffnung er mit einem Drahtring versah, womit er ihn am Loch in der Mauer fixierte. Den Sack entleerte er in einen der Pappkartons in der Gerümpelkammer auf der Galerie. Wenn dieser voll war, transportierte Georg den Schutt am helllichten Tag in einem Handkoffer aus dem Saal, trug ihn zum Hochwasserbett der Isar und entleerte ihn dort. Das geschah insgesamt zwei oder drei Mal.

Das Aushöhlen der Säule dauerte bis Ende Oktober. Die Dunkelheit im Saal erschwerte die Arbeit. Den Schein der Taschenlampe milderte Georg mit einem blauen Taschentuch. Wegen des Geräusches, welches das Ausbrechen der Ziegel verursachte, wartete der nächtliche Arbeiter, bis sich in den Toiletten die automatische Spülung für einige Sekunden in Betrieb setzte. Geduld war das Hauptkapital, das in die Vorbereitung des Anschlags investiert werden musste. Kaltblütigkeit und Geistes-

Rückansicht des nachgebauten Zündapparats der Bombe

gegenwart waren die erforderlichen Tugenden, die Elser außerdem einbrachte.

Anfang November war Elser am Ziel. Nach der Montage des Zündapparats, der mit zwei synchron laufenden Uhrwerken den in Königsbronn ausprobierten Mechanismus steuerte, musste er mit der Bombe in die Säule eingebaut werden. Auch hier strebte Elser nach doppelter und dreifacher Sicherheit. Er füllte den Sprengstoff in die Granathülse und zwei ausgebohrte Uhrengewichte. Das geschah in Abwesenheit des Inhabers in der Werkstatt Brög. Im Handkoffer trug Georg schließlich die ganze Ausrüstung zum Bürgerbräu, begab sich durch den Hintereingang auf die Galerie und deponierte in der Säule die durch Blechstreifen und Bandeisen mit einem Uhrengewicht verbundene Granathülse, fügte den Zündapparat hinzu und legte das mit Pulver gefüllte zweite Uhrengewicht lose daneben. Den verbliebenen Hohlraum füllte Elser mit den übrigen Sprengkapseln und der Gewehrmunition. Dazu benutzte er die selbstgebaute löffelartige Zange, da der hinterste Hohlraum mit der Hand nicht zu erreichen war.

Seitliche Detailansicht des nachgebauten Zündapparats der Bombe

Das geschah in der Nacht vom 2. zum 3. November. Den Zeitpunkt der Zündung hatte Georg auf 21.20 Uhr am 8. November 1939 eingestellt, den Zündapparat jedoch noch nicht installiert. Das sollte am 3. November geschehen, aber der Saal war verschlossen. Elser übernachtete im Garten des Bürgerbräukellers unter einem Dach zwischen Bierfässern. Am folgenden Abend brachte er die miteinander synchronisierten Uhrwerke wieder zum Tatort. Es war Samstag, und im Saal fand eine Tanzveranstaltung statt. Elser löste eine Eintrittskarte, setzte sich auf die Galerie in die Nähe des Musikpodiums und schaute dem Treiben im Saal zu. Geduldig wartete er nach dem Ende, bis niemand mehr im Saal war, öffnete die Tür zur Bombe, um feststellen zu müssen, dass der Raum zu klein war, um den Zündapparat einzubauen. Er trug ihn am Morgen wieder in die Werkstatt Brögs. Nach der Verkleinerung des Gehäuses wollte er den Einbau am 5. November vornehmen. Weil das ein Sonntag war, wurde wieder getanzt. Abermals wartete Elser das Ende der Veranstaltung ab und konnte nach Mitternacht das jetzt passende Gehäuse des Zündmechanismus einsetzen, die Uhren mit den Drahtseilen zusammen auf Gleichlauf bringen und wieder einstellen. Am 6. November um sechs Uhr morgens war alles fertig.

Gegen zehn Uhr reiste Elser nach Stuttgart. Seine Habe hatte er einige Tage zuvor in drei Kisten an seine Schwester Maria geschickt, den großen Holzkoffer gab er als Reisegepäck auf, als Handgepäck führte er einen kleinen Koffer und zwei Pakete mit sich. Elser hatte seinen Besuch bei Maria in einem Brief angekündigt und sie gefragt, ob sie Verwendung habe für seine Anzüge, Schuhe und Wäsche, seinen Schirm und drei Hüte sowie den Fotoapparat und das Schreinerhandwerkszeug. Maria, die ihm von allen Angehörigen am nächsten war und mit deren Mann Karl Hirth er ebenfalls auf gutem Fuße stand, antwortete umgehend, dass sie über seinen Brief erstaunt sei, ihn nicht verstehe, dass sie sich aber auf den Besuch des Bruders freue und dass «man heute notwendig» die angebotenen Sachen brauchen könne. Sie fragte auch, ob Georg zum Militär oder ins Ausland gehe. Antwort erhielt sie nicht. Nach der Ankunft am Nachmittag des 6. November in Stuttgart suchte Elser seinen Schwager auf, der als Metzgergehilfe im «Württemberger Hof» arbeitete. Er half ihm beim Transport des Gepäcks in die Lerchenstraße 52, wo Schwester und Schwager mit ihrem Sohn Franz in einer bescheidenen Wohnung lebten. Beide bestürmten ihn mit Fragen, was er vorhabe. Elser sagte nur, dass er «über den Zaun», also über die Grenze ins Ausland müsse, und blieb dabei, dass dies unabänderlich sei. Sein Ziel verriet er nicht.

Von Unruhe getrieben beschloss Elser, anstatt nach Konstanz und in die Schweiz noch einmal nach München zu fahren, um die Funktionstüchtigkeit der Bombe ein letztes Mal zu überprüfen. Eigentlich wollte er auch nach Königsbronn, um den Vater, und nach Schnaitheim, um Maria Schmauder noch einmal zu sehen. Am Abend hatten die Geschwister und der Schwager lange beieinandergesessen, Maria und Karl drangen wieder vergeblich in ihn, erfuhren immerhin, dass er in die Schweiz müsse. Elser legte sich früher schlafen und verließ das Ehebett, in dem sie zu dritt ruhten, später. Mit der Straßenbahn fuhr er zum Bahnhof, begab sich an den Arbeitsplatz des Schwagers, um ihm Lebewohl zu sagen. Elser war in Endzeitstimmung, er war auch finanziell am Ende. Seine Ersparnisse hatte er in München aufgebraucht und musste seine Schwester um Geld bitten. Sie schenkte ihm 30 RM. Für den Abschiedsbesuch beim Vater und bei Maria war es zu spät an diesem 7. November.

Gegen 22 Uhr war Elser wieder am Haupteingang des Bürgerbräu, begab sich auf die Galerie des Festsaals, horchte an der Säule, ob die Uhren noch tickten, und überzeugte sich auch durch Augenschein, dass der «Apparat» funktionierte. Wie üblich verbrachte er die Nacht im Versteck und verließ gegen 6.30 Uhr durch den seitlichen Notausgang neben der Küche den Bürgerbräukeller.

Erstaunlich, dass am Morgen des Tages, an dem Hitler dort sprechen würde, keinerlei Sicherheitsvorkehrungen im Gebäude des Bürgerbräukellers getroffen wurden. Dass jedermann, wie Georg Elser, ungehindert Zutritt hatte, dass es Stunden vor dem Ereignis weder Personenkontrolle noch Überwachung des Saales gab. Zeichen seines Seelenzustands und seiner Einsamkeit war die Absicht Georg Elsers, noch einmal vom Schreinermeister Brög in der Türkenstraße Abschied zu nehmen. Er traf ihn nicht an, besuchte stattdessen die ehemalige Vermieterin in der Türkenstraße und fragte sie, ob Post für ihn angekommen sei. Da er außer Elsa Härlen und den Schmauders niemandem seine Münchner Adresse verraten hatte, hoffte er wohl auf einen Liebesbrief. Rosa Lehmann, die ihn, obwohl sie ihn nicht mochte, tagelang gepflegt hatte, als er mit eitrigem Knie das Bett hüten musste, erschrak, als er um acht Uhr morgens vor ihrer Tür stand. Einen schwarzen Hut mit einem ungewöhnlich breiten Rand habe er getragen, den sie nie an ihm gesehen habe. Daran erinnerte sie sich dreißig Jahre später noch. Ob sich die innere Erregung, in der sich Georg Elser befunden haben muss, in seinem Auftreten bemerkbar machte, dass sie so erschrak, war ihr nicht mehr bewusst. Jedenfalls ließ sie ihn nicht in die Wohnung. Ein Brief für ihn war nicht angekommen.

Elser machte sich auf den Weg zum Hauptbahnhof und reiste gegen zehn Uhr über Ulm nach Friedrichshafen am Bodensee. Um 18.00 Uhr war er dort und nutzte die Zeit bis zur Abfahrt des Schiffes nach Konstanz, um sich rasieren zu lassen. Das Schiff sollte fahrplanmäßig um 18.51 Uhr ablegen. Wegen Nebels sei es erst um 21.00 Uhr in Konstanz angekommen, behauptete Elser später im Verhör. Er wurde aber mindestens 20 Minuten vorher an der Grenze zur Schweiz festgenommen. Die Grenze, die Konstanz von Kreuzlingen trennt, erreichte er zu Fuß. Die Bombe explodierte exakt um 21.20 Uhr.

9. Der historische Augenblick

Hitler hatte, was Georg Elser nicht wissen konnte, seine Teilnahme am Traditionsabend in München einige Tage vorher abgesagt. Es war ja Krieg, und er glaubte sich in Berlin unentbehrlich. Rudolf Heß, seit 1920 Mitglied (Nr. 16) der NSDAP, Gefährte Hitlers beim Putsch und im Gefängnis, 1933 zum «Stellvertreter des Führers» in der NSDAP und Reichsminister ohne Geschäftsbereich ernannt, sollte ihn vertreten. Die «dringenden Staatsgeschäfte», die den «Führer» in Berlin fesselten, waren militärischer Natur: Der Angriff auf Frankreich, das wie Großbritannien auf den Überfall auf Polen mit der Kriegserklärung am 3. September reagierte, schien unmittelbar bevorzustehen. Bis dato hatte es auf beiden Seiten noch keine Kampfhandlungen gegeben, aber Truppenbewegungen gab es schon. Die Westoffensive war für den 12. November angesetzt. Das wäre auch der Termin gewesen, an dem die Militäropposition sich gegen Hitler erheben wollte. Der Angriff wurde schließlich bis zum Mai 1940 mehrfach verschoben. Am 5. November 1939 hatte der Oberbefehlshaber des Heeres, Generaloberst Walther von Brauchitsch, Hitler die Bedenken der Generäle vorgetragen. Das Heer sei noch nicht in der Lage, den Krieg im Westen zu führen, hatte Brauchitsch argumentiert und mit einem Memorandum den Zorn Hitlers erregt. Der diktierte seiner Sekretärin nach dem Abbruch des Gesprächs vorsorglich das Entlassungsschreiben für den General. Zwei Tage später, am 7. November, beruhigte sich der Diktator etwas, nachdem ihm der Chef des OKW, Generalfeldmarschall Keitel, erklärt hatte, es gebe keinen Ersatz für Brauchitsch.[1]

Die Stimmung blieb jedoch desaströs. Hitler entschied am Abend des 7. November – ungefähr zu der Zeit, als Georg Elser noch einmal nach München fuhr, um die Funktion seiner Bombe ein letztes Mal zu überprüfen –, doch nach München zu reisen. Vielleicht hoffte er auf Entspannung im Kreis der erinnerungstrunkenen alten Garde. Auf jeden

Fall wollte er aber am 9. November wieder in Berlin sein, um bei der Vorbereitung des Angriffs im Westen die Fäden in der Hand zu halten. Der «Führer» reiste[2] also in die «Hauptstadt der Bewegung», kam dort am Vormittag des 8. November an und begab sich in seine Privatwohnung am Prinzregentenplatz. Er bereitete sich dort auf den Abend vor, machte – wie bei jedem Aufenthalt in München – dann einen Besuch im Atelier der Witwe seines Lieblingsarchitekten, bei der Raumausstatterin Gerdy Troost, und besuchte anschließend in der Chirurgischen Universitätsklinik in der Nußbaumstraße eine andere Verehrerin, Unity Mitford.

Die junge Dame aus britischem Hochadel, Tochter eines Lords, der im Oberhaus saß, bewunderte Hitler glühend. Sie hatte ihn 1935 kennengelernt. Lady Valkyrie Unity Mitford gehörte der «British Union of Fascists» an, sie war die Schwägerin des Faschistenführers Sir Oswald Mosley. Seit ihrem Besuch des Reichsparteitags der NSDAP 1933 suchte sie die Nähe Hitlers. Das gelang dem großgewachsenen blonden blauäugigen Mädchen 1935 in Hitlers Stammlokal, der «Osteria Bavaria» in der Münchner Schellingstraße. Seitdem gehörte sie zu seinem Umfeld, diskutierte mit ihm über Politik, zeigte sich als entflammte Nationalsozialistin. Eine erotische Beziehung war es nicht. Unity besuchte Deutschkurse an der Universität, lebte in einem Studentinnenheim und verkehrte in Kreisen der Naziprominenz. Ihr persönliches Unglück begann am 3. September 1939, einem Sonntag, als der britische Botschafter Sir Nevile Henderson die britische Kriegserklärung in Berlin überreichte. Am Nachmittag schoss sich Unity Mitford im Münchner Englischen Garten eine Kugel in den Kopf, weil sie einen Krieg zwischen ihrem Heimatland Großbritannien und ihrer Sehnsuchtsnation Deutschland nicht aushalten würde. So stand es im Abschiedsbrief an Hitler, dem sie auch dessen signiertes Konterfei und ein speziell für sie angefertigtes NSDAP-Mitgliedsabzeichen beilegte. Der Schuss war nicht tödlich. Die 25-jährige Unity wurde in die Chirurgie eingeliefert. Ob sie erkannt hat, dass ihr Idol sie am Nachmittag des 8. November dort besuchte, ist fraglich. Die Kugel in ihrem Kopf war nicht operabel. Unity blieb schwer beschädigt bis zum frühen Lebensende. Hitler sorgte dafür, dass sie über die Schweiz in ihre Heimat zurückgelangte. Die Kosten des Klinikaufenthalts beglich die NSDAP.[3]

Nach dem Krankenbesuch fuhr Hitler wieder in seine Wohnung. Am

Nachmittag des 8. November, als Georg Elser auf dem Weg zum Bodensee war, wusste Hitler längst, dass ein Flug nach Berlin am frühen Morgen des 9. November wegen eventuell schlechter Sichtverhältnisse nicht möglich sein würde. Hans Baur, der Chefpilot des «Führers», wollte den Start am frühen Morgen nicht riskieren.[4] Um die «dringenden Staatsgeschäfte» in Berlin nicht zu versäumen, musste Hitler die Eisenbahn benutzen. Ganz gleich, ob ein Salonwagen in den fahrplanmäßigen Schnellzug eingestellt wurde oder ob es der Sonderzug des «Führers» war (die Historiker zeigen sich in diesem Punkt verschiedener Meinung) – Hitler musste sich jedenfalls zur Abfahrt um 21.31 Uhr am Münchner Hauptbahnhof einfinden.

Das Programm des Veteranentreffens wurde dieser Notwendigkeit angepasst. In früheren Jahren hatte Hitlers Monolog, das Herzstück der Erinnerungsliturgie zum Putsch von 1923, von 20.30 bis 22.00 Uhr gedauert. Jetzt musste der Höhepunkt der Veranstaltung auf 20.00 Uhr vorverlegt werden und gegen 21.00 Uhr enden. Umgeben von den Gefährten des Putschjahres 1923[5] erschien Hitler pünktlich im Bürgerbräukeller, frenetisch begrüßt von den Genossen, mit denen er 16 Jahre davor an dieser Stelle zum ersten Mal nach der Macht gegriffen hatte. Jetzt waren sie prominent, regierten oder repräsentierten in Berlin wie Rudolf Heß oder Hermann Göring,[6] oder sie waren mit Pfründen ausgestattet in München geblieben wie Christian Weber, der dort mangels anderer Befähigung ein wüstes Leben führte. Der ehemalige Rossknecht und Wirtshaus-Rausschmeißer war als einer der frühesten Gefolgsleute Hitlers mit allerlei Ehrentiteln dekoriert und Einkünften versorgt, aber im Übrigen erwiesen unbrauchbar. Der 8. November war seine große Stunde: Er fungierte als Gastgeber in der Funktion, die Veranstaltung mit dem Appell der alten Kameraden um 18.00 Uhr zu eröffnen und dann Hitler zu begrüßen. Kurz vor dessen Erscheinen wurde die «Blutfahne», das Heiligtum laut Parteimythos, vom Uraltnazi Grimminger[7] hereingetragen und hinter dem Rednerpult platziert. Dort hing sie auch das ganze Jahr über. Die Reliquie, angeblich vom Blut der an der Feldherrnhalle niedergeschossenen Putschisten getränkt und deshalb heiliggesprochen, gehörte zur Einrichtung des Bürgerbräu-Saales. Sie sei dreckig gewesen, erinnert sich eine Kellnerin. Nie gewaschen, dafür von hysterischen Frauen oft geküsst und mit Blumen geschmückt.

Der Musikzug des Traditionsgaues München-Oberbayern hatte das Publikum seit zwei Stunden eingestimmt, zuletzt den Badenweiler Marsch intoniert, unter dessen Klängen Hitler, im «feldgrauen Rock» und mit dem Blutorden geschmückt, begleitet von den «Alten Kämpfern» der allerersten Stunden der Partei, Rudolf Heß, Wilhelm Brückner, Julius Schaub und Ulrich Graf, den Saal betrat. Christian Weber meldete Hitler, dass die alte Garde zum Appell angetreten sei (sie saß freudig erregt an den Wirtshaustischen und stärkte sich). Weber stotterte ungelenke Begrüßungsfloskeln, ab 20.10 Uhr redete der «Führer». Hitlers Rede unterschied sich nicht nur durch die kürzere Dauer von seinen sonstigen oratorischen Leistungen. Er verzichtete weitgehend auf die übliche Parteierzählung, in der er weitschweifig den Aufstieg der NSDAP unter seiner Führung zu referieren pflegte, er ging auch nur ganz knapp und beiläufig auf den Anlass, den Putsch von 1923, ein. Zentrales Thema der Rede war die Abrechnung mit England, das er in der Pose des friedliebenden Staatsmannes als Aggressor denunzierte. Hitler beschwor die Siegesgewissheit Deutschlands, verhöhnte die britischen Politiker und die westliche Demokratie mit der gedrechselten rhetorischen Bosheit, die von seinem Publikum als sarkastischer Humor verstanden und grölend bejubelt wurde.[8] Abrupt, auf ein Zeichen des Zeremonienmeisters Christian Weber, der mit einem Zettel zum Aufbruch mahnte, kam Hitler noch einmal auf den Anlass des Abends, den «ersten Opfergang der Bewegung», zurück. Um 20.07 Uhr verließ er mit seiner Entourage den Saal. In den Jahren zuvor hatte er sich nach der Rede stets auch in den «Kleinen Saal» im oberen Stock begeben, um sich den Parteigenossen zu zeigen, die dort der Lautsprecherübertragung seiner Rede gelauscht hatten. Um 21.20 Uhr detonierte die Bombe. Der Zug, in dem Hitler saß, verließ München um 21.31 Uhr.

Der ruckartige Aufbruch der Parteiprominenz brachte die Kellnerin Maria Strobl insofern in Schwierigkeiten, als die Herren an Hitlers Tisch ihre Zeche nicht bezahlten. Neunmal musste sie ins Braune Haus, die NSDAP-Zentrale, laufen, bis sie jemanden fand, der zum Inkasso bereit war. Der Luftdruck bei der Detonation der Bombe hatte Maria Strobl zum Ausgang geschleudert. Sie erlitt einen Nervenzusammenbruch, das Trommelfell des linken Ohrs war verletzt. An den Folgen litt sie lebenslang. Ein Polizist führte die Kellnerin nach einer ersten Ver-

Spurensuche in den Trümmern des Bürgerbräukellers

sorgung im Arztzimmer des Bürgerbräu nachhause. Weil sie in der Aufregung ihre Tasche hatte liegenlassen, eilte sie noch einmal zurück und nahm erst jetzt die Zerstörungen wahr.[9]

Die Kellnerin Maria Strobl war als langjährige Angestellte des Bürgerbräu mit dem Privileg, am Tisch Hitlers zu bedienen, in der Münchner Naziprominenz bekannt und genoss auch im Publikum eine gewisse Bewunderung. Hitlertrunkene Damen hätten ihr gerne das Glas abgekauft, das der Führer zu den Lippen geführt hatte. Maria Strobl sollte bei der Vernehmung im Münchner Polizeipräsidium einige Tage nach dem Anschlag auch ein Foto Georg Elsers identifizieren. Sie verneinte damals, ihn je gesehen zu haben. Zwanzig Jahre später sagte sie jedoch, er sei regelmäßig Gast im Bräustüberl gewesen. Ihr sei erst später nach Unterhaltungen mit Kolleginnen in Erinnerung gekommen, «dass er sehr ärmlich gekleidet war und das normale Arbeiteressen bestellt habe, das damals bei uns etwa 60 Reichspfennige gekostet hatte. Es fiel mir vor allem deshalb auf – und gerade deshalb habe ich ihn in guter Erinnerung –, weil Elser nie etwas zu trinken bestellte.» Später will sie von Kolleginnen erfahren haben, dass Elser mit einer Bedienung im Stüberl ein Verhältnis gehabt habe. Sie sei höchstens zwanzig Jahre alt und Münchnerin gewesen, schwarzes Haar habe sie gehabt. Das Hörensagen mag einen Kern darin haben, dass der Stammgast das junge Mädchen mit Wohlgefallen sah, dass sie einander Freundlichkeiten signalisierten, dass lebhafte Phantasie daraus eine Legende wob.

Die gleichgeschalteten Medien priesen am Tag nach dem Anschlag unisono die wunderbare Rettung des «Führers» und denunzierten gezielt die mutmaßlichen Täter. Die geltenden Sprachregelungen waren, wie üblich, in der Reichspressekonferenz bekannt gegeben worden und wurden, das war ebenfalls üblich, zwar paraphrasiert, aber im Tenor unverändert publiziert. Der «Völkische Beobachter», das Zentralorgan der NSDAP, gab den Ton vor: «Eines aber wissen wir, die Anstifter, die Geldgeber, diejenigen, die eines so niederträchtigen verabscheuungswürdigen Gedankens fähig sind, das sind dieselben, die schon immer mit Meuchelmord in der Politik gearbeitet haben: es sind die Agenten des Secret Service.»[10]

Die Großstadtblätter in Hamburg oder München berichteten und kommentierten bis in die Wortwahl («ruchloser Anschlag», «Vorsehung») genauso monoton in bombastischer Phraseologie wie die Provinzblätter. In der Heimatregion des Attentäters las man die in Heidenheim erscheinende Zeitung «Der Grenzbote». Dort hieß es am 9. November: «Ein gütiges Schicksal hat verhindert, dass dieser ruchlose Anschlag nicht das von den Attentätern auserkorene Opfer traf. Das schwerste Unglück, das unvorstellbare Folgen für Deutschland zur Folge gehabt hätte, ist also nur durch den Zufall vermieden worden, dass der Führer in dringenden Staatsgeschäften vorzeitig den Saal verließ, um nach Berlin zurückzukehren. Achtzig Millionen Deutsche danken der Vorsehung für die Errettung des Führers aus Todesgefahr. Der Allmächtige, der das Wirken des Führers bisher sichtbar segnete, hat auch hier gewaltet. Mit Erbitterung und voll Zorn wird aber auch das deutsche Volk nach den Urhebern des verbrecherischen Anschlags fragen. Wie war es möglich, dass ein solches Verbrechen überhaupt zur Durchführung kommen konnte? Es würde uns nicht wundern, wenn die berüchtigten Agenten des englischen Geheimdienstes ihre Hand im Spiele gehabt haben.»[11]

Die strikte Trennung zwischen Bericht und Kommentar war in der deutschen Presse (auch vor 1933) nicht üblich. Die Leser waren gewohnt, Informationen und deren Deutung, Nachricht und Meinung in einem Guss zu lesen. Das sollte sich erst unter alliierter Besatzungsherrschaft nach dem Untergang des Hitlerstaates ändern. Die Reform der Presse gehörte zum Demokratisierungsprogramm der Sieger, die den deutschen Journalisten und ihrem Publikum – Lesern wie Hörern – den Grundsatz der Trennung von Information und Kommentar einhämmerten. Zu den Ausnahmen in der Berichterstattung über das Bürgerbräu-Attentat gehört eine Reportage des Reichsrundfunks am Vormittag des 9. November. Sie bot mindestens eine nüchterne Beschreibung des Tatorts: «Schon wenn man hinten beim Hof hereinkommt, findet man einen ganzen Berg von Balken, ein riesiges Balkengewirr, einen Berg von Ziegeln, zertrümmerte Tische, Stühle liegen durcheinander, zerschlagene Biergläser, die grauschwarz sind vom Kalk und Dreck. Nun sind wir hier herinnen im ehemaligen Saal: oben ein riesiges Loch, man sieht den Himmel durch. Die Aufräumarbeiten sind im Gange. Die Decke ist heruntergestürzt, zum Teil hereingestürzt, eingebrochen. Stücke von dem Stuck hängen noch dran, abgebröckelt zum Teil, die Kronleuchter hängen ganz schief dran, eingebeult und ohne Lampen. Ein Gewirr von Ziegeln, von Holzsplittern. Der Luftdruck hat selbstverständlich alle Scheiben eingeschlagen, hinausgedrückt. Es ist ein Bild fürchterlicher Zerstörung. Hier große Schutthaufen. Wir stehen etwa drei Meter jetzt von der Stelle weg, an der das Führerpult gestern stand. Rohrmatten hängen oben herein, Stücke des Mauerwerks stehen noch. Ein Doppelträger ist schräg hereingekippt in den Raum, über uns der freie Himmel, wie gesagt. Drahtgeflecht, Stahlträger, Verschalungen, Stützsäulen, alles durcheinander. Der Zwischenboden oben ist hereingebrochen, und Träger ragen dort wie Spieße kreuz und quer in den Raum. Es ist, wie gesagt, ein fürchterliches Bild, und man muss die Worte sich suchen, um so etwas zu schildern.»[12]

Im «Hamburger Tageblatt» war dagegen einige Tage später zu lesen, wie ein Blutordensträger die Explosion der Bombe im Bürgerbräu erlebt hatte: Zunächst habe er nicht begriffen, was geschehen war. Dann sei der allererste Gedanke gewesen: «Gott sei Dank, dem Führer war nichts geschehen! Von der Unglücksstelle her hörten wir die Schmerzensrufe der verletzten Parteigenossen und Parteigenossinnen. *Ihre Hilferufe klangen wie eine markerschütternde Anklage gegen jene Meuchelmörder*, die diesen Anschlag auf das *Leben des Führers und damit auf Deutschland* vorbereitet hatten.» In der zeittypischen Mischung aus schmalziger Sentimentalität und ehernem Stil ging es weiter. Die Schwerverletzten, deren «Gedächtnis wie ausgeloschen» gewesen sei, hätten sich erst beruhigt, «als man ihnen immer wieder sagte, daß dem Führer nichts geschehen sei, *füllten sich ihre Augen voll tiefer Dankbarkeit an die Vorsehung mit Tränen*, und sie schienen alle Schmerzen vergessen zu haben.»[13]

Mit dem «Bericht eines Augenzeugen» machten die «Münchner Neuesten Nachrichten» in ihrer Ausgabe vom 10. November die erste Seite auf. Drei Spalten und ein Foto widmete das Blatt dem Unglück, das mit ärgstem Schmierenpathos gezeichnet wurde: «Trübe Lampen brennen, Scherben und Trümmer breiten sich in wildem Durcheinander um uns. Da liegen die Kameraden, in Ecken, in die sie die Gewalt der Explosion geworfen hat, auf Stühlen zusammengesunken. Zwei Soldaten sehe ich stehen, sie starren einander an, sie sind von oben bis unten weiß von Kalkstaub, unter dem man kaum mehr die Uniformen erkennt. Ein Kamerad kommt aus den Trümmern, sein Gesicht ist blutüberströmt, schmutzverkrustet, das Braunhemd dunkel gestreift von Blut; er packt uns an den Schultern, schreit: ‹Unsern Führer wollten sie uns nehmen ...!›, schreit er immerzu in seiner Herzensnot. Da sind Sanitäter, Tragbahren, schweigend helfende Schwestern, Polizeibeamte.» Die Schilderung endete im Ton eines religiösen Erbauungstraktats: «Es ist so schwer, das alles zu schildern. Die Spannkraft des Herzens reicht nicht aus, um das gemeinste, grausigste Verbrechen aller Zeiten zu erfassen. Wohltuend senkt sich vor diesem Trümmerfeld wie ein Schleier der inbrünstige Dank an die Vorsehung, die unser Deutschland vor dem furchtbarsten nationalen Unglück bewahrte und uns den Führer erhalten hat. Noch härter, noch entschlossener und noch treuer als jemals zuvor ist nun das ganze Volk um ihn geschart.»[14]

Der Hauptschriftleiter der «Münchner Neuesten Nachrichten» ließ es sich nicht nehmen, den Anschlag im Bürgerbräukeller zu kommentieren. Der mit «Dr. G. W.» gezeichnete Leitartikel «Gefahr und Rettung» troff – unisono mit allen deutschen Blättern – vor Abscheu, Larmoyanz und Loyalität zum «Führer», den «die Vorsehung» und zugleich eine «wunderbare Fügung» bewahrt habe vor dem «furchtbarsten Verbrechen, das am deutschen Volke beinahe begangen worden wäre». Den amtlichen Sprachregelungen für die gleichgeschaltete Presse folgend raunte der Autor von Spuren, die zu den Urhebern in London führen würden, versicherte, dass aus dem 8. November 1939 «der Sieg gegen den äußeren Feind» hervorgehen werde, ließ die Leser wissen, dass «die Empörung» über den Versuch des feigen Meuchelmordes am Führer im deutschen Volke noch lange nachzittern werde, und schloss in der Apotheose: «Unser Kampf wird nun ein Kampf gegen das Böse schlechthin.»[15] Persönlich setzte Dr. Giselher Wirsing den Kampf gegen das Böse als SS-Sturmbannführer und Schriftleiter der NS-Auslandsillustrierten «Signal» und schließlich in der Bundesrepublik von 1954 bis 1970 als Chefredakteur der auflagenstarken evangelischen Wochenzeitung «Christ und Welt» fort. Dafür hatte sich der Nazi zum Demokraten gewandelt. Die Tiraden um das Bürgerbräu-Attentat und die beglückende Rettung des Tyrannen Hitler hatte er längst verdrängt, und sein Publikum hatte sie vergessen.

10. Verhaftung

Gegen 20.45 Uhr stand Georg Elser am Abend des 8. November 1939 in Konstanz an der Schweizer Grenze im Wessenberggarten. Das Grundstück der Kindererziehungsanstalt grenzte im Süden an die Schweiz. Georg war ortskundig und hatte bereits im Vorjahr die Möglichkeit des illegalen Grenzübertritts geprüft. Aus einem geöffneten Fenster war die Stimme Adolf Hitlers zu hören, dessen vom Rundfunk übertragene Rede sich dem Ende näherte. Zwei Männer beobachteten die Grenze, Zollassistent Xaver Rieger und der Hilfsgrenzangestelle Zipperer. Elser bemerkte die Zöllner nicht. Rieger schilderte den Aufgriff in einem detaillierten Bericht: «Zwischen 20^{40} und 20^{45} trat plötzlich hinter dem Gebäude eine Gestalt hervor, die nach kurzem Beobachten des Gebäudes schleichend und äußerst eilig der Grenze zustrebte. Der Abstand von mir zu der Gestalt betrug etwa 15–20m. Als ich diese Gestalt sah, bewegte ich mich sofort und vorsichtig und unter sofortiger Bereitmachung des Karabiners in Eile auf den Mann zu. Als ich die Überzeugung hatte, dass mein Anruf gehört werden musste, rief ich ihn mit den Worten ‹Hallo, wo wollen Sie hin?› an. Als ich die Überzeugung hatte, dass mein Anruf überraschend kam, behandelte ich diesen Mann mit äußerster Vorsicht.»[1]

Elser hatte, vielleicht abgelenkt von der Hitler-Rede, die aus dem Fenster des Kinderheims drang, die Zollbeamten nicht bemerkt und wohl auch nicht als solche erkannt. Er machte keinen Fluchtversuch. Er gab an, einen Bekannten aus dem Trachtenverein zu suchen und glaubte dem Zöllner (der seinen Karabiner unter dem Umhang verbarg), dass er ihn zu einer ortskundigen Auskunftsperson führen werde. Er landete in der Grenzaufsichtsstelle, wo er einer gründlichen Leibesvisitation unterzogen wurde. Die Zöllner förderten aus den Hosentaschen des Festgenommenen eine Beißzange, einen Umschlag mit Aufzeichnungen über die Herstellung von Granaten und Zündern und dergleichen, Teile von

Zündern sowie eine farbige Ansichtskarte des Münchner Bürgerbräukellers (mit einem NSDAP-Stempelabdruck). Unter dem Rockaufschlag fand ein Zollsekretär schließlich das Abzeichen des kommunistischen Rotfrontkämpferbundes. Auf Befragen sagte Elser, er habe es «aus Sympathie getragen». Während der ganzen Durchsuchung und Vernehmung zeigte sich Elser «sehr willig und äußerst ruhig».[2] Die Zöllner übergaben ihn dann der Grenzpolizei.

Der Eifer der pflichtbewussten Zollbeamten wurde belohnt. Wenige Wochen später, im Dezember 1939, dekorierte sie der Staatssekretär im Reichsfinanzministerium, Fritz Reinhardt, für ihr «unerschrockenes und geistesgegenwärtiges Zupacken» mit dem «Zollgrenzschutzehrenzeichen», das Hitler ihnen verlieh. Der Anlass der Auszeichnung, die «tapfere Haltung», konnte nicht weiter begründet werden, da Georg Elser sich weder der Festnahme widersetzte noch einen Fluchtversuch unternahm, die Zöllner mit keiner Waffe bedrohte oder durch Gewalttätigkeit die Tapferkeit seiner Verfolger auf die Probe stellte. Die Zöllner kamen auch in den Genuss der Geldprämie, die auf den Kopf des Attentäters ausgesetzt war. Außerdem wurden sie befördert, Xaver Rieger zum Zollinspektor und Walter Zipperer zum Zollassistenten. Zipperer machte gleichzeitig im Nationalsozialistischen Kraftfahrkorps Karriere, er stieg zum NSKK-Oberscharführer auf.

Knapp vier Jahrzehnte später wurde er noch einmal geehrt. In der Bundesrepublik gehörte er als erfolgreicher Autohändler und Chef weiterer Unternehmen zu den Honoratioren seiner badischen Heimatstadt Offenburg. Dort überreichte ihm der Oberbürgermeister das Bundesverdienstkreuz für seine mannigfachen Meriten um die Wirtschaft und damit das Wohl der Stadt und ihrer Bürger. Elf Jahre später kam auf, was der Geehrte in jungen Jahren bewirkt hatte. Das damalige Stadtoberhaupt, ein Sozialdemokrat, der die Laudatio auf Zipperer gehalten und ihm den Orden angeheftet hatte, zeigte sich bestürzt. Im Stuttgarter Staatsministerium beteuerten die Beamten, trotz angeblich sorgfältiger Recherche nichts über Zipperers Tätigkeit im Jahr 1939 in Erfahrung gebracht zu haben, und sie behaupteten elf Jahre später, als der Fall öffentlich skandalisiert war, dass der einstige Zollassistent mit dem Verdienstkreuzträger allenfalls namensgleich, keineswegs jedoch identisch sein könne.[3]

Am späten Abend des 8. November 1939 wussten die Männer der Konstanzer Grenzpolizei noch nichts mit den Indizien anzufangen. Bald war Elser aber verdächtig. Ein Telegramm aus München ordnete die Sperre der Grenzen an. Die Postkarte des Bürgerbräukellers erregte die Aufmerksamkeit der Polizei. Die Erklärungen des Mannes, der beim Versuch, über die grüne Grenze in die Schweiz zu gelangen, erwischt worden war, waren fadenscheinig.

Am folgenden Tag wurde er nach München transportiert. Ziel war dort das Wittelsbacher Palais, die 1843 bis 1848 errichtete Stadtresidenz des bayerischen Königshauses an der Brienner Straße Ecke Türkenstraße. Das Haus war zuerst Alterssitz Ludwigs I. nach dessen Abdankung gewesen, beherbergte dann bis 1918 seinen Enkel, den späteren König Ludwig III. Im April 1919 wurde hier die Münchner Räterepublik proklamiert, 1933 bezog die Gestapo das Gebäude, 1934 wurde im Garten ein Gefängnistrakt angebaut. In einer Zelle war Georg Elser ab dem 9. November für ein paar Tage gefangen. Durch einen unterirdischen Gang wurde er zur Vernehmung ins Palais geführt. Das bedeutete auch: gefoltert und nach den Methoden der Geheimen Staatspolizei schwer misshandelt, um das passende Geständnis zu erpressen.

Nach den politischen Vorgaben aus Berlin war dem Attentäter aber lediglich die Rolle des ausführenden Werkzeugs zugebilligt. Während Goebbels zunächst vom Widerstand «bayerischer Legitimisten» gefaselt hatte[4] und Hitlers abtrünniger Gefolgsmann Otto Straßer verdächtigt wurde, versteifte sich der so knapp dem Tod entronnene Diktator darauf, die Drahtzieher säßen in London, der britische Geheimdienst habe ihn beseitigen wollen. Denn Widerstand, gar ein Mordkomplott aus der deutschen Bevölkerung war nach nationalsozialistischer Räson völlig unmöglich. Ganz Deutschland wand sich offizieller Lesart zufolge ja in Qualen und vergoss Tränen der Freude über die wundersame Errettung des geliebten «Führers».

Am 12. November wurde Georg Elser einigen Mitarbeitern des Bürgerbräukellers gegenübergestellt, die ihn als Gast erkannten. Nach weiterer Folter (nach unglaubwürdiger Behauptung des Kriminalrats Franz Josef Huber soll der Reichsführer SS und Chef der deutschen Polizei Heinrich Himmler persönlich eine solche «verschärfte Vernehmung» vollzogen haben[5]) gestand Elser in der Nacht vom 13. auf den 14. November die Tat.

Das meistveröffentlichte Foto Georg Elsers, aufgenommen von der Gestapo im November 1939

Die Öffentlichkeit erfuhr erst eine Woche später etwas über den Attentäter. Der Grund dafür bestand darin, dass die Nachricht im Wirken – und zwar zusammen und gegeneinander – der höheren und höchsten Instanzen des «Dritten Reiches», nämlich der Propagandaexperten der Kriminal- und der Geheimen Staatspolizei, zubereitet und mit Hitler abgestimmt worden war. Eine individuell zu verantwortende Tat des Widerstands durch einen Einzelnen passte nicht gut zur allgegenwärtigen Wachsamkeit der Sicherheitsorgane, nicht in die Weltsicht des Diktators und ganz und gar nicht zur politischen Festlegung, nach der die Spur ins Ausland führen musste, und zwar nach Großbritannien. Deshalb musste ein Verräter zur Hand sein, ein Abtrünniger, der den fremden Feinden den Weg gewiesen hatte. Der geständige Täter Georg Elser durfte nur das Werkzeug gewesen sein, ein Rädchen im Getriebe des perfiden Albion.

So erschien die Nachricht unter der fetten Überschrift «Bürgerbräu-Attentäter verhaftet», aber mit der eigentlichen Botschaft im Dreischritt der Steigerung «Der Attentäter geständig – Otto Strasser der Organisator – Intelligence Service als Geldgeber».[6] Eine fettgedruckte Proklamation des Reichsführers SS und Chefs der Deutschen Polizei Himmler bildete den ersten Aufschlag: «Sofort nach dem ruchlosen Anschlag im Bürgerbräukeller am 8. November 1939 wurden Maßnahmen getroffen, die zur Aufklärung des Verbrechens geeignet erschienen und die Festnahme des Täters oder der Täter ermöglichen konnten. Im Zuge dieser Fahndungsmaßnahmen fand eine augenblickliche Sperrung aller deutschen Grenzen in Verbindung mit einer verschärften Grenzkontrolle statt. Unter den noch in dieser Nacht Verhafteten befand sich ein Mann, der versuchte, auf illegalem Wege über die deutsche Grenze in die Schweiz zu gelangen. Es handelte sich dabei um den 36 Jahre alten Georg Elser, zuletzt wohnhaft in München. Die inzwischen getroffenen Feststellungen der von der Sicherheitspolizei nach München entsandten Sonderkommission ergaben zahlreiche Hinweise auf die Vorbereitung und Ausführung der Tat. Als Täter schien eine Person in Frage zu kommen, von der bereits am 12. November eine genaue Beschreibung veröffentlicht werden konnte. Weitere Feststellungen verstärkten den Verdacht, daß Georg Elser zumindest in irgend einer Beziehung zu dem Attentat stehen mußte. Unter der Last des von der Sonderkommission sowohl am Tatort als auch in seinen inzwischen ermittelten Zufluchtstätten sichergestellten Beweismaterials und nach mehreren Gegenüberstellungen legte Elser nach erst hartnäckigem Leugnen am 14. November 1939 ein volles Geständnis ab.»

Nach langatmigen Elogen auf die Präzisionsarbeit der Ermittler, die der Tatsache Hohn sprachen, dass Georg Elser mehr durch eigenen Leichtsinn beim versuchten Grenzübertritt den Häschern ins Netz geraten war und die von ihm gelieferten Indizien mehr als akribische Kriminalistik zur Aufklärung beitrugen, wurde er den Lesern der «Münchner Neuesten Nachrichten» (und in gleichem oder ähnlichem Wortlaut in allen anderen deutschen Zeitungen) vorgeführt: «Wir haben diesen Mann gesehen. Das ist der Mörder der Opfer jenes furchtbaren Planes, das ist der Mann, der den Führer und mit ihm die Führerschaft des Reiches treffen wollte. Man muß sich das alles immer wieder vor Augen halten, denn dieser Mann dort hat keine auffällige Verbrecherphysiognomie, sondern intelligente Augen, leise, vorsichtig abwägende Ausdrücke, die Vernehmungen dehnen sich endlos, jedes Wort überlegt er lange und genau, bis er Antwort gibt, und wenn man ihn dabei beobachten kann, vergißt man im Augenblick, vor welchem satanischen Untier man steht, welche Schuld, welche grausige Last dieses Gewissen dort scheinbar so leicht zu tragen imstande ist.»[7]

11. «Die Liebe zum Führer ist noch mehr gewachsen» Reaktionen und Wirkungen des Attentats

Die Nachricht vom Bürgerbräu-Attentat war eine Weltsensation. Thomas Mann, prominenter deutscher Schriftsteller, der in Princeton in den USA im Exil lebte, hatte am 8. November 1939 zum Abendessen Besuch eines alten Freundes aus München, des Kunsthändlers G. M. Richter. Gemeinsam hörten sie die Meldung im Rundfunk (wegen der Zeitverschiebung noch unter dem Datum des Geschehens, während in Europa schon der 9. November angebrochen war). In seinem Tagebuch notierte Thomas Mann, dass ein «schweres Attentat auf den Hitler nach seiner Keller-Putsch-Rede» gemeldet worden sei. «Gerettet durch vorzeitiges Verlassen des Bräu's nach blödsinnigen Schimpfereien auf die englischen Minister.»[1]

Der Literat, der als höchste moralische Instanz des «anderen Deutschland» galt, kam nie wieder auf das Ereignis zurück. In seinen Radio-Ansprachen, die er im folgenden Jahr 1940 beginnend aus Kalifornien über BBC an die «Deutschen Hörer» richtete, beschwor er unermüdlich die Notwendigkeit des Widerstands, zeigte sich emotional sehr berührt vom Schicksal der Geschwister Scholl und erklärte im Herbst 1943 nach der rhetorischen Frage, ob Deutschland rettungslos verloren sei: «Nein, es kann gerettet werden, noch heute, noch morgen, vor der äußersten Zerstörung, die ihm droht: durch eine demokratische Revolution, durch die entschlossene Beseitigung des weltunmöglichen Raub- und Mordregimes, das diesen Krieg entzündet hat und dessen Verschwinden Deutschland friedensfähig machen würde, nach Ost und West. Das Manifest der in Rußland gefangenen deutschen Offiziere hat wieder die Tatsache an den Tag gestellt, daß Deutschland *nicht* um sein Leben, seine Ehre, daß es *nur* dafür kämpft, den Untergang dieses Schreckensregimes hinauszuschieben, der doch eine beschlossene und besiegelte, weil absolut notwendige Sache ist. Wer rettet Deutschland? Die Frage brennt wohl, bei wachsender Not, in manchen Herzen. Der Aufruf der hingerichteten Münchner Studenten an das deutsche Volk, das Schandjoch abzuwerfen, ehe es zu spät ist, war ein Zeichen dafür.»[2] Den Namen Georg Elser, dessen bereits vier Jahre zurückliegende Tat Thomas Mann in seinem Appell rechtfertigte, scheint der Schriftsteller nie gehört, dem Ereignis selbst nur beiläufiges Interesse zugemessen zu haben.

Die Polizei reagierte schnell auf den Anschlag. Dem Großalarm und dem Beginn der Rettungsaktivitäten folgte die Abriegelung des Tatorts und die Verstärkung der Kontrollen an den Grenzen des Deutschen Reiches. Als generell Verdächtige wurden alle Angestellten des Bürgerbräu vernommen. Den Pächter des Betriebs, Gastwirt Andreas Payerl, sahen die Ermittler als besonders verantwortlich für das Ereignis und nahmen ihn in Haft. Ihm wurde «ein Großteil an Schuld an dem Gelingen des Attentats» zugeschrieben: «Seine Pflicht, für die notwendige Sicherheit des historischen Saales Sorge zu tragen, hat Payerl in gröblichster Weise vernachlässigt.»[3] Angesichts des Gerangels zwischen Behörden und Parteidienststellen um die Sicherheit und den «Schutz des Führers» bei den Veranstaltungen im Bürgerbräukeller, der in der Werbung als «größter und schönster Saalbau Münchens – Hochburg der N. S. D. A. P.» auftrumpfte, war das Verdikt grotesk. Es traf das schwächste Glied einer Kette des Versagens. Als Bauernopfer musste der knapp 60 Jahre alte Andreas Payerl, der das Haus seit 1930 führte, nicht nur bis März 1940 in «Schutzhaft», ihm wurde durch Entscheidung des Reichsführers SS die Konzession als Betreiber des Bürgerbräukellers und darüber hinaus die Lizenz als Gastwirt entzogen.

In seiner Not schrieb Payerl im März 1940 an den «Führer», flehte um Erbarmen und tat unter Hinweis auf seine fördernde Mitgliedschaft in der SS und auf viele gute Werke für die NSDAP seine Empörung über den Mordanschlag am 8. November des Vorjahres kund: «Die gemeine Tat kränkt mich aufs Tiefste, da es immer schon mein Stolz und Ehre war, schon vor der Machtübernahme unseren lieben Führer des öfteren und in den letzten Jahren am historischen Tag als hohen Gast in unserem Hause bewirten zu dürfen.» Payerl wurde soweit erhört, als ihm im Auftrag Himmlers die Gewerbeerlaubnis als Gastwirt belassen wurde. Den Bürgerbräukeller durfte er aber nicht mehr bewirtschaften.[4] Hitler mied den Ort, nachdem er ihn am 11. November 1939 in seiner Verwüstung besichtigt hatte. Die Ansprachen am Gedenktag hielt er von 1940 bis 1943 im Löwenbräu am Stiglmaierplatz, dann fanden kriegsbedingt die Feiern nicht mehr statt.

Verantwortlich für die Sicherheit des Bürgerbräu-Saales während der Feierlichkeiten am 8. November war zum einen Christian Weber als Chef des «Amtes für den 8./9. November 1923» und Organisator des Festaktes. Vor Ort war zum anderen Josef Gerum zuständig, Parteigenosse seit 1920 und beim Putsch 1923 im «Stoßtrupp Hitler» aktiv. Deshalb wie sein Idol zur Haft in Landsberg verurteilt und aus dem Polizeidienst entlassen, stieg er ab 1933 zum Kriminalkommissar der Staatspolizeileitstelle München auf. 1939 tat er Dienst bei der Geheimen Feldpolizei im besetzten Polen. Da er sich im November auf Heimaturlaub in München befand, wurde ihm die Sicherheit des Traditionsabends übertragen. Sie bestand freilich nur in der oberflächlichen Inspektion des Saales, der Kontrolle der Eingänge und der Beobachtung der Teilnehmer. Das Ergebnis der aus kriminalistischer Sicht sträflichen Sorglosigkeit, der Anmaßung der Partei, den «Führer» ohne Mitwirkung staatlicher Behörden selbst zu schützen, war das Desaster am Abend des 8. November. Josef Gerum wurde es als persönliches Versagen ausgelegt. Für kurze Zeit war er sogar inhaftiert. Der Makel des unzufriedenen «ewig kritisierenden alten Kämpfers» blieb an ihm haften. 1942 wurde er wegen Renitenz zwangsweise zur Ruhe gesetzt.[5] Als Lehre aus dem Münchner Debakel wurden die Sicherheitsvorschriften drastisch verschärft. Die Berliner Gestapozentrale wurde im Februar 1940 mit einem neuen Schutzdienstreferat ausgestattet, dem Mitarbeiter in den regionalen Stapostellen nachgeordnet waren.[6]

Der Münchner Polizeipräsident Friedrich Karl von Eberstein hielt am Tag nach dem Anschlag in einem Aktenvermerk die ersten Erkenntnisse fest. Die Zerstörungen seien durch die Explosion eines hochbrisanten Stoffes, ausgelöst durch einen Zeitzünder, erfolgt. Aufgefundene Einzelteile ließen erkennen, dass «fachmännisch hervorragende Arbeit geleistet worden» sei. Nicht weniger scharfsinnig war die Feststellung, dass die «zunächst noch unbekannte Terrorgruppe» Adolf Hitler im Visier gehabt habe sowie die Erleuchtung, dass der Einbau der Höllenmaschine nicht in den Stunden vor der Kundgebung geschehen konnte, sondern «vielleicht in mühsamer Kleinarbeit schon längere Zeit vorher in Angriff genommen worden» sei. Der Polizeipräsident hoffte auf weitere Erkenntnisse durch die Vernehmung des Personals der Gaststätte und aller Firmen, die Bauarbeiter, Renovierungen oder sonstige Verrichtungen im Bürgerbräu ausgeführt hatten.[7]

Eine «Sonderkommission Bürgerbräuattentat» wurde auf höchster Ebene in Berlin ins Leben gerufen. Die Leitung hatte der Chef des Reichskriminalpolizeiamtes (Abteilung V im Reichssicherheitshauptamt), SS-Oberführer Arthur Nebe. Die Kommission spiegelt die Rivalitäten im Herrschaftsapparat des NS-Staats: Eingesetzt auf Befehl Reinhard Heydrichs, des Chefs der Reichssicherheitshauptamtes, dem nur noch der Reichsführer SS Himmler vorgesetzt war, entwickelte die Sonderkommission ihre Aktivitäten in zwei Zweigen, der Tatortkommission, geleitet von einem erfahrenen Beamten, dem Kriminalrat Hans Lobbes, und der Täterkommission unter einem Gestapo-Offizier, dem SS-Obersturmbannführer und Kriminalrat Franz Josef Huber. Himmler nahm ebenso wie Hitler persönlich lebhaften Anteil an den Ermittlungen.

Als Leiter der Sonderkommission Bürgerbräuattentat achtete Nebe mit Erfolg darauf, dass seine Kriminalpolizei vor der Geheimen Staatspolizei Ergebnisse liefern konnte. Zusammen mit Heydrich und dem Gestapochef Müller war Nebe am Morgen des 9. November in München eingetroffen. Auch Kriminalrat Lobbes und weitere Ermittler waren aus Berlin in die «Hauptstadt der Bewegung» gereist. Während die Täterkommission den zahllosen Hinweisen und Denunziationen aus dem Publikum nachging – es war ja eine den Spürsinn der Bürger anspornende Belohnung in exorbitanter Höhe ausgelobt – fand die Tatortkommission im Schutt des Bürgerbräu rasch die Reste der Höllenmaschine. Den Kriminalisten war sofort klar, dass die Bombe in langwieriger Arbeit eingebaut worden war, dass der Sprengstoff aus dem zivilen, nicht dem militärischen Bereich stammte und dass der Zündmechanismus durch ein Uhrwerk gesteuert war. Das deutete zum einen auf die Zielstrebigkeit des Attentäters, zum anderen darauf, dass der Apparat nicht aus professioneller Hand stammte, sondern das Werk eines geschickten Bastlers war. Das wies auf einen Einzeltäter hin.

Arthur Nebe, der Chef der «Sonderkommission Bürgerbräuattentat», war, abgesehen von seiner unbestrittenen Kompetenz als Kriminalist, eine schillernde Figur. Die steile Karriere im preußischen Polizeidienst setzte er, 1931 der NSDAP und der SA beitretend, ab 1933 fort. 1936 wurde Nebe in die SS übernommen, dort brachte er es beim weiteren Aufstieg zum Amtschef im RSHA und Leiter des Reichskriminalpolizeiamtes. Von Juni bis Dezember 1941 kommandierte er hinter der Ostfront die Einsatzgruppe B der Sicherheitspolizei und des SD. Deren Aufgabe war ausschließlich Mord an unerwünschter Zivilbevölkerung der Sowjetunion. Nach eigenen Angaben in den Ereignismeldungen fielen seiner Einheit 45 467 Menschenleben zum Opfer, überwiegend Juden. Dem mörderischen Einsatz im Weltanschauungskrieg[8] folgte die Rückkehr an den Schreibtisch im RSHA und die Wendung Nebes zum Widerstand. Er versorgte die Militäropposition um Hans Oster im Amt Abwehr mit Informationen und gehörte zum Kreis der Verschwörer des 20. Juli. Er blieb unentdeckt, machte sich aber durch Flucht verdächtig und wurde schließlich denunziert. Am 16. Januar 1945 wurde Nebe verhaftet, am 2. März zum Tod verurteilt, am folgenden Tag hingerichtet. Sein Freund Hans Bernd Gisevius hat ihm in Büchern mit großem Einfluss auf die frühe Historiographie der NS-Zeit ein literarisches Denkmal gesetzt, die Schattenseiten der Biographie sind dort ausgeblendet.[9]

Arthur Nebes Erkenntnis, dass Georg Elser aus eigenem Entschluss gehandelt hatte, dass es keine Auftraggeber oder die von den Nazis behaupteten Hintermänner des Attentats gab, hatte Gewicht und verstörte die höchsten Stellen in Berlin. Am 11. November wurde deshalb auf Verfügung Heydrichs im Reichssicherheitshauptamt eine neue, den beiden Zweigen der «Sonderkommission Bürgerbräuattentat» übergeordnete «Zentralkommission Anschlag München» ins Leben gerufen. Damit hielt Heydrich nicht nur die Fäden in der Hand, es wurde auch deutlich, wie ernst die NS-Führung das Ereignis nahm.[10] Es war der Tag, an dem Hitler anlässlich der Trauerfeier für die Opfer des Attentats den in Trümmern liegenden Bürgerbräu-Saal besuchte und sich die Stelle zeigen ließ, an der er den Tod hätte finden sollen.

Die Rituale des 9. November mit der Re-Inszenierung des Marsches zur Feldherrnhalle und der Ehrung der 1923 «Gefallenen der Bewegung» auf dem Königsplatz waren in abgewandelter Form am Tag nach dem Bürgerbräu-Anschlag in Abwesenheit Hitlers vollzogen worden. Rudolf Heß legte die Kränze des Partei- und Staatschefs nieder und grüßte die Toten. Um 12.50 Uhr, dem Zeitpunkt des Zusammenbruchs der Erhe-

Hitler grüßt in München am 11. November 1939 die Särge der Toten des Anschlags im Bürgerbräu.

bung am 9. November 1923, wurde Salut geschossen wie jedes Jahr. Die regionalen Würdenträger der NSDAP und Parteiprominenz, die im Braunen Haus und den umliegenden Verwaltungsgebäuden der NSDAP in München amtierte, wie etwa der Reichsschatzmeister Franz Xaver Schwarz und der Oberste Parteirichter Walter Buch, der Veteran Franz Ritter von Epp, der RAD-Führer Konstantin Hierl, Reichsinnenminister Wilhelm Frick, Reichsjugendführer Baldur von Schirach, der mächtige Gauleiter Adolf Wagner und der als Person und von Amts wegen unbedeutende bayerische Ministerpräsident Ludwig Siebert, schmückten die Feier.

Zwei Tage später, am 11. November, war Hitler wieder in München. Pompe funèbre war angeordnet für die sieben «Alten Kameraden», die nach dem Anschlag Georg Elsers als Märtyrer der NSDAP zu betrauern waren (das achte Opfer, die Aushilfskellnerin Maria Henle, wurde schlichter verabschiedet). Die Särge der neuen «Blutzeugen» waren vor der Feldherrnhalle auf dem Odeonsplatz, dem mythischen Tempel des Nationalsozialismus, zur Schau gestellt. Im «Völkischen Beobachter» wurden ihre Meriten gerühmt: Michael Kaiser und Franz Lutz waren im «Stoßtrupp Hitler», der 1922 gegründeten Keimzelle der SS, aktiv gewesen, Emil Kasberger hatte im Gaumusikzug der NSDAP Flöte geblasen, Eugen Schachta und Wilhelm Weber waren im Reichsautozug technische Bedienstete der NS-Propaganda gewesen, Leonhard Reindl hatte 1923 als damaliger Chef des Bürgerbräukellers mit den Putschisten Hitlers sympathisiert.

Die Totenfeier war, mit Rudolf Heß als Hauptakteur und Hitler in stummer Selbstdarstellung, zum Staatsakt deklariert. Das Zentralorgan der NSDAP berichtete über etwa zehntausend Männer und Frauen «vor dem Altar der Bewegung unter der schwelenden Flamme der Opferfeuer», die herbeigeströmt seien, «um der Klage ihr Herz und ihre Stimme zu leihen».[11]

Hitler gab als Heros die statuarische Rolle des geretteten Erlösers der Nation, dem Heß im Namen des deutschen Volkes vor der Weltöffentlichkeit huldigte. Der ausschweifende Gebrauch der Lieblingsvokabel Hitlers machte das Ereignis zur Liturgie: «Die Vorsehung hat uns den Führer erhalten, die Vorsehung wird uns den Führer erhalten, denn die Vorsehung hat ihn uns gesandt.» In der Szene am 11. November auf dem Odeonsplatz bot Hitlers stummer Auftritt die Gewähr, dass die Toten des Bürgerbräu-Anschlags zu Märtyrern geadelt, dass sie als Helden ins Walhall der Unsterblichen aufgenommen waren. Die Szene sollte aber auch als Tribunal verstanden werden, in dem die deutsche Unschuld am Krieg und die britische Urheberschaft beschworen wurden. Deutschland war als Opfer dargestellt, Briten und Franzosen an der Spitze der westlichen Demokratien, die nach dem deutschen Überfall auf Polen dem Deutschen Reich den Krieg erklärt hatten, sollten in der Auslegung des Stellvertreters des Führers die Aggressoren sein. «Ihr habt uns den Führer nehmen wollen und habt ihn uns näher denn je gebracht. Ihr habt uns schwächen wollen und habt uns nur stärker gemacht. Ihr habt gehofft, uns den Glauben an die Zukunft rauben zu können und habt doch nur den Glauben erhärtet an eine Vorsehung, die mit Deutschland ist. Ihr habt gehofft, uns die Siegeszuversicht nehmen zu können – nie war das deutsche Volk siegesgewisser denn heute.»[12] Hitler war jedoch nicht nur zur Ehrung der Toten schon wieder nach München geflogen. Er wollte den verwüsteten Saal sehen und sich ein Bild von den Aufklärungsmaßnahmen an Ort und Stelle machen.

Nur Schritte entfernt vom Staatsakt für die Opfer wurde zur gleichen Zeit der Täter Georg Elser von der Gestapo im «Wittelsbacher Palais» gequält, nicht nur um ein Geständnis abzulegen. Vor allem sollte er gezwungen werden preiszugeben, wer ihn zur Tat angestiftet, bestochen und als Werkzeug benutzt hatte. Die Alleintäterschaft des unbedeutenden Mannes passte nicht in die persönliche Vorstellungswelt Hitlers und nicht ins Schema nationalsozialistischer Propaganda.

Selbstverständlich wurden auf Befehl Hitlers auch die Himmler unterstehenden Kapazitäten und Experten des Geheimdienstes bemüht, um die Theorie der britischen Urheberschaft am Mordanschlag im Bürgerbräu mit Leben zu erfüllen. Reinhard Heydrich, SS-Gruppenführer und rechte Hand des Reichsführers SS, war als Chef des Reichssicherheitshauptamtes nicht nur für die Gestapo und die Kriminalpolizei, sondern auch für den Sicherheitsdienst (Spionage oder amtlich: Überwachung weltanschaulicher Gegner) verantwortlich. Zum Tätigkeitsfeld des SD gehörte auch die Bespitzelung der Bevölkerung zwecks Ergründung der Stimmung der Volks- und Parteigenossen. Mitte Oktober 1939 hatte Heydrich den ehrgeizigen und vielversprechenden Abteilungsleiter Walter Schellenberg in eine Agentengeschichte eingeweiht, die seit Monaten im neutralen Holland lief. Dort hatte der deutsche Geheimagent «F. 479» Kontakt mit britischen Geheimdienstlern geknüpft, denen er vorgaukelte, im Auftrag einer Gruppe hoher Offiziere der Wehrmacht zu agieren, die der Militäropposition angehörten. London hatte sich interessiert gezeigt, mit dem deutschen Widerstand Beziehungen aufzunehmen. Es war die unter Spionen übliche abenteuerliche Betriebsamkeit ohne ernsthaften Inhalt.

Schellenberg, 29 Jahre alt und nicht nur im eigenen Selbstgefühl, sondern auch von seinen Gönnern Himmler und Heydrich als junger Mann mit großer Zukunft gesehen, war begeistert. Er bekam den Auftrag, als «Hauptmann Schemmel» die Verbindung zu den Briten zu pflegen (den Hauptmann gab es im OKW wirklich, aber der erfuhr nie, dass seine Identität für ein Bubenstück benutzt wurde). Schellenberg bereitete sich gründlich auf seine Rolle als «Mann des deutschen Widerstands» vor und reiste am 21. Oktober 1939, begleitet von einem Geheimdienstkollegen, nach Zutphen in den Niederlanden. Er traf dort, wie verabredet, einen Offizier des Secret Service, Captain Best. Die Kollegen der Spionagebranche zweier Mächte, die sich seit September 1939 gegeneinander im Kriegszustand befanden, verstanden sich prächtig. Sie plauderten über Musik sowie über dies und das, ehe sie zur Sache kamen.

Schellenberg spielte seine Rolle als Emissär des deutschen Widerstands offenbar überzeugend. Ein zweites Treffen am 30. Oktober in Den Haag wurde verabredet. Die britische Seite bestand darauf, dass dann der deutsche Oppositionsführer persönlich, mindestens aber ein General mit aller Vollmacht, erscheinen müsse. Ein Darsteller dieser Rolle wurde im Freundeskreis Schellenbergs gefunden. Bei der Grenzkontrolle in Arnheim machte die niederländische Polizei am 30. Oktober Schwierigkeiten (auch das gehörte zur Inszenierung des Agentenstücks, ebenso eine «Verspätung» der Briten). Nach strenger Kontrolle und dem Erscheinen eines niederländischen Offiziers löste sich die Situation in Wohlgefallen auf. In Den Haag konferierten die Herren erfolgreich und protokollierten das Gespräch. «Wir einigten uns auf folgende Punkte: Beseitigung Hitlers und seiner engsten Mitarbeiter; sofortiger Friedensschluß mit den Westmächten; Wiederherstellung der österreichischen, tschechoslowakischen und polnischen Selbstständigkeit; Aufgabe der deutschen Autarkie und Planwirtschaft sowie Rückkehr des Reiches zum Goldstandard. Man verkannte andererseits nicht, daß dem deutschen Bevölkerungsüberschuß ein Notventil geöffnet werden müsse, möglicherweise durch Rückgabe der Kolonien.»[13]

Captain Best hatte zum Treffen in Den Haag einen Ranghöheren, seinen Chef Major Stevens mitgebracht. Das Ergebnis der Besprechung wurde telefonisch nach London übermittelt und dort zustimmend aufgenommen. Am Abend speisten die Herren vorzüglich, wechselten Trinksprüche, parlierten miteinander, wobei der Freund Schellenbergs, ein Arzt der Berliner Charité, als Mime des hohen deutschen Generals der Militäropposition überzeugte. Die Herren waren stolz und mit ihren geheimdienstlichen Leistungen sehr zufrieden. Schellenberg, ein Meister des Opportunismus und zugleich die Inkarnation männlicher Eitelkeit schlechthin, hat später behauptet, er habe damals wirklich mit dem Gedanken gespielt, einen modus vivendi für Deutschland und Großbritannien finden zu können.[14] In den folgenden Tagen korrespondierten die

Sigismund Payne Best

deutschen und britischen Geheimagenten per Funk. London wurde allmählich ungeduldig, in Berlin waren Himmler und Heydrich unschlüssig, ob sie das Spiel nicht abbrechen sollten. Denn die militärische Offensive gegen die Westmächte schien unmittelbar bevorzustehen. Soweit die Vorgeschichte des «Venlo-Zwischenfalls», in dem Georg Elser nach dem Münchner Anschlag ohne sein Wissen ins Spiel kommt.

Denn die Detonation der Bombe im Bürgerbräu am 8. November brachte dem Geplänkel des deutschen Geheimdienstes mit dem britischen Secret Service die Wende zum Drama in James-Bond-Manier. In der Nacht zum 9. November meldete sich Heinrich Himmler höchstpersönlich bei Schellenberg am Telefon. Der Reichsführer SS unterrichtete seinen Untergebenen über das Attentat und übermittelte Hitlers Befehl, die beiden Secret-Service-Männer, Major Richard Henry Stevens und Captain Sigismund Payne Best, in einen Hinterhalt zu locken und nach Deutschland zu entführen. Ein Sonderkommando der SS bereitete das Kidnapping vor. Der Zugriff sollte die Briten überrumpeln, noch ehe sie das als Treffpunkt vereinbarte Café in Venlo direkt an der Grenze auf

Richard Henry Stevens

niederländischem Boden betreten würden. Die SS rechnete mit einem Feuergefecht. Schellenberg hatte auf eigene Faust, noch vor Himmlers Befehl, das Treffen verabredet. Als gegen 15.00 Uhr am 9. November das Auto der Briten am Grenzübergang Venlo erschien, ging alles blitzschnell. Es wurde gebrüllt und geschossen. Major Stevens und Captain Best wurden aus dem Fahrzeug gezerrt und im Auto des SS-Kommandos über die Grenze nach Deutschland transportiert. Schellenberg wäre beinahe der SS zum Opfer gefallen, weil sie ihn mit Best verwechselte und im Durcheinander auf ihn schoss. Er erreichte sein Auto und raste auf deutsches Gebiet. Ein holländischer Geheimdienstoffizier, der schon beim vorigen Treffen mitgemischt hatte, wurde bei dem Getümmel tödlich verletzt.

Walter Schellenberg wurde zum SS-Standartenführer (der Rang entsprach dem Oberst in der Wehrmacht) befördert. Die Aktion, die als «Venlo-Zwischenfall» historisch wurde, war ein eklatanter Bruch des Völkerrechts, aber aus deutscher Sicht ein voller Erfolg. Die beiden britischen Offiziere wurden ins KZ Sachsenhausen verschleppt. Zwei Tage später wurden sie verhört. Das war natürlich eine Farce, denn mit dem

Anschlag in München hatten sie nicht das Mindeste zu tun. Die Hauptsache war ja, dass Hitler zwei Männer des britischen Geheimdienstes in der Hand hatte als «Beweis» für die behauptete Urheberschaft Londons am Mordanschlag gegen ihn. Davon versuchten die Medien das deutsche Volk unermüdlich zu überzeugen. Der «Venlo-Zwischenfall» gehörte fortan zum Fundus der Legenden um das Attentat Georg Elsers. Die beiden britischen Opfer teilten bis zum Frühjahr 1945 Elsers Schicksal als Gefangene Hitlers.

Auch als der Täter gefasst war und die Tat gestand, blieb die NS-Propaganda dabei, der Anschlag sei in London ausgeheckt und vom Secret Service durchgeführt worden. Als «Werkzeug des englischen Geheimdienstes» wurde auch «der Verräter Otto Straßer» ins Spiel gebracht.[15] Der frühe Gefolgsmann Hitlers und wie sein Bruder Gregor Vertreter des «sozialistischen» Flügels der NSDAP, hatte 1930 die Partei verlassen und verfolgte seither an der Spitze der «Schwarzen Front» einen eigenen Kurs gegen Hitler. Er war 1933 ins Exil gegangen.

Das Blatt der SS trumpfte in seiner Erfolgsmeldung auch sprachlich monströs auf: «In der Nacht des verbrecherischen Anschlages bereits konnte an der Schweizer Grenze das gekaufte Subjekt des englischen Agenten Otto Strasser gefasst werden. Eine lückenlose Beweiskette aufgrund vorbildlicher Arbeit der Sicherheitspolizei ... erzwang das völlige Geständnis Georg Elsers. Es gibt in der Kriminalgeschichte kein Beispiel für die raffinierte Vorbereitung und Ausführung dieser infernalischen Mordtat. Die Konsequenzen der aus den Untersuchungen sich ergebenden politischen Folgerungen sind im Augenblick noch gar nicht abzusehen.»[16]

Otto Straßer, nach Hitlers Überzeugung Drahtzieher des Bürgerbräu-Anschlags, meldete sich mit einem Gegenangriff zu Wort. Seit seinem Bruch mit Hitler versuchte er an der Spitze seiner «Schwarzen Front», einer kleinen und in sich ziemlich zerstrittenen Schar «Revolutionärer Nationalsozialisten», als Herold von Nationalbolschewisten, enttäuschten NSDAP-Mitgliedern, antikapitalistisch, völkisch und nationalistisch gestimmten Querfrontlern erst in Deutschland, ab 1933 in Österreich, dann in Prag, vorübergehend 1938 in der Schweiz, schließlich in Kanada mit publizistischen Mitteln – Broschüren, einer Zeitung und Kurzwellensendern –, Widerstand gegen Hitler zu leisten.[17] Zu einem Attentat war

Berliner Ausgabe

Berliner Ausgabe

VÖLKISCHER BEOBACHTER

Kampfblatt der national-sozialistischen Bewegung Großdeutschlands

Mit tiefer Genugtuung erfährt das deutsche Volk:

Der Attentäter gefaßt

Täter: Georg Elser – Auftraggeber: Britischer Geheimdienst

Chef des „Intelligence Service“ für Westeuropa in deutscher Hand

Schon im August Einbau der Sprengkammer im Bürgerbräu

Sechs Tage lang tickte das Uhrwerk der Höllenmaschine

Zur weiteren Aufklärung werden an die Oeffentlichkeit folgende Fragen gerichtet:

Die Aufdeckung

Geheimdienst-Offiziere liefen ins Garn

«Völkischer Beobachter» vom 22. November 1939

im Dezember 1936 der nach Prag emigrierte Student Helmut Hirsch angestiftet worden und kläglich gescheitert.

Im November 1939 setzte der Chef der «Schwarzen Front» der NS-Propaganda, die ihn der Urheberschaft oder Mitwirkung im Dienst des britischen Geheimdienstes am Bürgerbräu-Attentat brandmarkte, eine eigene Legende entgegen: Straßer, den die Schweiz am 13. November 1939 deswegen nach Frankreich auswies, behauptete, das Attentat sei eine nationalsozialistische Provokation, ein «außenpolitischer Reichstags-Brand». Er verwies damit auf die nicht nur von Zeitgenossen gern geglaubte Legende, die Nationalsozialisten hätten im Februar 1933 den Brand des Reichstagsgebäudes selbst angestiftet, um einen Vorwand zur Bekämpfung von Gegnern und zur Errichtung der Diktatur zu haben. Beim Bürgerbräu-Attentat, das glaubten auch viele ausländische Zeitungen, hätten die Nationalsozialisten den schmutzigen Trick wiederholt, um die Welt an Hitlers Unverwundbarkeit durch die Kraft der «Vorsehung» glauben zu machen, das deutsche Volk für den Krieg emotional um den «Führer» zu scharen und potentielle Gegner in den eigenen Reihen zu lähmen. Noch einen Schritt weiter ging die Vermutung, Hitler habe den Anschlag so inszeniert, dass er zugleich den Effekt der «Säuberung» der NSDAP von missliebig gewordenen «Alten Kämpfern» – den Opfern der Bombe im Bürgerbräukeller – hatte. Das wurde noch über den Zusammenbruch des Dritten Reiches hinaus von vielen geglaubt.[18]

Die gleichgeschaltete und von Goebbels durch Sprachregelungen inhaltlich gesteuerte deutsche Presse verurteilte die Tat mit nur geringen Variationen des Ausdrucks der Empörung und der Schuldzuweisung an das Ausland. Das amtliche Deutsche Nachrichten Büro (DNB) gab den Ton und die Fakten vor, die teilweise frei erfunden waren. Die Details dachten sich Journalisten im Dienst der «Wahrheit» des Regimes aus: «Man kann ruhig schon heute sagen, dass jedenfalls in Bezug auf die Legierung einzelner Metallteile tatsächlich ein ausländischer Ursprung nachzuweisen sein wird.»[19]

Das Ausland sei sich einig im Abscheu vor dem Verbrechen, das am «Führer» versucht worden war, meldete nicht nur die «Deutsche Allgemeine Zeitung» und berichtete, die meisten ausländischen Staatsoberhäupter hätten telegrafisch ihre tiefe Empörung über den Anschlag und ihre Freude über dessen Misslingen ausgedrückt. Namentlich genannt wurden freilich nur die Königin der Niederlande, der italienische Monarch Vittorio Emanuele und Mussolini.[20] Die Presse der ideologisch oder aus anderen Gründen freundlich gegenüber Deutschland eingestellten Staaten Italien, Jugoslawien, Ungarn, Bulgarien oder Japan pries ähnlich monoton wie die deutschen Blätter das wunderbare Walten des Schicksals. Die weniger freundliche Resonanz oder das Schweigen in der angelsächsischen Welt und Frankreich wurden nicht weiter thematisiert bzw.

als Kriegsgeschrei abgetan. Das Geraune darüber, dass man in London so früh über das Attentat informiert war, woraus Schlüsse über die Urheberschaft abgeleitet wurden, war allgegenwärtig. Die Presse der neutralen Staaten, vor allem Schweizer Blätter, berichtete über das Münchner Ereignis teils kritisch und gab sich gegenüber der NS-Propaganda skeptisch.

Der Auslandspresse standen außer den Verlautbarungen der Reichspressekonferenz keine Informationen zum Münchner Attentat zur Verfügung. In den Kommentaren überwog die Annahme, das NS-Regime habe das Ereignis getürkt, da die Behauptung, der britische Geheimdienst habe die Hände im Spiel, nicht beweisbar und die Präsentation Georg Elsers als Werkzeug der Briten unglaubwürdig seien. Die Schweizer Presse folgte trotzdem weithin unisono den Vorgaben der NS-Pressepolitik. Eine Ausnahme bildete die Appenzeller Zeitung, die mit Ironie und Sarkasmus das «Wunder von München» betrachtete. Am 10. November hieß es dort: «Die Schilderung des Bombenattentats im Münchner Bürgerbräukeller nimmt in Deutschland in Presse und Radio einen großen Raum ein. Man weiß vorläufig noch nicht das Geringste über die Urheber der Tat, man weiß nur, daß England schuld ist, wie es früher immer die Bolschewisten und die Juden waren. Indessen finden sich die Bolschewisten heute unter jenen, welche Hitler gratulieren, daß er dem Anschlag entging, während die deutschen Juden, die vor genau einem Jahr die Ermordung des deutschen Botschaftsrats vom Rath in Paris mit der Zahlung einer Milliardenkontribution und einem Pogrom büßen mußten, diesmal scheinbar nicht verdächtigt werden. Die Tatsache, daß Hitler und alle höheren Parteiführer dem Attentat nicht zum Opfer fielen, wird als ein Wunder bezeichnet und als Beweis angesehen, daß der deutsche Führer unter dem Schutz der Vorsehung stehe. Wir enthalten uns eines Kommentars zu den Ereignissen im Bürgerbräukeller; denn es scheint uns zwecklos, Wunder zu kommentieren ...»[21] Am 23. November zählte das Blatt die Aspekte des Wunders auf, «bei welchem sich das nationalsozialistische Führerkorps mit Adolf Hitler an der Spitze durch vorzeitiges Verlassen des Bürgerbräukellers der Vernichtung entzogen hat, bei dem dieser selbe Bürgerbräukeller nächtelang von einem staatsfeindlichen Individuum ‹bearbeitet› werden konnte, bei dem man schon einige Stunden nach dem Attentat ‹die Hand Englands› gesehen hat und bei dem der sonst so geschickte Täter es versäumte rechtzeitig ins Ausland zu verduften.»[22]

Das Thurgauer Tagblatt druckte dagegen mit Sympathie für Hitler die Glückwünsche Mussolinis und anderer Staatsmänner, berichtete über den Empfang des päpstlichen Nuntius Orsenigo bei Hitler, bei dem er als Doyen des diplomatischen Korps zur Errettung gratulierte und die Glückwünsche des Papstes übermittelte. In Basel hielt die National-Zeitung jedoch den Deutschen den Spiegel vor. Sie druckte am 9. und 15. November in zwei Folgen die Eindrücke eines Kaufmanns von einer Reise nach Deutschland. Er habe viele getroffen, die «Heil Hitler!» gerufen, ihm dann aber unter vier Augen versichert hätten, der Spuk des Tausendjährigen Reiches werde bald vorbei sein. Das Fazit des Eidgenossen lautete, im Allgemeinen denke «das deutsche Volk politisch überhaupt nicht oder dann erstaunlich naiv».[23] Das katholische «Basler Volksblatt» kommentierte in einzigartiger Deutlichkeit vor allen anderen Schweizer Blättern die Lage in Deutschland: «Die freie Meinungsäußerung gehört im Reich längst der Vergangenheit an; die Persönlichkeitswerte und -rechte sind eingeschränkt, wenn nicht gar in einer Weise beschnitten, die jede Individualität ausschließt und den Einzelmenschen zur schicksalsmäßigen Nummer stempelt. Gewissen Kategorien von Menschen ist das Bürgerrecht abgesprochen worden; sie sind recht- und schutzlos, sitzen im Gefängnis und Konzentrationslager, bar jeden rechtlichen Beistandes, um der ‹Sicherheit› des Regimes willen. Der Jude ist dem Sklaven gleichgestellt. Seine Habe werden [so!] ihm enteignet und soweit er noch vegetiert, steht ihm das Los der Verbannung in Judenreservate bevor … Diese Einschnürung des Eigenlebens der Nation und seine einförmige Gleichschaltung unter den spezifischen Habitus des totalitären Staates muss naturgemäß Explosivstoffe anhäufen und gelegentlich zur gewaltsamen Entladung bringen. Bisher habe die Gestapo in ‹ihrem Übereifer› alles ruhig halten können. Das Attentat im Münchner Bürgerbräukeller ist als Dolchstoß des ‹Hinterlandes› anzusehen.» Damit lag der Basler Autor, der an kein ausländisches Komplott glauben wollte, genau richtig.[24]

In den Berichten des deutschen Inlandsgeheimdienstes zur Stimmung im Volk wurde dagegen die offizielle Meinung bestätigt. Unter dem Datum des 10. November 1939 war zu lesen, dass in der Bevölkerung «mit leidenschaftlicher Ergriffenheit» das Geschehnis besprochen werde, dass in vielen Schulen der Choral «Nun danket alle Gott» gesungen wurde und dass in Betriebsappellen die Gefolgschaft der Werktätigen informiert worden sei. Denn: «Überall tauchten Gerüchte auf, z. B. darüber, daß der Führer schwer verletzt worden sei und daß verschiedene führende Männer der Partei und des Staates getötet worden seien. Als im Laufe des Tages nähere Angaben zu dem Attentatsversuch bekannt wurden, wurde allgemein über alle daraus sich ergebenden Probleme gesprochen. Mit Erbitterung wurde über die Engländer und Juden, die im wesentlichen als Hintermänner des Attentates angesehen werden, gesprochen. In einigen Orten kam es zu Demonstrationen gegenüber Juden.»[25]

Der Schrecken der Reichskristallnacht, genau ein Jahr vor dem Bürgerbräu-Attentat über die Minderheit hereingebrochen, saß den Juden, die noch in Deutschland lebten, in den Knochen. Der Dresdner Romanistik-Professor Victor Klemperer, dessen Tagebuch zur Chronik des Alltags aus jüdischer Perspektive wurde, beschreibt am 12. November 1939 die Panik, die nicht nur ihn ergriffen hatte: «In der Nacht nach dem Bekanntwerden des Attentats (Wir kennen die Täter: England und hinter ihm Juda) rechnete ich mit Verhaftung, Konzentrationslager, auch wohl Kugel. Als mir am Vormittag des 9. der Zigarettenhändler als erster davon erzählte, hatte ich trotz aller Philosophie böse Herzbeschwerden und Brustschmerzen. Bis jetzt unbehelligt. Was natürlich nichts besagen will.»[26]

Im Dossier der Inlandsspionage vom 13. November hieß es, das Attentat habe das Gefühl der Zusammengehörigkeit im deutschen Volk gefestigt: «Die Anteilnahme der Allgemeinheit an den Ergebnissen der zur Untersuchung des Attentates eingesetzten Spezialkommission ist sehr groß. Die Frage, wie es zu dem Attentat kommen konnte, ist in allen Kreisen noch immer das beherrschende Gesprächsthema. Die Liebe zum Führer ist noch mehr gewachsen, und auch die Einstellung zum Krieg ist infolge des Attentates in vielen Kreisen noch positiver geworden.»[27] Gegen Großbritannien herrsche Hass. Die dadurch ausgedrückte Lust am Krieg war allerdings mehr Illusion der Geheimdienstler als belegbare Realität. Widersprüchlich war die Meldung, die Allgemeinheit sei durch die Anwesenheit des «Führers» bei den Trauerfeierlichkeiten in München tief beeindruckt gewesen. Denn die Beteiligung der Bevölkerung sei verhältnismäßig schwach gewesen, «nur am Odeonsplatz stauten sich die Zuschauer, ohne jedoch eine besonders tiefe Anteilnahme an dem feierlichen Akt zu zeigen».[28]

Im Kontrast zu den Floskeln, mit denen die Ergriffenheit der Deutschen und ihre gesteigerte Zuneigung zum «Führer» geschildert wurde, stehen die Meldungen über Sabotageakte und regimekritische Propaganda von den Gegnern in der gleichen Berichtsserie des Sicherheitsdienstes der SS. So war von heruntergerissenen Hakenkreuzfahnen in Kassel und im Sudetenland zu lesen, von Hetzschriften und NS-feindlichen Postkarten in Wien und Frankfurt a. M. oder von handschriftlichen Zetteln an den Schaufenstern von zwölf Geschäften in Jena, die mit Hitlerporträts dekoriert waren. Die Zettel zeigten Hammer, Sichel und das Datum «9. November 1939». Angespielt wurde auf die Novemberrevolution 1918.[29]

Bemerkenswert war den SD-Männern, die ihre Hand am Puls des Volkes glaubten und dessen Emotion zu fühlen behaupteten, die unterschiedliche Reaktion der Kirchen: «Die katholische Geistlichkeit enthält sich in allen Reichsteilen jeglicher Stellungnahme zu dem Geschehnis, übergeht es, als ob es sich nicht zugetragen hätte. Im Gegensatz dazu hat die evangelische Kirche das Münchener Attentat scharf verurteilt und eindeutig Stellung genommen. In den einzelnen Reichsteilen fanden zum Teil Dankgottesdienste für die Erhaltung des Führers, z. T. Kanzelabkündigungen statt.» Wahrscheinlich zitierten die Geheimdienstler nur Verlautbarungen aus Gemeinden, die von «Deutschen Christen» dominiert waren, und ließen die Reaktionen der «Bekennenden Kirche» unter den Tisch fallen, um das erwünschte Stimmungsbild zu übermitteln: «Im Kugelregen des Weltkrieges, beim mutigen Gang am 9. November 1923, in den folgenden Jahren des Kampfes um die politische Macht und nun beim teuflischen Anschlag, immer wieder hat der allmächtige Gott seine schützende Hand über ihn gehalten, und wir wollen jeden Morgen Gott bitten, daß er unseren Führer erhalte, ihm und damit auch uns Sieg schenke, damit wir zu einem guten Frieden kommen und unserem Volk Lebensraum und Lebensmöglichkeit geschenkt werde.»[30]

Ein weniger euphorisches Bild der Stimmung vermittelt Victor Klemperer. Am 21. November hatte das Ehepaar Klemperer Gäste zum Tee. Frau Feder gab ein Gedicht zum besten, das ihr in der Markthalle von einer Frau vorgetragen wurde, die damit die Stimmung im Volk drastisch illustrierte: «Unter dem Kaiser habe man herrlich gelebt; in der Republik bei den Sozialdemokraten gab es auch noch Schweinebraten, aber bei Goebbels und Ley kriege man kaum ein Ei, bei Göring nicht mal einen Hering ... Der Schluß lautete: ‹Wir wollen einen Kaiser von Gottes Gnaden – und keinen Anstreicher aus Berchtesgaden.› Historische Volksballade aus der Zeit des dritten Reiches.»[31]

Die Blätter des Exils legten im Gegensatz zur NS-Presse und zu den SD-Berichten großen Wert darauf, das Attentat als Widerstand aus dem Volk darzustellen, und wiesen deshalb auch Spekulationen über eine Inszenierung der NS-Propaganda zurück. Im «Neuen Vorwärts», dem Wochenblatt der SPD, das im französischen Exil erschien, hieß es: «Beim Bürgerbräukellerattentat muß man erst herumraten und herumkonstruieren, welchen politischen Zweck das System vielleicht mit dem Attentat verfolgt haben könnte, wenn man von der Annahme einer Inszenierung ausgeht. In dieser Hinsicht gibt es gar keine Parallele zwischen dem Reichstagsbrand und dem Bürgerbräukellerattentat. Von Tag zu Tag befestigt sich vielmehr der Eindruck: dieses Attentat ist ein ernstlicher Schlag gegen das System.»[32]

In den Deutschland-Berichten der Exil-SPD (SOPADE) wurden Stimmen zitiert, die der offiziellen Lesart Skepsis entgegenbrachten: «Das Attentat in München hat die Bevölkerung sehr aufgewühlt. Niemand ist noch davon überzeugt, dass die Engländer die Urheber sind. Mehr und mehr nimmt die Meinung zu, dass tatsächlich ein Attentat auf Hitler geplant war und dass es nur einem Zufall zu verdanken ist, wenn er mit dem Leben davon kam.»[33] Aus einem deutschen Bergbaubetrieb wurde über die Stimmung nach dem Anschlag berichtet: «Das Münchner Attentat hat ungeheuere Aufregung verursacht. In den ersten Tagen gab es eine wahre Sturmflut von Gerüchten und es wurde heftig debattiert. Viele wollten in dem Attentat den Anfang von Hitlers Ende sehen und alle wurden schon recht frech und offen. Da erfolgten, zwei Tage nach dem Anschlag, viele Verhaftungen, zunächst von Juden, dann von politischen Gegnern des Systems. Sofort wurde es wieder stiller und die Leute wurden ängstlich.»[34]

Zu den Folgen des Attentats gehörte auch die Verwirrung, die in den Kreisen der opponierenden Wehrmacht ausbrach. Die Offiziere, die

Widerstand leisten wollten, aber so lange brauchten, um den richtigen Zeitpunkt des Aufstands zu finden, hatten zeitgleich zu Georg Elsers Tat zuschlagen wollen. Mit der für den November 1939 angesetzten und dann oftmals verschobenen Westoffensive, die mit dem «Fall Gelb»,[35] dem Überfall auf Belgien und die Niederlande, beginnen sollte, wollte die Militäropposition ja Hitler festsetzen, um das drohende Verhängnis eines verlustreichen und nicht zu gewinnenden Krieges zu verhindern.

Der Anschlag im Bürgerbräukeller veranlasste den Diktator zur größeren persönlichen Vorsicht bei öffentlichen Auftritten und löste in den Kreisen des Widerstands Rätselraten aus, welche unbekannte Gruppierung wohl für das hervorragend organisierte, jedoch knapp missglückte Unternehmen von München verantwortlich war. Wahrscheinlich folgten die meisten Oppositionellen aber doch bald den Vorgaben der NS-Propaganda. Die These, den Widerstand habe das Elser-Attentat verwirrt, vertrat Hans Bernd Gisevius, der es als Jurist bei der politischen Polizei in Preußen, der Vorläuferin der Gestapo, zum Regierungsrat gebracht hatte. Gisevius schwenkte früh zum Widerstand über, war Mitarbeiter des Amtes Abwehr unter Admiral Canaris und knüpfte als Vertreter der Militäropposition in der Schweiz Kontakte zu den Alliierten. Nach dem Zusammenbruch des NS-Regimes war Gisevius Zeuge im Nürnberger Prozess gegen die Hauptkriegsverbrecher und gab sich schließlich als Buchautor als prominenter Kritiker der zaudernden Generale, die zwar den Abgrund sahen, in den Hitler Deutschland führte, sich aber mit dem Entschluss zu handeln so schwertaten.

Das Verdikt des Zivilisten Gisevius traf vor allen anderen den Generalstabschef des Heeres Franz Halder, den zwar ein Zweifrontenkrieg schreckte, der aber zugleich mit den Kriegszielen Hitlers sympathisierte und außerdem seine Bereitschaft zum Widerstand in der Stunde der Not unermüdlich verkündete.[36]

Gisevius' These von der Verwirrung in Widerstandskreisen ist freilich nicht durch Quellen zu belegen, die beweisen, dass in den Debatten des Goerdeler-Kreises und der Militäropposition das Münchner Attentat Erwähnung gefunden hat. Generaloberst Beck, der nach seinem Rücktritt als Chef des Generalstabs Mittelpunkt des militärischen und bürgerlichen Widerstands war und den die Frondeure des 20. Juli 1944 als Staatsoberhaupt vorsahen, zeichnete seit 1938 in einer Denkschrift nach der anderen das Bild der militärischen Niederlage und des politischen Untergangs. Im Januar 1940 beschrieb er die militärische und politische Situation Deutschlands als katastrophal und endete mit einem Postulat zum Ungehorsam, das die Tat Georg Elsers rechtfertigte: «In solcher Lage erwächst für die Verantwortlichen und die Wissenden das Recht und die Pflicht, jede andere Rücksicht gegenüber dem obersten Gebote der Selbsterhaltung des Volkes fallen zu lassen.»[37] Der humanistisch gebildete Offizier erinnerte an das Gebot im Grundgesetz des antiken Rom «Videant consules, ne quid res publica detrimenti capliat» – «Die Konsuln mögen Sorge tragen, dass die Republik keinen Schaden leide.» Beck meinte damit, es sei Pflicht, aus Einsicht und Verantwortung das Wohl des Staates jenseits von Eidespflicht, Gefolgschaft und Gehorsam gegen die Usurpation des Machtanspruchs der bestehenden Herrschaft zu verteidigen. Das war, verklausuliert genug, die Aufforderung zum Handeln gegen die Diktatur Hitlers. Georg Elser, der Mann aus dem Volk, war solcher Aufforderung seines Gewissens gefolgt und hatte gehandelt. Er hätte sich durch Beck legitimiert fühlen dürfen. Die Offiziere und Politiker des Widerstands der Eliten brauchten dagegen viel Zeit zur Diskussion, zur Abwägung zwischen dem Gebot der Treuepflicht des Soldaten und der geschworenen Subordination der Beamten gegenüber einem Staat, über den sich der «Führer» ohne solche Skrupel mit dem unbedingten Herrschaftsanspruch über alle zum Tyrannen erhoben hatte.

Glaubt man den «Berichten zur inneren Lage», die Heydrichs Sicherheitsdienst für die Führungselite des NS-Staats zusammentrug, dann nahmen die Deutschen anhaltend und lebhaft Interesse am Münchner Attentat. In der Nacht zum 22. November erfuhren sie zum ersten Mal durch den Rundfunk, dass der Täter Georg Elser hieß. Die Zeitungen brachten die Nachricht am nächsten Morgen. Der Eindruck auf die Öffentlichkeit sei «ungeheuer stark» gewesen, insbesondere die Wochenschau (das wichtigste visuelle Medium vor der Einführung des Fernsehens, das in allen Kinos vor dem Spielfilm gezeigt wurde) habe das Ereignis vermittelt, das in der Bevölkerung vielfach besprochen worden sei.[38]

Auch von Gerüchten und «unsinnigen Verdächtigungen» bezüglich der Täterschaft berichteten die Spitzel des Inlandsnachrichtendienstes. An der amtlich verordneten und verlautbarten Sprachregelung, dass der britische Geheimdienst Auftraggeber des Anschlags sei, war nicht zu rütteln. Die Sicherheitsexperten des Regimes waren sich gewiss, dass die politische Stimmung günstig sei und Großbritannien von den Deutschen gründlich gehasst werde. «Das Gefühl der Selbstsicherheit und Stärke» habe durch die Presse- und Rundfunknachrichten «über die Hintergründe des Münchner Attentats» zugenommen.[39] Das Regime verstand es wieder einmal, aus einem unangenehmen Ereignis Nutzen zu ziehen. Da die Kriegsbegeisterung der Bevölkerung viel zu wünschen übrig ließ, war der Anschlag auf den Diktator als vermeintliche Untat des Kriegsgegners willkommen, um auf die Stimmung des Volkes einzuwirken. Keinesfalls durften die Urheber jedoch in den eigenen Reihen der Volks- oder gar Parteigenossen zu finden sein.

12. Verhöre, Terror, Sippenhaft

Das Geständnis Georg Elsers in der Nacht zum 14. November löste in Berlin keine Freude aus. Nur der Reichskriminaldirektor Arthur Nebe und dessen Stellvertreter im RSHA Kurt Geissler waren von der Alleintäterschaft des Königsbronner Handwerkers überzeugt. Als SS-Sturmbannführer Franz Josef Huber von der Täterkommission seinem Vorgesetzten, dem Gestapochef Heinrich Müller, das Ergebnis der Vernehmungen mit dem Geständnis des Täters telefonisch mitteilte, habe Müller angesichts der konstatierten Alleinschuld Elsers und der Versicherung, es gebe keine Hintermänner, «Um Gottes Willen!» gerufen. Der Reichsführer SS und Chef der deutschen Polizei Himmler, dem der Bericht, rot eingebunden, vorgelegt wurde, habe zornig mit der Randnotiz reagiert «Welcher Idiot hat diesen Bericht gemacht?»[1]

Zwischen dem 15. und 18. November wurde Elser nach Berlin ins Gestapohauptquartier überführt. Aus dem Ambiente des Hofes der Wittelsbacher geriet er ebenso unfreiwillig in die architektonische Umgebung der Hohenzollerndynastie. Das Prinz-Albrecht-Palais, im 18. Jahrhundert als Stadtresidenz eines geadelten Gutsbesitzers erbaut, kam später in den Besitz der preußischen Monarchenfamilie, diente in der Weimarer Republik als Gästehaus der Reichsregierung und wurde 1934 Sitz des Sicherheitsdienstes des Reichsführers SS. Zusammen mit Nachbargebäuden in der Wilhelmstraße war der Komplex die Zentrale der SS. Im Gebäude der ehemaligen Kunstgewerbeschule an der Prinz-Albrecht-Straße 8 residierte die Gestapo. Im Keller war ein Hausgefängnis für ungefähr 50 Personen eingerichtet. In einer der Zellen war Georg Elser bis Anfang 1940 gefangen. Auch Ernst Thälmann, Kurt Schumacher und andere prominente politische Gegner des Nationalsozialismus hatten hier für ihre Gesinnung gelitten. Die Verhöre fanden in den Büroräumen in den oberen Stockwerken statt. Vom 19. bis 23. November, fünf Tage lang, wurde

Reichsführer SS Himmler lässt sich über Ermittlungsergebnisse der Sonderkommission informieren. Von links: Franz Josef Huber, Arthur Nebe, Heinrich Himmler, Reinhard Heydrich, Heinrich Müller

Elser von den drei Kommissaren vernommen und seinen Angehörigen gegenübergestellt. Die Verhöre, bei denen er, wie schon in München, erneut körperlich misshandelt wurde, dauerten vom frühen Morgen bis zum späten Abend. Da er seine Tat bereits in München gestanden hatte, ging es in Berlin um seine Glaubwürdigkeit in der Hoffnung, ihn in Widersprüche zu verwickeln und doch noch Auftraggebern auf die Spur zu kommen.[2] Die Gestapozentrale in der Prinz-Albrecht-Straße wurde 1943 bei einem Luftangriff schwer beschädigt. Das Gebäude wurde 1949 abgerissen. Relikte der Zellen des Hausgefängnisses im Keller sind erhalten und als Bestandteile der Gedenkstätte Topographie des Terrors zu besichtigen.[3]

Drei Gestapo-Offiziere hatten den Auftrag, den Münchner Attentäter ein zweites Mal gründlich zu vernehmen. Einer von ihnen, Herbert Kappler, verstand auch einigermaßen, was Georg Elser aussagte, denn er war in Stuttgart geboren, seine Muttersprache war Schwäbisch. Allerdings unterscheidet sich das Idiom der Ostalb von dem am Neckar Gesprochenem nicht unerheblich. Kappler stammte aus einer bürgerlichen Familie. Der Vater war Oberrechnungsrat, der Sohn studierte Elektrotechnik, widmete sich aber seit August 1932 ausschließlich dem Dienst in den Reihen der SA bzw. seit Januar 1933 der SS. Der Einsatz der SS als Hilfspolizei nach dem Machterhalt Hitlers im Frühjahr 1933 animierte Kappler zum Hauptberuf in der Gestapo, den er seit Juni 1933 erfolgreich

Mit offensichtlichen
Folterspuren im Gesicht

ausübte. In der üblichen Doppelfunktion als Angehöriger der SS und der Polizei bekleidete er im Herbst 1939 die Ränge SS-Untersturmführer und Kriminalkommissar. Zu dieser Zeit war Kappler bereits als Polizeiattaché an die deutsche Botschaft in Rom delegiert. Die Abkommandierung zur Vernehmung Elsers war ein Zwischenspiel für den damals 32-Jährigen, ehe er in Rom dem Höhepunkt seiner Karriere zustrebte, die ihn als Kriegsverbrecher enden ließ.

Der zweite Gestapomann, der im Prinz-Albrecht-Palais Elser verhörte, war der Kriminalkommissar und SS-Obersturmführer Friedrich

Seibold. 1909 in München in kleinbürgerlichen Verhältnissen geboren und aufgewachsen, kam er aus dem mittleren Polizeidienst seiner Heimatstadt. Im Gegensatz zu Kappler war er nicht in jungen Jahren Parteigenosse geworden. Erst 1937 wurde er im Zuge der Vereinnahmung der Polizei durch die NSDAP-Gliederung SS auf Reichsebene Mitglied der militanten Speerspitze des Nationalsozialismus, die als «Schutzstaffel» gegründet und in den Saalschlachten der «Kampfzeit der Bewegung» erprobt, zum Staat im Staat unter Heinrich Himmler wurde. 1937 war Seibold nach Schwerin, im Frühjahr 1939 nach Rostock versetzt worden. Ab Mai 1940 tat er Dienst im Reichssicherheitshauptamt. Zur Vernehmung Elsers wurde er aus Rostock abgeordnet. Wegen seiner Zuständigkeit in der «Bekämpfung weltanschaulicher Gegner» in den besetzten Gebieten West- und Nordeuropas stand der unauffällige Polizeibürokrat nach dem Krieg mehrfach als Zeuge und als Tatverdächtiger vor Gericht. Es gelang ihm stets, sich als lediglich Papiere verwaltender Schreibtischbeamter darzustellen, obwohl er beim Kriegseinsatz im Osten ab Frühjahr 1942 ein Jahr in Kiew dem Stab der Einsatzgruppe C angehörte, jener Mörderbande in deutscher Uniform, die für die Massengewalt gegen Juden verantwortlich war. Mehr als 100 000 Männer, Frauen und Kinder wurden von der Einsatzgruppe C erschossen, weil sie Juden waren, darunter die 33 771 Menschen, die in der Schlucht von Babi Jar am Rand der Stadt Kiew am 29. und 30. September 1941 ihr Leben verloren. Eine persönliche Mitwirkung Seibolds am Judenmord ist nicht erwiesen, er gehörte aber zum Täterkollektiv des Holocaust. Seibold lebte nach dem Krieg wieder in seiner Heimatstadt München und ernährte sich und seine Familie als Handelsvertreter. Zu Auskünften über seine Rolle bei der Vernehmung Georg Elsers war er nicht geneigt.[4]

Über den dritten Mann der Geheimen Staatspolizei, der Georg Elser in den fünf Tagen des Berliner Verhörs gegenüberstand, ist außer dem Dienstrang und dem nicht gerade seltenen Nachnamen nichts bekannt. Es war ein Kriminalkommissar Schmidt.[5]

Die Geheime Staatspolizei wütete auch gegen die Eltern und Geschwister des Attentäters aus Königsbronn, interessierte sich für die beiden Frauen, Elsa Härlen und Maria Schmauder, denen Elser mehr als seinen Familienangehörigen emotional verbunden war. Ins Visier nahmen die Ermittler darüber hinaus alle, die ihn kannten, das war prak-

Während der Vernehmungen

tisch das ganze Dorf. Nach Art der Geheimpolizei vermuteten sie in allen Mitwisser und behandelten sie entsprechend unfreundlich.

Elsa Härlen, Georg Elsers Geliebte und ehemalige Verlobte, wurde in Jebenhausen in der Wohnung ihrer Mutter verhaftet und nach Stuttgart überführt. Elsa hatte sich im Januar 1939 von Georg getrennt. Sie arbeitete in der Aluminiumfabrik Ritter in Esslingen. Anlässlich eines Besuchs Georg Elsers bei seiner Schwester in Stuttgart trafen sie sich zu einer Aussprache bei einem Spaziergang. Die Beziehung war abgekühlt, aber noch nicht erloschen. Auch aus München schrieb Georg noch zweimal an Elsa und wartete sehnsüchtig auf Antwort, wie sein Besuch am frühen Morgen des Tages vor dem Attentat bei der Zimmerwirtin beweist.

Weil Georg dem Drängen der jungen Elsa Härlen zur Ehe hartnäckig widerstanden hatte, erklärte sie, die Ungewissheit nicht länger ertragen zu wollen und bei Gelegenheit einen geeigneten anderen Bewerber zu erhören. Im Sommer 1939 lernte sie den Richtigen kennen, Karl Votteler, einen Arbeitskollegen in Esslingen. Die Hochzeit war für Mitte November anberaumt. Sie sollte in Jebenhausen gefeiert werden. Elsa wurde mitten in den Vorbereitungen festgenommen. Der Aufenthalt im Stuttgarter Polizeipräsidium im Hotel Silber in der Wilhelm-Murr-Straße (heute wieder Dorotheenstraße) dauerte nur Stunden, denn Elsa Härlen wurde am Abend, zusammen mit den Angehörigen der Familie Elser, per Eisenbahn nach Berlin transportiert. In einem eigenen Abteil, bewacht von zwei Polizeibeamten, isoliert von den Angehörigen des Attentäters, reiste sie zur Vernehmung. Wie die Familienmitglieder Georg Elsers war sie, nach einer Nacht im Hausgefängnis der Gestapo in der Prinz-Albrecht-Straße im Hotel Kaiserhof interniert.[6]

Der Kaiserhof, 1875 am Wilhelmsplatz 3–5 im Regierungsviertel Berlins erbaut, war das erste Nobelhotel der Reichshauptstadt gewesen. 1878 hatte es die Staatsgäste beherbergt, die unter Regie des Reichskanzlers Bismarck im Berliner Kongress über die politische Geografie Südosteuropas berieten. Ehe er Reichskanzler wurde, hatte Hitler das sündteure Hotel zu seinem politischen Hauptquartier erkoren. Im Frühjahr 1932 versuchte er von hier aus das Amt des Reichspräsidenten zu erringen. Im Sommer 1932 war der Kaiserhof der Ort von Krisensitzungen der NSDAP-Führung, im Herbst und Winter 1932 diente er als Sprungbrett zur Macht. Am 30. Januar 1933 mittags kam Hitler mit Tränen der Rührung in den Augen aus der Reichskanzlei zu seiner wartenden Entourage in den Kaiserhof, soeben zum Regierungschef ernannt. Seine erste Amtshandlung, eine Besprechung mit dem Reichswehrminister Blomberg, führte er am gleichen Tag in diesem Hotel.[7] Warum dieses Luxushotel zur Internierung der Angehörigen des Hitler-Attentäters benutzt wurde, bleibt rätselhaft.

Elsa Härlen wurde, wie die anderen Gäste der Gestapo aus Süddeutschland, in der Prinz-Albrecht-Straße 8 einige Tage und Nächte verhört. Am zweiten und dritten Tag brach sie körperlich zusammen. Elsa berichtete, dass sie in einer Nacht von Himmler persönlich stundenlang vernommen wurde: «Ich musste ihm meine ganzen Verhältnisse und auch über mein Zusammenleben mit Elser bis ins Kleinste berichten. Er war sehr nett zu mir und hat mir lediglich vorgehalten, warum ich keiner Gliederung der Partei oder wenigstens der Frauenschaft angehöre. Er meinte, dies sein ein Beweis für meine negative Einstellung zur Partei und für mich belastend.» Elsa beteuerte im Verhör immer wieder, Elser könne nicht der alleinige Urheber und Täter des Anschlags im Bürgerbräu gewesen sein.

Schließlich wurde Elsa Härlen mit Elser konfrontiert. «Er saß in der Mitte des Zimmers auf einem Stuhl und ich hätte ihn in seinem Zustand bestimmt nicht als meinen früheren Verlobten erkannt. Sein Gesicht war verschwollen und blau geschlagen. Die Augen traten aus den Höhlen und er machte auf mich einen furchtbaren Eindruck. Auch seine Füße waren geschwollen und ich glaube, dass er nur deshalb auf dem Stuhl saß, weil er kaum mehr stehen konnte. In jeder Ecke des Zimmers stand ein Kriminalbeamter mit gezogener Pistole. Ein Beamter sagte zu Elser: ‹Hier ist Ihre frühere Braut. Sie ist immer noch überzeugt, dass Sie das Attentat nicht begangen haben. Sagen Sie es ihr nun selbst, dass Sie es begangen haben.› Ein Beamter stellte sich hinter Elser und hat ihm, damit er redet, immer wieder einen Stoß ins Genick oder den Rücken versetzt. Ich bin überzeugt, dass er nur redete, weil er körperlich gebrochen war und sich vor den Schlägen fürchtete. Er sprach dann nur stoßweise und wurde immer wieder durch Schläge zum Weiterreden gezwungen.»

«Georg, was hast Du getan?», fragte Elsa den ehemaligen Geliebten, als sie aufgefordert war, selbst das Wort an ihn zu richten: «Zunächst hat Elser nicht geantwortet, sondern mich nur mit einem Blick angesehen, den ich nie vergessen werde. Ganz langsam öffnete er dann den Mund und sagte: ‹Else›. In demselben Augenblick bekam er von dem hinter ihm stehenden Beamten einen Schlag im Genick und durfte nicht mehr reden. Ich war damals schon und bin auch heute noch fest davon überzeugt, dass Elser sagen wollte, er sei unschuldig. So viel konnte ich als seine frühere Braut aus seinen Zügen und aus seinen Gesten entnehmen.»

Elsa Härlen glaubte nicht an die Alleintäterschaft, dazu sei Georg viel zu gutmütig und zu harmlos gewesen. Er habe niemandem etwas zuleide tun können, sei auch nie aufbrausend gewesen und auch nicht nachtragend. In einer späteren Aussage, die sie Ende Juli 1950 in Göppingen-Jebenhausen machte, schwingt mindestens die Emotion, ihn zu schützen mit, die sie auch bei der geschilderten Vernehmung 1939 in Berlin hatte.[8] Etwa zehn Tage lang war Elsa Härlen im Gewahrsam der Gestapo in Berlin. Dann wurde sie, wieder unter Bewachung, nach Stuttgart zurückgebracht, dort streng zu Stillschweigen verpflichtet und entlassen.

Georgs Mutter, Maria Elser, die nicht wusste, dass alle Angehörigen (mit Ausnahme ihres gebrechlichen Mannes, der in Stuttgart inhaftiert blieb) in Berlin waren, zunächst voneinander isoliert im Gewahrsam der Gestapo, erlebte nach vielen Verhören eine dramatische letzte Begegnung mit ihrem Sohn. Elser saß an einem langen Tisch, er weinte, als seine Mutter ins Zimmer geführt wurde. Sie sprachen nicht miteinander, der Sohn, weil er nicht durfte, vielleicht auch nicht wollte, denn sie hatten ja im Unfrieden gelebt, und die Mutter wagte es nicht, das Wort an ihn zu richten.

Mit der Einquartierung im Hotel Kaiserhof endete die Isolation der Familie, nicht aber die Bewachung und Unterbringung in Einzelzimmern. Mahlzeiten durften die Internierten – Maria Elser und ihre Kinder sowie Schwiegerkinder Maria und Karl Hirth, Friederike und Karl Kraft, Anna und Fritz Hangs, Leonhard und Erna Elser gemeinsam einnehmen. Erklärungen über den Zweck des Aufenthalts in Berlin und ihre Behandlung erhielten sie nicht, lediglich die lakonische Mitteilung, sie dürften jetzt nachhause fahren. Maria Elser hat ihren Sohn nie wieder gesehen, auch nichts über sein weiteres Schicksal erfahren. Im Frühjahr 1940 suchte sie ein Kriminalbeamter aus Ellwangen in Königsbronn auf, der mitteilte, Georg sei jetzt in einem KZ, und sie könne ihm über das Reichssicherheitshauptamt schreiben. Weil sie auf einen Brief keine Antwort erhielt, verzichtete sie auf weitere Versuche und hörte nie wieder von ihrem Sohn. Maria Elser wollte nicht glauben, dass Georg der Urheber des Anschlags war, sie vermutete vielmehr, dass jemand Elser zur Tat angestiftet habe, ohne aber eine Vorstellung zu haben, wer das gewesen sein könnte.

Weil sie als einzige der Familie noch Kontakt mit ihm gehabt und Elser sie kurz vor dem Anschlag in Stuttgart besucht hatte, galt Maria Hirth, die älteste Schwester des Delinquenten, als besonders verdächtig. Sie wurde am Arbeitsplatz in der Kleiderfabrik Bleyle verhaftet. Wenig später wurde ihr Mann, der Metzgergeselle Karl Hirth, ebenfalls am Arbeitsplatz festgenommen. Maria wurde ihrem Bruder mehrmals gegenübergestellt. Er musste in ihrer Gegenwart den Hergang des Attentats – zum wievielten Male? – schildern. Maria war von der Alleintäterschaft Georgs überzeugt. Bei der ersten Vernehmung habe er noch gut ausgesehen, erinnerte sie sich nach einem Jahrzehnt: «Als ich ihm später noch zwei- oder dreimal gegenübergestellt wurde, hatte er einen kahl geschorenen Kopf und ein vollkommen geschwollenes Gesicht.» Ob das von Schlägen herrührte, konnte Maria nicht sagen.[9] Sie erlitt in Berlin nach der Gegenüberstellung mit dem Bruder einen Nervenzusammenbruch, von dem sie sich lange nicht erholte. Maria Hirth war am 12. oder 13. November verhaftet worden und blieb etwa acht Tage lang in Stuttgart in Polizeigewahrsam, ehe sie nach Berlin überführt wurde. Nach der Internierung im Hotel Kaiserhof wurden sie und ihr Mann nicht wie die anderen Angehörigen der Familie Elser nachhause entlassen, sondern bis zum 21. Februar 1940 im Gefängnis Moabit festgehalten.

Karl Hirth hatte am 9. November morgens von dem Ereignis in München gehört. Dass sein Schwager der Attentäter war, erfuhr er erst Tage später, als er am Arbeitsplatz verhaftet wurde. Die Wohnung wurde in den folgenden Tagen durchsucht, der knapp 11-jährige Sohn Franz kam in ein Kinderheim. Karl Hirth war im Polizeigefängnis in der Büchsenstraße in Haft, wurde dann nach Berlin überstellt, dort tagelang vernommen und seinem Schwager gegenübergestellt. Mitte Dezember durfte Karl Hirth nach Stuttgart zurückkehren, wurde aber zwei Tage vor Weihnachten erneut verhaftet und wieder nach Berlin geschafft. Erst im Februar 1940 durften Karl und Maria Hirth nachhause reisen, und zwar ohne Bewachung. In der Folge erschienen jedoch immer wieder Polizeibeamte mit Fragen. Karl verlor seinen Arbeitsplatz, Maria litt schwer an den Folgen des Nervenzusammenbruchs.[10]

Für die Königsbronner Bürger wurden die Wochen nach dem Münchner Attentat zur Hölle. Gestapo fiel in Mannschaftsstärke über das Dorf her, nistete sich ein und verhörte so ziemlich alle Einwohner. Die gewöhnliche Brutalität der Akteure des Staatsterrors steigerte sich durch den Generalverdacht gegen die Dorfgemeinschaft zur Raserei. Das hinterließ Spuren in mindestens einer Generation. Nach den Verhören im Königsbronner Rathaus und im Oberkochener Gasthaus zum Hirsch verstummten die Königsbronner. Ihre Wut richtete sich nicht nur gegen das Regime. Die weitverzweigte Familie Elser bekam zu spüren, dass die Obrigkeit den Ort im Zorn strafte. Dass das Dorf den aus Schadenfreude geprägten Namen «Attentatshausen» beigelegt bekam, kränkte die kollektiv getroffenen Königsbronner noch lange über die Hitlerzeit hinaus. Auch sie nahmen, wie die Nazis, die Angehörigen Georg Elsers in Sippenhaft, redeten verächtlich und mit Vorwurf über sie.

Die Gestapoleute agierten nicht nur mit Grobheit, sondern auch mit heimtückischer Vernehmungstaktik. So wurde der 18-jährige Schüler Hans Elser, ein entfernter Verwandter, gefragt, auf welcher Seite des Anzugs Georg das Parteiabzeichen getragen habe. Der Abiturient reagierte geistesgegenwärtig mit der Gegenfrage, ob er denn überhaupt eines besessen habe.[11] Der Sinn der Frage bestand in der Absicht, den Verhörten in Widersprüche zu verwickeln. Hans Elser, der den Attentäter seit langem aus dem Gesangverein Konkordia kannte, aber nicht wusste, dass sie sehr entfernt verwandt miteinander waren, hatte ihn als feinfühlig, hilfsbereit und freundlich in Erinnerung.

Die Königsbronner lebten in Angst und Schrecken vor der Gestapo. Sie schämten sich, dass ihr Dorf ins Gerede gekommen war. Sie verschafften sich Luft, indem sie den Attentäter verdammten und dessen Familie ins Ghetto der nicht zur Dorfgemeinschaft Gehörenden verbannten. Öffentlich geredet wurde nicht über den einstigen Mitbürger, Nachbarn, Vereinskameraden, Musikanten, dessen Tat so unerklärlich schien, weil er als unpolitisch galt und von allen als sanftmütig und harmlos wahrgenommen worden war. Der Kontrast zwischen dem geselligen Musikliebhaber, dem werkstolzen Möbelschreiner, den man kannte, und dem Unbekannten, der den einsamen Entschluss zum Tyrannenmord fasste und in aller Konsequenz ausführte, bildete den Nährboden für Gerüchte und Fantasien, die nach dem Münchner Ereignis auch in dem von der Gestapo geplagten Dorf und seiner Umgebung rasch zu wuchern begannen.

Einer von der Gestapo war Wilhelm Rauschenberger, damals 39 Jahre alt, Kriminalsekretär im Referat IV 1a (Hochverrat) in der Gestapo-Leitstelle Stuttgart. Am 12. November 1939, einem Sonntag, hatte er Bereitschaftsdienst, als am Vormittag die Anordnung der Sonderkommission aus München eintraf, unverzüglich in Königsbronn Ermittlungen über Georg Elser anzustellen sowie sämtliche Angehörigen in vorläufigen Polizeigewahrsam zu nehmen. Zusammen mit dem Kriminalsekretär Rappold (zuständig für Spionageabwehr) fuhr Rauschenberger los, um den Auftrag auszuführen. Im Königsbronner Rathaus wurden die Personalien der Familie Elser festgestellt. Dabei erfuhr Rauschenberger, dass Georg Elser zuletzt in Schnaitheim gelebt und dort ein Liebesverhältnis mit der Tochter des Postschaffners Schmauder unterhalten habe. Maria

Schmauder hatte aufgrund einer Rundfunkmeldung am Morgen mit der Personenbeschreibung des mutmaßlichen Täters das Schlimmste befürchtet und sich mit ihrer Mutter besprochen. Sie war vom Erscheinen der Polizei nicht überrascht, aber aussagefreudig. Sie erzählte dem Gestapo-Mann auf Anhieb, dass Elser an einer Erfindung gearbeitet habe, die er in München patentieren lassen wollte. Er werde dann ein reicher Mann sein, über zweieinhalb Millionen Mark würde er dann verfügen und sich unmittelbar in die Schweiz begeben, wohin er sie nachkommen lasse, um sie dort zu heiraten.

Bei der «Erfindung» handele es sich um eine Schaufensterreklame, bei der ein Gewicht automatisch gehoben werde. Georg habe ihr auch erzählt, dass er im November 1938 in München gewesen sei, und zwar im Bürgerbräu-Keller, wo er sogar ein Glas Wasser ausgetrunken habe, das Hitler stehenließ. Auch Fotos von der NS-Traditionsfeier 1938 habe er ihr gezeigt. Die Anekdote von Hitlers Wasserglas spiegelt die Naivität der jungen Frau wider, der Elser die Ehe versprochen haben soll. Die Auskunftsfreude gegenüber der Polizei zeigt das Erschrecken und die Enttäuschung über den Geliebten. Rauschenberger nahm Maria Schmauder mit nach Königsbronn, beriet sich dort mit dem Kollegen Rappold mit dem Resultat, dass die Festnahme der Elser-Familie zurückgestellt und erst einmal Maria Schmauder in den Räumen der Kriminalpolizei Heidenheim förmlich zu vernehmen sei. Dort gab sie weitere Einzelheiten zu Protokoll, die den Verdacht gegen Georg Elser bestätigten. Die Erkenntnisse wurden nach Stuttgart an den Chef der Gestapoleitstelle durchgegeben, der sie an die Sonderkommission in München weiterleitete. Gestapochef Heinrich Müller befahl, Maria Schmauder in «Ehrenhaft» zu nehmen, die Kommission ordnete an, sie unverzüglich nach München zu bringen, weil sie Elser gegenübergestellt werden sollte.

Am Abend des 14. November 1939 fand die Begegnung statt. Sie war dergestalt inszeniert, dass Elser an Maria vorbeigeführt wurde, und zwar so, dass sein erster Blick beim Betreten des Raumes auf sie fallen musste. Um die Wirkung der Begegnung, bei der die beiden Personen nicht miteinander sprechen durften, zu beobachten, waren Reichskriminaldirektor Nebe und sein Mitarbeiter Geissler, Gestapochef Müller und weitere Funktionäre des Reichssicherheitshauptamtes anwesend. Sie registrierten die starke Bewegung Georg Elsers, an die sich der Gestapo-Mann Rauschenberger noch Jahre später erinnerte: «Wie schon erwähnt, war Elser sichtlich beeindruckt, als er die Schmauder sah, denn man konnte ein Zusammenzucken des Körpers und eine Blässe des Gesichtes wahrnehmen. Elser wurde frei und ungefesselt durch zwei Kriminalbeamte hereingeführt. Ich persönlich konnte keinerlei Spuren von Misshandlungen feststellen, soweit es das Äußere des Elser betrifft.» Diese Bemerkung Rauschenbergers aus dem Jahr 1950 ist nicht zu bewerten, da es keine Möglichkeit zur Nachprüfung gibt, ob und wie Elser körperlich misshandelt worden ist.[12]

Rauschenberger oblag es, die Angehörigen Elsers aus Königsbronn ins Gefängnis nach Stuttgart zu bringen und Maria Schmauder, die auf Befehl des Gestapochefs Müller «eine besonders anständige Behandlung» erfahren sollte, in die «Ehrenhaft» einzuweisen. Das geschah dadurch, dass sie nicht im Gefängnis interniert wurde, sondern als Hausgehilfin des Gefängnisverwalters beschäftigt wurde. Dann wurde auch sie nach Berlin überstellt. Bei einem Termin der Münchner Staatsanwaltschaft im August 1950 erwies sich Maria Schmauder, jetzt verheiratete Daberger, als kaum vernehmungsfähig. Nach der Geburt eines Kindes hatte sie eine Nervenerkrankung erlitten und war an beiden Beinen vollkommen gelähmt. Sie bestätigte aber in Gegenwart ihrer Mutter Karoline Schmauder alle früheren Zeugenaussagen, die sie vor der Gestapo gemacht hatte, und zeigte sich von der Alleintäterschaft Elsers überzeugt.[13]

Besonders hart trafen die Bemühungen der Gestapo im November 1939 den Steinbruchbesitzer Vollmer, bei dem Georg Elser während der Vorbereitung des Attentats im Frühjahr 1939 ein paar Wochen gearbeitet und Sprengstoff gestohlen hatte. Der Bauunternehmer, der neben dem Steinbruch auch ein Kieswerk in Oberelchingen bei Ulm betrieb und damit beim Bau der Reichsautobahn gut verdiente, gehörte zu den Honoratioren Königsbronns. Im Brauereigasthof «Rössle» traf er sich mit den anderen wichtigen Leuten des Dorfes, dem Direktor der Schwäbischen Hüttenwerke Heussel, dem Apotheker Kapp, dem Fabrikanten Waldenmaier aus Heidenheim, dem Forstmeister Rau und anderen Akteuren lokaler Politik.

Vollmer hatte früh Sympathien für den Nationalsozialismus empfunden und war Ortsgruppenleiter der NSDAP gewesen. Das Amt verlor er nach Querelen 1937. Nach dem Ende des Dritten Reiches stellte er sich als entschiedener Gegner Hitlers dar: «Immer klarer wurde mir schon 1933 die verbrecherische, ja tierische Veranlagung der Hitlerschergen.» Das Bekenntnis legte der Mann starker Worte im März 1946 in einem Schreiben an die Rundfunkdirektion München ab. In seiner kritischen Reaktion auf einen Beitrag des Senders zum Bürgerbräu-Attentat führte Vollmer weiter aus: «Mit der Niederschlagung der Röhm-Affäre sowie der nachfolgenden Erschießungen aller derjenigen, die unbequem waren, bleibt es für mich Gewissheit, dass unter dieser Tyrannei nichts Gutes mehr entstehen könne.» Obwohl er als Ortsgruppenleiter der NSDAP amtiert hatte, hüllte sich Vollmer in die Aura des Widerstandskämpfers der ersten Stunde: «Nicht unversucht liess ich es, die wenigen Eingeweihten zu warnen oder zur Änderung ihrer Einstellung zu bewegen. Zuletzt stand ich als gefährlicher Warner und politischer Gegner allein und wurde mit allen Mitteln bekämpft. Schon 1937 geschah es, dass ich kalt gestellt und mit KZ und Vernichtung angedroht [sic!] wurde. Die Gestapo und der SD beobachteten mich. Auch wurde ich bespitzelt, denn immer wieder habe ich mich gegen die Hitler-Propaganda gewendet und im ganzen Umkreis war es bekannt, dass aus dem ehemaligen Anhänger ein scharfer Gegner geworden war, der sich nicht scheute, all die verlogene Phrasendrescherei beim richtigen Namen zu nennen.»[14]

Vollmer vermutete im Frühjahr 1946, dass Elser bei ihm seinerzeit Arbeit gesucht habe, weil er ihn als entschiedenen Regime-Kritiker kannte. Im Übrigen ließ Vollmer kein gutes Haar an seinem angeblichen Gesinnungsgenossen. Elser habe, wie viele in der damaligen Zeit, den Boden unter den Füßen verloren, sei in Gesellschaft von Frauen leichtsinnig gewesen, habe über seine Verhältnisse gelebt und mit zweifelhaften Elementen Umgang gepflegt. Die Abgrenzung des im dörflichen Umfeld tonangebenden Besitzbürgers gegen die «kleinen Leute» gipfelte in der böswilligen Behauptung, ein Onkel Georg Elsers mütterlicherseits sei ein Krimineller gewesen, der im Zuchthaus geendet habe. Der Unternehmer Vollmer grenzte sich in den Verhören der Gestapo so energisch von seinem ehemaligen Angestellten ab, wie er nach 1945 die Nähe durch die gemeinsame widerständige Gesinnung betonte. Beim Verhör im Polizeigefängnis Heidenheim und anschließend in Stuttgart hat sich Vollmer im November 1939 aber gewiss nicht als Widerstandskämpfer dargestellt, musste er doch dem Vorwurf der Mittäterschaft entgegentreten.

Auch den Sprengmeister Georg Kolb, den Buchhalter des Betriebs Karl Bihler und den ältesten Sohn Ernst Vollmer hatte die Gestapo in Gewahrsam genommen. Georg Vollmer wob, um den Erwartungen des Verhörs entgegenzukommen, die Legende eines Auftraggebers und Mittäters Georg Elsers. Karl Kuch, aus Königsbronn stammend, zu Beginn des Ersten Weltkriegs in die Schweiz ausgewandert, der regelmäßig in Königsbronn Urlaub machte, war in Vollmers Erzählung der Drahtzieher, hinter dem eine mächtige Widerstandsgruppe agiert haben soll. Der Schreiner Georg Elser, mit Karl Kuch angeblich befreundet und vertraut (tatsächlich war Kuch einst Nachbarskind und Jugendgespiele der ersten Frau Vollmers), sei das ausführende Werkzeug gewesen.[15]

Die angebliche Komplizenschaft des Karl Kuch bot mehrere Vorzüge beim Versuch Vollmers, den Vorstellungen der Gestapo entgegenzukommen: Er war Schweizer Staatsbürger, angeblich geheimnisvoll reich mit weitreichenden Verbindungen und, vor allem anderen, Kuch war im Juni 1939 mit dem Auto zwischen Königsbronn und Oberkochen tödlich verunglückt. Damit war die Legende von den Hintermännern, mit der Vollmer der Polizei zu dienen suchte, nicht zu überprüfen. Die Gestapo war aber wohl doch nicht überzeugt. Denn nicht nur Elser bestritt in seiner Vernehmung die nähere Bekanntschaft mit dem ominösen Karl Kuch, auch die Schweizer Behörden, am 1. Februar 1940 um Amtshilfe gebeten, konnten weder kriminelle noch politische Delikte des Zürcher Musikalienhändlers Kuch offerieren.[16]

Da die Verhöre Vollmers keine Mittäterschaft am Bürgerbräuanschlag zutage brachten, wurden dem Steinbruch-Unternehmer wenigstens Verstöße gegen die Vorschriften zur Sicherung des Sprengstoffs und fehlende Verwendungsnachweise zur Last gelegt. Alte Rechnungen unter Parteigenossen waren ebenfalls offen, und so endete die Vernehmung des Bauunternehmers und Gründers der NSDAP-Ortsgruppe Königsbronn mit seiner Einlieferung in das KZ Welzheim. Das war ein Polizeihaftlager unter Regie der Gestapo Stuttgart, betrieben in einem aufgelassenen Gerichtsgefängnis, belegt mit über hundert Gefangenen auf engem Raum. Offiziell hieß das Lager «Polizeigefängnis», es war in der Nachfolge des frühen KZ Heuberg 1935 eingerichtet worden und als KZ Welzheim bekannt, obwohl es nicht zum zentral gesteuerten KZ-System gehörte. Die Haftbedingungen in Welzheim waren allerdings ebenso elend wie in den großen Lagern, oftmals sogar schlimmer.[17]

Als Vollmer im Sommer 1941, nach eineinhalb Jahren «Schutzhaft» freigelassen wurde und nach Königsbronn heimkehrte, war er wirklich Gegner des Nationalsozialismus geworden. Zu seinen Wahnideen gehörte jetzt die Inszenierung des Münchner Attentats durch das nationalsozialistische Regime. «Beweise» waren in der Vollmer'schen Familiensaga die Legenden um den ominösen Schweizerbürger Karl Kuch und die Erzählung von einer Reise der Ehefrau Vollmers zum «Stellvertreter des Führers» Rudolf Heß, der ihr zwar erklärt habe, nichts für den Inhaftierten Georg Vollmer tun zu können, aber die Mitwirkung der Nazis am Attentat im Bürgerbräu bestätigt habe.[18] Seine Obsession von der vermeintlichen Wahrheit über den Anschlag im Bürgerbräu vererbte der 1983 hochbetagt verstorbene Georg Vollmer auf seinen jüngsten Sohn, der acht Jahre alt war, als sein Vater in die Mühlen der Gestapo geriet. Von der fixen Idee, die der gewesene Ortsgruppenleiter und nachmalige Feind der NSDAP auf seinen Sohn Johann Georg Vollmer junior (1931–2014) delegierte, wird noch die Rede sein.

Das Verhör war nur eine der Methoden, mit denen die Kriminalpolizei und die mit ihr kooperierende und konkurrierende Geheime Staatspolizei der Wahrheit über das Bürgerbräu-Attentat auf die Spur zu kommen trachteten. Erbbiologische Tiefenbohrungen lagen im rassenideologisch bestimmten NS-Staat nahe. Sie sollten Licht ins vermeintliche Dunkel der Täterschaft bringen. Dazu erstellte ein Kriminalobersekretär namens Ernstberger am 18. November 1939 auf Anordnung der Kriminalpolizeileitstelle München ein Verzeichnis der Sippschaftsangehörigen der Familie Elser. Es enthielt Daten zum sozialen Status wie Schulbesuch, Berufsausbildung, Leumund, Zivilstand, Krankheiten, Vorstrafen. Ziel war es offensichtlich, «erbliche Belastungen» des Täters festzustellen. Das Ergebnis der Familienaufstellung von 22 Personen war freilich dürftig. Mit Ausnahme der Großmutter Georg Elsers mütterlicherseits, der verschollenen Karoline Müller, die ihre Tochter Maria im Alter von 9 Tagen verlassen hatte und über die nichts zu ermitteln war, ging die ganze Familie als «deutschblütig» und «reichsangehörig» in die Akten ein. Bis auf den Großvater mütterlicherseits und die beiden Schwäger Karl

Hirth und Fritz Hangs waren alle evangelisch. Erbliche und sonstige Auffälligkeiten, Krankheiten und Todesursachen waren erforscht und wurden verzeichnet. So war über Georgs Vater, den jähzornigen und trinkenden Ludwig Elser zu lesen, dass er nach jahrelanger rheumatischer Krankheit fast gelähmt war, dass er einen schwer leidenden Eindruck machte und sich nur mühsam an zwei Stöcken fortbewegen konnte. «Über erbliche Krankheiten, Alkoholismus usw.» sei nichts bekannt. Bei den Vorstrafen war der Polizeiobersekretär Ernstberger in einem Fall fündig geworden: Georgs Großvater Kaspar Elser hatte bei einer Rauferei anlässlich einer Hochzeitsfeier einen Maßkrug als Argument eingesetzt und gegen einen Kontrahenten geworfen, was mit einer Gefängnisstrafe von zwei Monaten wegen Körperverletzung gesühnt worden war.[19]

Die Erkenntnisse aus dem Sozialgefüge der Familie Elser wurden durch ein Ersuchen um Auskunft an die Polizeibehörden der Schweiz ergänzt. Dem Schreiben des Reichssicherheitshauptamtes an das Eidgenössische Justiz- und Polizeidepartment in Bern, das zum 1. Februar 1940 an die schweizerische Bundesanwaltschaft zur Bearbeitung weitergereicht wurde, lag ein umfangreicher Fragenkatalog bei, der Elsers Aufenthalte und Beschäftigungsverhältnisse in der Schweiz sowie seine eventuellen Verbindungen zu Otto Straßer betraf. Auskunft über das Verhältnis Elsers mit Mathilde Niedermann wurde gleichfalls begehrt, die Geschichte des Karl Kuch, die der Steinbruchbesitzer Vollmer der Gestapo erzählt hatte, wurde hinterfragt, und es ging um allerlei Gerüchte, die Denunzianten oder übereifrige Volksgenossen den Polizeibehörden gemeldet hatten. Der mit kriminalistischer Akribie und politischer Vorsicht verfasste Ermittlungsbericht der Schweizer Behörden war für die deutschen Kollegen enttäuschend, da er nichts enthielt, was dem Streben nach Auftraggebern oder Hintermännern des Bürgerbräu-Attentats dienlich war.[20]

13. Einsamkeit und Todesangst

Georg Elser war nie in Händen der Justiz. Zu keiner Zeit haben sich rechtsstaatliche Instanzen der Gerichtsbarkeit mit dem Bürgerbräu-Attentat und seinem Urheber beschäftigt. Mit der Absicht, nach dem «Endsieg» einen Schauprozess zu inszenieren, verband Hitlers Macht- und Propaganda-Apparat keineswegs das Bestreben, die Tat objektiv aufzuklären. Das Reichsjustizministerium, formal gesehen die oberste Instanz, die wenigstens noch einen Anschein der Rechtsstaatlichkeit ausstrahlte, hatte im November 1939 den Oberreichsanwalt nach München geschickt. Er war am 11. November zugegen, als Hitler den Tatort besichtigte, er versuchte auch, den «Führer» auf sich aufmerksam zu machen, holte sich aber einige Tage nach der Nichtbeachtung durch Hitler eine grobe Abfuhr von Heydrich. Oberreichsanwalt Ernst Lautz erhielt einen Anruf aus dem Reichssicherheitshauptamt. Heydrich erklärte ihm im Auftrag Himmlers ohne Umschweife, «daß jedes Mitglied der Reichsanwaltschaft, das sich in dieser Sache nochmals bei der Gestapo in München blicken lasse, hinausgeworfen werde». Der Oberreichsanwalt gab in einer Mitarbeiterbesprechung seinen Abteilungsleitern von diesem Vorkommnis Kenntnis. Einer von ihnen wollte den Kompetenzstreit ausfechten. Das wurde ihm ausgeredet. Die Justiz gab klein bei und überließ den außernormativen Instanzen der Diktatur das Feld.[1]

Ordnung musste jedoch sein. So wurde eine Akte für die Causa Elser beim Volksgerichtshof angelegt. Dem Aktenzeichen 6J 253/3 folgte freilich kein Inhalt.[2] Der rechtliche Zustand, in dem sich der Straftäter Georg Elser seit seiner Verhaftung am 8. November 1939 bis zu seinem Tod befand, hieß «Schutzhaft». Die Formel, eingeführt am 28. Februar 1933 durch die «Verordnung zum Schutz von Volk und Staat», erlaubte als sicherheitspolizeiliche Repressionsmaßnahme zeitlich unbegrenzte Haft ohne Rechtsmittel. Mit dieser «Reichstagsbrandverordnung» war die Methode schrankenlosen Terrors und absoluter Willkür gegenüber Menschen proklamiert und der Grundstein der NS-Diktatur gelegt. Ein Erlass vom 25. Januar 1938 definierte «Schutzhaft» endgültig als «Zwangsmaßnahme der Geheimen Staatspolizei» gegen Personen, «die durch ihr Verhalten den Bestand und die Sicherheit des Volkes und Staates gefährden».[3] Als «Volks- und Staatsfeind» war Georg Elser der Willkür der Gestapo im Konzentrationslager ausgeliefert.

Das Konzentrationslager, in dem Georg Elser die meiste Zeit seiner letzten fünf Lebensjahre verbrachte, war im Ortsteil Sachsenhausen der Stadt Oranienburg nördlich von Berlin ab Juli 1936 errichtet worden. Dieses KZ hatte nicht nur wegen der Nähe zur Reichshauptstadt zentrale Bedeutung. Nach einem architektonischen Idealplan gebaut, hatte es, wie zuvor Dachau, Modellfunktion für das gesamte KZ-System, das seit April 1938 auch von hier aus gesteuert wurde. Sachsenhausen hatte außerdem besondere Funktionen als Ausbildungsort für Wachmannschaften und Führungspersonal der SS. Ab Ende 1938 war das Lager überfüllt. Ein Jahr später waren mehr als 12 000 Häftlinge registriert, in der Mehrzahl Personen ausländischer Nationalität. Die Verpflegung stand in umgekehrter Proportion zur Ausbeutung der Gefangenen durch Zwangsarbeit, die sie in den SS-eigenen «Deutschen Erd- und Steinwerken», in der Rüstungsproduktion, im Außenkommando Klinkerwerk verrichten mussten. Viele tausende gingen dabei zugrunde. Die Sterblichkeit im KZ Sachsenhausen stieg Anfang 1940 auf ein nicht gekanntes Ausmaß. Erschöpfung und Erfrierung nach stundenlangem Appellstehen, Hunger, systemische Misshandlung und sadistische Quälerei, die Lust des Personals am Töten waren die Ursachen.

Der Alltag im Lager war durch Mauern und den unüberwindlichen Stacheldraht gegen die Außenwelt bestimmt, durch vernichtende Arbeit, Strafen, durch das Preisgegebensein der Willkür der Bewacher, durch die Ausweglosigkeit der Situation. Die Räson nationalsozialistischer Ideologie, die unumschränkte Verfügung der Machtinhaber über das Individuum war im KZ auf ultimative Weise erreicht. Was Georg Elser zum Widerstand getrieben hatte, sein Aufbäumen gegen den Verlust aller Freiheit und Selbstbestimmung des mündigen Menschen, gegen die nationalsozialistische Usurpation der Gesellschaft hatte den Höhepunkt im

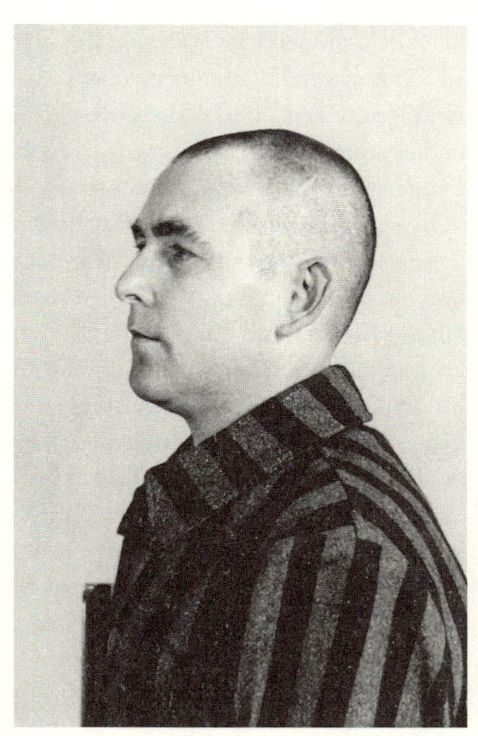

Mit kahl geschorenem Kopf in KZ-Gefangenenkleidung

Lagerdasein. Nationalsozialistischer Ideologie und deren Herrschaftsanspruch war Georg Elser nach den Verhören in anderer Form, aber endgültig unterworfen.

Elsers Existenz im KZ Sachsenhausen war jedoch von eigenem Schrecken bestimmt, nicht von Appellstehen und nächtlichem Ungeziefer, nicht von vernichtender Arbeit und prügelnden Schergen. Er vegetierte nicht in der drangvollen Enge der Baracken mit der dort herrschenden sanitären Katastrophe, sondern lebte im «Zellenbau», dem Lagergefängnis. Das war eine eigene Welt innerhalb des KZ. Der Zellenbau in einer besonders bewachten und gegen das übrige Lager abgeschirmten Ecke errichtet, hatte drei Flügel, die ein T bildeten. Eine Mauer wurde 1939 anstelle des Stacheldrahtzauns hochgezogen, sie entzog das Gelände dem Blick und verhinderte die Sicht der Insassen nach draußen. 80 Zellen, jeweils neun Quadratmeter groß, mit Fenstern in zwei Metern Höhe über dem Fußboden, bildeten den Standard dieses Gefängnisses im KZ. Es hatte drei Funktionen. Zum ersten war es Ort der Strafe, in dem Gefangene einen aufdiktierten Arrest verbüßten. Diese Lagerstrafe wurde in drei Stufen verhängt, «normal», «verschärft», «streng». Im verschärften Dunkelarrest gab es nur jeden vierten Tag Essen, und der Tag musste stehend zugebracht werden. Außer diesem pedantisch festgelegten Reglement gab es die Prügelstrafe auf dem Bock oder das Pfahlhängen im Hof und die sadistische Fantasie der diensthabenden SS-Männer, deren Willkür grenzenlos war.

In seiner zweiten Funktion war der Zellenbau Untersuchungsgefängnis der Gestapo. Aber anders als in Haftanstalten der Justiz ging es hier nicht um den Aufenthalt Verdächtiger, für die die Unschuldsvermutung des Rechtsstaats galt, sondern die Untersuchungshaft war ein Aufenthalt im Wartesaal des Infernos, der oft im Todesurteil per Beschluss ohne Verhandlung endete. Der dritten Bestimmung des Zellenbaus war Georg Elser unterworfen. Hier wurden auch «Sonderhäftlinge» untergebracht, die in irgendeiner Form prominent waren. Sie wurden vollkommen anders behandelt als die Gefangenen im übrigen Lager. Sie wurden nicht geprügelt und durch unmenschliche Arbeit geschunden, sie litten nicht Hunger, und sie bewahrten einige Menschenwürde.[4] Als «persönlicher Gefangener des Führers» war Georg Elser in diesem Bau inhaftiert, den gleichen Status hatten die beiden britischen Geheimagenten Best und Stevens, die Opfer des Kidnappings in Venlo. Ohne Kontakt mit Georg Elser und ohne dass die drei Gefangenen sich jemals überhaupt kennenlernten, waren sie aus dem gleichen Grund in Sachsenhausen (Stevens wurde dann nach Dachau verlegt): Hitler wollte sie nach dem «Endsieg» in einem großen Schauprozess der Welt vorführen als Schurken, die im Dienst des Secret Service und anderer Dunkelmänner dem «Führer und größten Feldherrn aller Zeiten», dem Idol fanatisierter Nazis und willfähriger Nichtnazis nach dem Leben getrachtet hatten. Sie sollten beim Tribunal in gutem Zustand präsentiert werden. Entsprechend wurden sie behandelt.

Zuständig für das Wohlergehen Elsers war in erster Linie der SS-Unteroffizier Kurt Eccarius. Er war 31 Jahre alt, als er im November 1936 in den Kommandanturstab des KZ Sachsenhausen aufgenommen wurde. Der gelernte Maschinenschlosser wurde im Sommer 1934 stellvertrender

Leiter des Zellenbaus, im August 1942 avancierte der SS-Oberscharführer zum Leiter des Lagergefängnisses und Verantwortlichen für die Sonderhäftlinge.[5]

Von seinen prominenten Mitgefangenen im Zellenbau, die Georg Elser allenfalls durch Zufall zu Gesicht bekam, hatte er keine Kenntnis, er wusste nicht, warum sie als «Sonder- oder Ehrenhäftlinge» bzw. als «persönliche Gefangene Hitlers» ins KZ geraten waren. Für kürzere oder längere Zeit waren Männer des Widerstands, Politiker, Geistliche, in Ungnade gefallene Funktionäre des Dritten Reiches und seiner Verbündeten im Lagergefängnis inhaftiert. Sie genossen unterschiedliche Privilegien, manche durften sich ziemlich frei bewegen, manche empfingen Post und Pakete, andere waren vollkommen isoliert wie Georg Elser. Zwei Angehörige der rumänischen «Eisernen Garde» lebten im Komfort von sechs miteinander verbundenen Zellen. Der ungarische Komintern-Funktionär Gyula Alpári, der ukrainische Nationalist Stepan Bandera, der Jurist Hans von Dohnanyi aus dem Widerstandskreis im Amt Ausland/Abwehr, der Sohn Stalins Jakow Dschugaschwili, Fritz Elsas, ehemals Berliner Bürgermeister aus dem Goerdeler-Kreis, waren Zellennachbarn Georg Elsers.[6] Sonderhäftling in Sachsenhausen war auch Herschel Grynszpan, der mit dem Attentat auf den Diplomaten Ernst vom Rath in Paris den Anlass für die «Reichskristallnacht» im November 1938 gegeben hatte.[7]

Im Zellenbau inhaftiert waren auch der Münchner Jesuitenpater Rupert Mayer und der nach dem Untergang des NS-Staats mit dem größten Nachruhm als Widerstandskämpfer gefeierte Protestant Martin Niemöller. Der streitbare Pfarrer spielte nach dem Ende des Dritten Reiches eine besondere Rolle als Kronzeuge bei den Spekulationen über die geheimnisvollen Hintermänner, die Georg Elser gehabt haben sollte. Niemöller vertrat mit Vehemenz die These, Georg Elser sei Mitwirkender eines NS-Propagandacoups gewesen. Auch wenn der Pfarrer den Bürgerbräu-Attentäter nur einmal flüchtig gesehen, dabei kaum gesprochen hatte, war sein Zeugnis von Gewicht, weshalb ausführlicher von ihm die Rede sein muss als von anderen Mitgefangenen.

Pfarrer Martin Niemöller wurde wegen seiner regimekritischen Äußerungen und wegen seines mutigen Protestes in Predigten und Gottesdiensten zur herausragenden Gestalt protestantischen Widerstands. Seine Karriere als Kirchenmann, die mit dem Amt des Kirchenpräsidenten der Evangelischen Kirche in Hessen und Nassau (1947–1964) und radikal pazifistischem Engagement in der Bundesrepublik ohne Berührungsängste vor Kommunisten endete, war ziemlich ungewöhnlich. In einer Pfarrerfamilie in Elberfeld geboren, war er nach dem Abitur 1910 in die Kaiserliche Marine eingetreten, im Ersten Weltkrieg U-Boot-Kommandant und hatte dann eine landwirtschaftliche Lehre absolviert. Der Entschluss, Pfarrer zu werden, entsprang volksmissionarischer Intention; Niemöller sah Kirche und Diakonie als Ordnungsmacht in der Weimarer Republik, deren demokratischem System er reserviert gegenüberstand. Dem Nationalsozialismus begegnete Niemöller, der seit 1931 eine Pfarrstelle in Berlin-Dahlem innehatte, dagegen mit Sympathie. Der Weg vom patriotischen Militaristen zur Symbolgestalt des christlichen Widerstands gegen den Nationalsozialismus und danach zur Galionsfigur der westdeutschen Friedensbewegung war lang und verschlungen. Zu den Stationen gehörten seine Weigerung 1918, zwei U-Boote gemäß dem Waffenstillstandsvertrag nach England zu überführen, und der Verzicht auf Teilnahme an einem Freikorps in Kiel, weil es auf den Rat der Volksbeauftragten, die provisorische Reichsregierung, vereidigt wurde. Seltsam auch Niemöllers Freiwilligenmeldung aus dem KZ zur Wehrmacht nach dem Ausbruch des Zweiten Weltkriegs.

Die nationalkonservative Weltanschauung des Dahlemer Pfarrers zeigt sich auch im autobiografischen Bericht aus dem Jahr 1934.[8] Die Bestrebungen der Deutschen Christen betrachtete Niemöller dennoch mit Argwohn, und er wurde im Mai 1933 Mitgründer der jungreformatorischen Bewegung. Der Sieg der «Deutschen Christen» bei den Kirchenwahlen im Juli 1933 führte ihn in die innerkirchliche Opposition. Im September 1933 initiierte er aus Protest gegen den «Arierparagraphen» der «Deutschen Christen», wiewohl er von antijudaistischen und antisemitischen Ressentiments selbst nicht frei war, den Pfarrernotbund,[9] aus dem die Bekennende Kirche hervorging. Bis zum Ende 1933 traten 6000 Pfarrer dem Notbund bei; darüber hinaus orientierten sich viele Christen der Bekennenden Kirche an der Haltung Niemöllers. Obwohl er um Staatsloyalität bemüht war, stand er gegenüber den Deutschen Christen auf dem Boden der Barmer Theologischen Erklärung vom Mai 1934, die deren Lehre und Kirchenpolitik zurückwies. Die Freiheit der Kirche und das von der Dahlemer Bekenntnissynode im Oktober 1934 proklamierte Notrecht der Bekennenden Kirche, die sich in Bruderräten organisierte, waren für Niemöller unverzichtbar. Ohne grundsätzliche politische Gegnerschaft geriet der streitbare Dahlemer Pastor in immer stärkeren Konflikt mit dem NS-Staat, weil er die Politik des Kirchenministers Hanns Kerrl missbilligte und in Predigten zunehmend das vom NS-Ideologen Alfred Rosenberg propagierte Neuheidentum geißelte.[10]

Niemöller wurde im Juli 1937 verhaftet, zu einer Geldstrafe und Festungshaft verurteilt, die durch die Untersuchungshaft verbüßt war. Als «Hitlers persönlicher Gefangener» saß er dann drei Jahre lang in einer Einzelzelle im KZ Sachsenhausen und wurde im Juli 1941 nach Dachau überführt, wo er bis zur Befreiung Ende April 1945 als prominenter Gefangener eingekerkert war.

Auch in anderen KZ gab es Sonderhäftlinge. In Flossenbürg lebten im Arrestbau prominente Gefangene wie Prinz Philipp von Hessen. Die Angehörigen der Militäropposition Admiral Wilhelm Canaris, Generalmajor Hans Oster, der einstige Reichsminister und Reichsbankpräsident Hjalmar Schacht wurden im Februar 1945 nach einem Bombentreffer auf das Gestapohauptquartier in Berlin nach Flossenbürg verlegt. Im April kamen weitere Männer des Widerstands dazu, als letzter am 8. April 1945 der Theologe Dietrich Bonhoeffer. Nach der nächtlichen Farce eines «Standgerichts» wurden Bonhoeffer, Canaris, Oster und einige andere im Hof des Flossenbürger Arrestbaus am frühen Morgen des 9. April 1945 erhängt.

Im Dachauer Lagergefängnis war der britische Geheimagent Stevens inhaftiert, eines der beiden Opfer des Venlo-Zwischenfalls. Abgesondert von den anderen Sonderhäftlingen lebten der Münchner Domkapitular Johannes Neuhäusler, der 1941 zusammen mit den Theologen Michael Höck und Martin Niemöller aus Sachsenhausen nach Dachau verlegt wurde. Für kurze Zeit (von Mitte August bis Mitte September 1943) gehörte auch Adolf Ziegler, Professor an der Münchner Kunsthochschule und bis zur Amtsenthebung Präsident der Reichskammer der Bildenden Künste, zu den «Ehrenhäftlingen» im KZ Dachau. Der von Hitler geschätzte «Meister des deutschen Schamhaares», wie er wegen seiner Aktgemälde von begabteren Kollegen verächtlich genannt wurde, war wegen Defätismus in Ungnade gefallen.

Für den Bürgerbräu-Attentäter waren im Lagergefängnis des KZ

Sachsenhausen drei Zellen zusammengelegt worden. Eine diente als Schlafraum, eine zum Aufenthalt und eine als Werkstatt. Darin stand eine Hobelbank, auf der Georg kleine Möbel oder auch Buchstützen anfertigte. Gemessen am Komfort war Elser der prominenteste Gefangene. Die geräumige Unterkunft beflügelte die Fantasie derer, die sie nie gesehen hatten. Von einer Tischdecke und einer Vase mit Blumen war die Rede, von einem Radio und einem Spiegel, gar von einer Landkarte an der Wand, die es dem Häftling ermöglicht habe, den Kriegsverlauf zu verfolgen. Das berichtete der damalige Lagerälteste, der als Insasse des KZ zwar den Zellenbau kannte, weil er dort im Dunkelarrest gewesen war, aber die Zelle des Sonderhäftlings Elser und diesen selbst nie gesehen hatte. Er kolportierte lediglich, was als «Lagerwissen» umging.[11] Die Geheimhaltung durch die SS ging so weit, dass die penibel geführten Lagerakten keine Zugangs-, Verlegungs- oder sonstige Daten über Georg Elser enthalten. Sogar seines Namens war er beraubt. Die Lagerführung in Sachsenhausen und später die in Dachau nannte den Sonderhäftling «Eller».

Gewiss, der Attentäter genoss Privilegien. Er durfte auf seiner Zither spielen (weshalb der geheimnisvolle Unbekannte im Lagerjargon «Der Zitherspieler» genannt wurde und als Verfertiger von Geigen und Gitarren durch Zeugenberichte geistert), er wurde nicht körperlich gequält und auf dem Appellplatz geschunden. Aber er war der einsamste Mensch, obwohl er nie allein war. Tag und Nacht waren zwei SS-Männer zu seiner Bewachung kommandiert. Auch beim Gang zur Toilette, zur Dusche oder in den Hof war er von den anderen Gefangenen isoliert. Nicht einmal sehen sollten sie ihn oder er seine Mithäftlinge. Dass der Herr über die Polizei, die SS und die Konzentrationslager Heinrich Himmler einmal Elser in seiner Zelle besucht haben soll, ist ebenso unwahrscheinlich[12] wie der angeblich vertrauliche Umgang der SS-Wachmannschaften mit dem Häftling Georg Elser. Aber mit wem sonst hätte er sprechen können als mit den Wächtern, mit denen er auf Tuchfühlung lebte? Elser verbrachte die endlosen Tage und Nächte des Alleinseins in der Überzeugung, dass er die Befreiung aus der Haft, das Ende des Krieges, das Ende der NS-Herrschaft nicht erleben werde.

Der protestantisch erzogene Mann, der in den Verhören der Gestapo gestanden hatte, dass er in der Zeit der Vorbereitung des Attentats gelegentlich eine Kirche zum Beten aufgesucht hatte, muss von Schuldgefühlen wegen der Toten im Bürgerbräukeller gepeinigt worden sein. Der gesellige Kamerad, Wanderfreund, Vereinsgenosse, der dem weiblichen Geschlecht so gerne gehuldigt hatte, der seiner Natur nach naiv, zutraulich und zuwendungsbedürftig war, muss unter der totalen Isolation, in der er mehr als fünf Jahre lebte, unsäglich gelitten haben.

Am 11. August 1942 starb Georgs Vater schwer invalide im Alter von 70 Jahren. Ludwig Elsers Tod setzte bürokratische Prozeduren auf allen Ebenen in Gang, vom Amtsgericht und Bezirksnotariat Heidenheim hinauf zum Oberreichsanwalt beim Volksgerichtshof, zum Reichssicherheitshauptamt, zum Bayerischen Staatsministerium des Innern und zum Oberfinanzpräsidenten in München, dann wieder hinunter über die Staatspolizeileitstelle München, den Oberlandesgerichtspräsidenten in Stuttgart, das Landgericht Ellwangen zum Amtsgericht Heidenheim und dem dortigen Bezirksnotar.

Georg Elser erfuhr in seinem Gewahrsam in Sachsenhausen nichts vom Ergebnis der amtlichen Bemühungen. Rechtlos, wie er war, bedeutete es für ihn auch nichts mehr, dass das monatelange Amtshandeln von sieben Behörden, der Justiz und Polizei darauf zielte, ihn zu enteignen. Der Heidenheimer Notar hatte im September 1942 festgestellt, dass Georg zu 3/20 am Erbe seines Vaters beteiligt war. Die Bitte des Heidenheimer Amtsgerichts um Auskunft in der Nachlass-Sache Ludwig Elser, wie gegenüber dem Anteil des Sohnes Georg zu verfahren sei, hatte das Karussell der Instanzen in Bewegung gesetzt. Die sorgfältige Bearbeitung des Falles ergab, dass nach Erkenntnis des Reichssicherheitshauptamtes «die Bestrebungen des Johann Georg Elser volks- und staatsfeindlich gewesen» seien, was dem Staatsministerium des Innern in München die Handhabe bot, das gesamte Vermögen zugunsten des Deutschen Reiches einzuziehen. Ordnungsgemäß war damit die Dienststelle für Vermögensverwaltung des Oberfinanzpräsidenten München beauftragt. Über die Kosten des Verfahrens ist nichts bekannt, der Gewinn des Deutschen Reiches stand Ende 1943 jedoch fest: Das Erbe Georg Elsers betrug 200 Reichsmark und 47 Pfennige.[13]

Im Februar oder März 1945 wurde Georg in das KZ Dachau verlegt. Er wurde wieder im Lagergefängnis (das hieß dort Kommandanturarrest oder Bunker) untergebracht, samt Hobelbank und Zither. Ein Sonder-

Zellengang im Kommandanturarrest des Konzentrationslagers Dachau

häftling, der Abt des Klosters Metten, Corbinian Hofmeister, der als katholischer Widerstandskämpfer seit April 1944 in Dachau war, erinnerte sich, dass die Nachricht der Ankunft Elsers wie ein Lauffeuer durch die Zellen des Kommandanturarrests ging: «Wir erfuhren zunächst nicht, wer der geheimnisvolle Mann war, vor dessen Tür Tag und Nacht ein SS Wachposten saß. Nach und nach sickerte durch, der geheimnisvolle Mann habe eine Hobelbank in seiner Zelle, er sei offenbar Schreiner. Ferner besitze er eine Zither und von diesem Umstand bekam er von uns den Namen ‹der Zitherspieler›. Nach einigen Wochen kam Niemöller mit der Nachricht zu uns gestürmt, er wisse nun, wer der geheimnisvolle Zitherspieler sei: es sei der angebliche Bürgerbräu-Attentäter Georg Elser. Er habe ihn einen Augenblick lang gesehen, als er unter Begleitung des Wachpostens im Hofe spazierenging. Und er habe ihn, da er ihn von Sachsenhausen her schon gekannt habe, sofort wieder erkannt. Wir fragten auch einen absolut zuverlässigen Wachposten (Possenig), ob die Identifizierung richtig sei, und bekamen die Antwort, das dürften sie selbst nicht wissen, aber es könne schon stimmen. Daraufhin sandten wir ihm durch diesen Wachposten regelmäßig Lebensmittel. Nach der ersten Sendung berichtete uns Possenig, der Mann habe geweint vor Freude darüber daß es noch Menschen gäbe, die an ihn dächten.»[14] Auch der Haftgenosse des Mettener Abts, der Regens des Freisinger Priesterseminars Michael Höck, berichtete von derartigen Liebesgaben, allerdings nur einmal anlässlich des Osterfestes, als sich der SS-Scharführer Zink bereit erklärte, Ostereier und Osterfladen Elser zu bringen, der sich sehr gefreut habe und herzlich bedanken ließ.[15]

Einer der wenigen einigermaßen glaubwürdigen Zeugen der Haft Elsers war der Friseur Paul Wauer aus Breslau, der als Zeuge Jehovas vom NS-Regime verfolgt wurde, erst in Sachsenhausen und zuletzt in Dachau inhaftiert war. Wauer hatte Georg in Sachsenhausen, wo er als Lagerfriseur arbeitete, einmal kurz gesehen. In Dachau hatte Wauer die Funktion des «Hausl» im Kommandanturarrest. Er erkannte Elser wieder und war dann häufiger in Kontakt mit ihm. Als Funktionshäftling durfte sich Wauer im Bunker frei bewegen. Zu seinen Aufgaben gehörte es, den Gefangenen das Essen in die Zellen zu bringen. Er habe bei solchen Gelegenheiten öfter mit Elser gesprochen, «jedoch meist nur belanglose Dinge. Wenn das Gespräch von mir auf das bevorstehende Kriegsende geleitet wurde, geriet Elser immer in Aufregung und hatte ich den Eindruck, dass ihm um sein Schicksal bange sei. Gesprochen hierüber hat er jedoch nichts.»[16]

Ein Sonderhäftling im Lagergefängnis wollte sich daran erinnern, den Schicksalsgenossen Elser, den er gut gekannt habe, mehrmals in dessen Zelle besucht, ihm Mut gemacht und Trost gespendet zu haben. Die Aussicht, dass der Krieg und das NS-Regime bald zu Ende seien, hätte Elser jedoch nicht erfreut. Er habe «ganz sachlich erklärt, das treffe für ihn nicht zu, man habe ihm gesagt, wenn der Krieg gut ausgehe, werde er als Zeuge benötigt. Wenn er schlecht ausgehe, dann werde er vorher erschossen.» Der Zeuge diskreditierte sich aber durch die Behauptung, er habe an dem Tag vor Elsers Tod abends eine Stunde lang mit ihm gesprochen. Bei der Gelegenheit habe ihm Elser anvertraut, «dass er das Attentat auf Anstiftung von Funktionären der NSDAP begangen habe und dass ihm die Tat als großnationale Tat später hätte angerechnet werden sollen.» In dem geplanten Prozess habe er als Zeuge auftreten und «die Engländer» beschuldigen sollen. Wider Erwarten sei er nach der Tat verhaftet und in strengste Isolation genommen worden. Die Namen der Anstifter habe Elser nicht genannt.[17]

Glaubwürdiger ist das Zeugnis des ehemaligen SS-Unterscharführers Franz Xaver Lechner, der im Hauptberuf in München Musik studierte und über die Wehrmacht und eine Polizeieinheit zur SS gekommen war. Als nicht kriegsdienstfähig war er zur Wachmannschaft im KZ Dachau abkommandiert worden. Ihm oblag dort die Betreuung der Sonderhäftlinge im Arrestbau. Zur Situation Elsers berichtete er: «Die Zelle war bei Tag verschlossen, in der Nacht musste die Türe ganz offen stehen, während vor der Türe ein eigener SS-Posten war. Das Bett des Elser stand an der Wand der Tür gegenüber. Ich habe den Elser des öfteren spazierengeführt und auch sonst mich mit ihm unterhalten. Elser war der Überzeugung, dass er das Lager nicht lebend verlassen werde und fragte mich einmal, welcher Tod der bessere sei, ob Genickschuss, Erhängen oder Vergasen.» Elser sei ein ruhiger Mensch gewesen, mit dem er sich oft und gern unterhalten habe. Er habe sich in seiner Zelle selbst eine Zither gebaut und ihn um die Besorgung von Noten gebeten. Er habe sich sein Lieblingsstück, ein Wiener Lied, gewünscht, dessen Noten der SS-Mann auch beschaffte. «Elser spielte mir damals das Stück sogleich vor, begann jedoch dann fürchterlich zu weinen.»[18]

14. Das Ende

In der Götterdämmerung des Dritten Reiches wurden Sonderhäftlinge, unter ihnen auch Georg Elser, aus anderen Lagern nach Dachau gebracht, das noch relativ fern der vorrückenden Front lag. Einen Plan für die Evakuierungen gab es im beginnenden Chaos des Untergangs nicht. Die gewöhnlichen Häftlinge der KZ wurden in den letzten Tagen der NS-Herrschaft auf Todesmärsche getrieben. Ein solcher Zug aus Sachsenhausen blieb im Belower Wald in Hunger und Elend sich selbst überlassen, nachdem sich die Bewacher der SS davongemacht hatten. Ein anderer Marsch aus dem KZ Neuengamme endete im Untergang der Schiffe «Cap Arcona» und «Thielbeck» in der Lübecker Bucht. 5000 Häftlinge starben nach einem britischen Luftangriff auf die beiden Schiffe. Andere Todesmärsche endeten in Massakern wie in Gardelegen in Sachsen-Anhalt, wo in einer Scheune 1016 Gefangene auf Anstiftung eines NSDAP-Funktionärs am Tag vor dem Einmarsch der US Army bei lebendigem Leib verbrannt wurden.

Auch die Evakuierung der Dachauer Sonderhäftlinge Ende April, unmittelbar vor der Befreiung des Lagers durch amerikanische Einheiten, hatte keinen erkennbaren Sinn. Sicherlich sollten die prominenten Gefangenen nicht ohne weiteres von den Alliierten aus dem KZ befreit werden. Die Hoffnung, sie in der legendären «Alpenfestung», die in der Realität allerdings nicht existierte, als Geiseln benutzen zu können, war eine Illusion. Sie wurden jedenfalls in südlicher Richtung samt ihrem Gepäck in Omnibussen nach Tirol transportiert. Ihre Befreiung in Niederndorf ergab sich aus der Ohnmacht der SS-Bewacher, dem Schutz der Wehrmacht und der Ankunft der US Army. In der Obhut der Amerikaner wurden sie als Opfer des Nationalsozialismus gepflegt, als Zeugen des Infernos geschätzt und befragt. Georg Elser war nicht mehr unter ihnen.

In der Osterwoche des Jahres 1945 Anfang April war der Zusammenbruch des NS-Staats weit vorangeschritten. Der «Volkssturm» suchte als letztes Aufgebot von Greisen und Halbwüchsigen den Vormarsch der alliierten Streitkräfte bei der Eroberung Deutschlands aufzuhalten. Der Offenbarungseid Hitlers als militärischer Oberbefehlshaber war zugleich die Bankrotterklärung seiner militärischen Adjunkte, der ranghohen reich dekorierten willigen Befehlsempfänger, die sich bis zuletzt der Einsicht verweigerten, dass sie durch rechtzeitigen Widerstand das Schlimmste hätten verhindern können. Mit dem Nerobefehl im März 1945 wollte der Diktator mit dem Scheitern seiner Wahnideen nach seinem schmachvollen Abtritt von der Bühne Deutschland als verbrannte Erde zurücklassen. Dazu befahl er die Zerstörung der Infrastruktur und die Vernichtung der Lebensbasis der deutschen Nation. Die Konzentrationslager mit je zehntausenden Häftlingen in erbärmlichem Zustand waren entsetzliche Beweise der Verbrechen des NS-Regimes. Die Spuren sollten deshalb verwischt werden.

Die Evakuierung hatte mit den frontnahen KZ bereits 1944 begonnen. Die Rote Armee befreite am 27. Januar 1945 Auschwitz, aus dem die Mehrzahl der Häftlinge zuvor ins Reichsinnere getrieben worden war. Evakuierung bedeutete freilich nichts anderes mehr als den sinnlosen Transport von Menschen ohne Rücksicht auf deren Zustand in der Absicht, sie den Augen der Welt zu entziehen. Die zentrale Instanz, die Inspektion der Konzentrationslager in Berlin, befahl zuerst den Transport aller «Sonderhäftlinge» nach Dachau, ordnete die Exekution einiger besonders exponierter Personen an und überließ das weitere Schicksal der Prominenz überforderten KZ-Kommandanten, die mit hirnlosen Befehlen ihre Hilflosigkeit im Inferno des Untergangs bewiesen, vor allem aber die Rettung der eigenen Haut betrieben.

Die Entlassung einiger Geistlicher beider Konfession aus der Sonderhaft war vielleicht eine Maßnahme, die nach dem Ende Gewinn bringen sollte. Am Gründonnerstag, das war der 5. April 1945, wurden Corbinian Hofmeister, Michael Höck und einige andere Geistliche aus dem KZ Dachau entlassen. Pastor Niemöller und Domkapitular Neuhäusler blieben im Kommandanturarrest. Dort waren zuletzt 137 Personen in Ehren- oder Sonderhaft interniert. Zu ihnen gehörten die beiden britischen Geheimagenten Best und Stevens, der einstige Kanzler Österreichs, Kurt

Schuschnigg, der ehemalige französische Regierungschef Leon Blum, Prinz Xavier von Bourbon-Parma, der italienische General Giuseppe Garibaldi, einige Herren des griechischen Generalstabs, viele «Sippenhäftlinge» aus Familien der Verschwörer des 20. Juli. Auch der von Hitler im Herbst 1942 abgesetzte Generaloberst Halder, der mit der Militäropposition so lange sympathisiert hatte, ohne sich tatsächlich für den Widerstand entscheiden zu können, war seit dem 20. Juli 1944 ein Sonderhäftling.

In der Endphase der NS-Diktatur gab es schließlich – jenseits aller Klassifikationsmerkmale – drei Kategorien von KZ-Gefangenen. Die exponierten Gegner des Nationalsozialismus waren jetzt am stärksten gefährdet. Sie sollten unter keinen Umständen in den Gewahrsam der Alliierten geraten. Sie wurden ermordet. Andere, etwa ausländische Würdenträger, wurden bis zuletzt pfleglich behandelt, vielleicht in der Hoffnung, sie könnten im Schlussakt dem Regime als Geiseln noch irgendwie nützlich sein.

Die in Dachau internierten Ehrenhäftlinge wurden am frühen Morgen des 27. April 1945 samt ihrem Gepäck in fünf Omnibussen auf eine eskortierte Reise ins Ungewisse Richtung Süden geschickt. Erste Station war ein Gestapolager in Innsbruck. Dann ging es weiter über den Brenner nach Südtirol. Chronistin der Gruppe mit etwa 150 Prominenten wurde Isa Vermehren. 27 Jahre alt, von Beruf Kabarettistin und seit 1944 im Frauen-KZ Ravensbrück in Sippenhaft, weil ihr Bruder zu den Alliierten desertiert war. Isa Vermehren war aus Ravensbrück über Buchenwald nach Dachau gekommen. Die Evakuierung der Sonderhäftlinge unter dem Kommando des SS-Untersturmführers Edgar Stiller hat sie in einem 1946 veröffentlichen Bericht beschrieben.[1]

Knapp 9000 Dachauer Häftlinge ohne Privilegien wurden am 26. April von der SS in drei Kolonnen auf Todesmärsche getrieben. Deutsche, sowjetische und jüdische Gefangene blieben im Lager zurück, das US-Einheiten am 29. April befreiten. Die Überlebenden der Todesmärsche wurden bis zum 4. Mai von den Amerikanern in Oberbayern betreut und versorgt.

Georg Elser wurde nicht mit den Sonderhäftlingen auf die Reise geschickt, und er ging nicht auf dem Todesmarsch zugrunde. Er gehörte zur höchsten Prominenz, zu den gefährlichsten Feinden des Regimes, die der stürzende Diktator mit in den Abgrund reißen wollte.

Georg war ein Todeskandidat. Sein Urteil war längst ausgefertigt. Nur der Zeitpunkt seines Todes war noch offen. Auf Befehl Himmlers nach allerhöchster Entscheidung Hitlers teilte der Chef der Gestapo, SS-Gruppenführer Heinrich Müller, dem Kommandanten des KZ Dachau, SS-Obersturmbannführer Eduard Weiter, in einem geheimen Schnellbrief Umgangsregeln für einige Sonderhäftlinge mit, die besonders gut zu behandeln seien, nämlich die Generäle Halder, Thomas, Falkenhausen, der Oberst Bonin sowie der ehemalige Reichsminister Schacht und der frühere österreichische Bundeskanzler Schuschnigg mit Frau und Tochter. Sorge tragen musste der KZ-Chef auch, dass die beiden britischen Geheimdienstler Best und Stevens keinen Kontakt miteinander haben durften.

Zuletzt wurde Georg Elser erwähnt: «Auch wegen unseres besonderen Schutzhäftlings ‹Eller› wurde erneut an höchster Stelle Vortrag gehalten.» Hitler persönlich erteilte, den eigenen Untergang vor Augen, Himmler die Weisung, den Mann ermorden zu lassen, der ihm im Münchner Bürgerbräu nach dem Leben getrachtet hatte. Der Mordbefehl lautete (einschließlich aller Schreibfehler): «Bei einem der nächsten Terrorangriffe auf München bzw. auf die Umgebung von Dachau ist angeblich ‹Eller› tötlich verunglückt. Ich bitte, zu diesem Zweck ‹Eller› in absolut unauffälliger Weise nach Eintritt einer solchen Situation zu liquidieren. Ich bitte besorgt zu sein, dass darüber nur ganz wenige Personen, die ganz besonders zu verpflichten sind, Kenntnis erhalten. Die Vollzugsanzeige hierüber würde dann etwa an mich lauten: ‹Am … anlässlich des Terrorangriffs auf … wurde u. a. der Schutzhäftling ‹Eller› tötlich verletzt.› Nach Kenntnisnahme dieses Schreibens und nach Vollzug bitte ich es zu vernichten.»[2]

Das Paradigma für das Georg Elser bevorstehende Ende war die Ermordung Ernst Thälmanns. Der Vorsitzende der Kommunistischen Partei Deutschlands wurde als einer der gefährlichsten Gegner des Nationalsozialismus im Frühjahr 1933 verhaftet und elf Jahre später im August 1944 im Krematorium des KZ Buchenwald erschossen. Nach offizieller Version war er Opfer eines alliierten Luftangriffs geworden.

In der Götterdämmerung des Dritten Reiches wurde auch das Schicksal anderer Feinde des Nationalsozialismus, insbesondere aus dem Widerstandskreis des 20. Juli, besiegelt. Als Kurier reiste der Abteilungsleiter im

Reichssicherheitshauptamt, SS-Standartenführer Dr. Walter Huppenkothen, um die Mordabsichten zu vollziehen, zuerst nach Sachsenhausen, dann nach Flossenbürg. In Sachsenhausen fungierte Huppenkothen als Ankläger in einem SS-Standgericht gegen Hans von Dohnanyi, den Juristen im Amt Ausland/Abwehr, der seit 1938 in der Opposition gegen das NS-Regime aktiv war. Das Todesurteil wurde am 9. April vollstreckt. An diesem Tag folgte in Flossenbürg die gleiche Prozedur gegen den Pfarrer Dietrich Bonhoeffer, den Admiral Canaris, den Abwehroffizier Ludwig Gehre und den Chefrichter des Heeres Karl Sack. Huppenkothen war seit 1935 als unermüdlicher Jurist für die Gestapo tätig. Zu der Zeit, in der Georg Elser das Attentat im Bürgerbräukeller vorbereitete, war er im Polenfeldzug Mitglied der Einsatzgruppe I und damit beteiligt am Massenmord an der polnischen Intelligenz und von Juden.[3]

Eine der letzten Amtshandlungen Huppenkothens war die Reise im April 1945. Der SS-Offizier war mit einem Evakuierungstransport von Häftlingen aus Sachsenhausen nach Flossenbürg gefahren. Den Transport kommandierte SS-Obersturmführer Wilhelm Gogalla, der Leiter des Hausgefängnisses des Reichssicherheitshauptamtes in der Prinz-Albrecht-Straße 8 in Berlin. Der Häftlingstransport ging weiter nach Dachau. Gogalla hatte den am 5. April ausgefertigten Mordbefehl gegen Georg Elser in der Tasche. Am 9. April traf er in Dachau ein.

Der Lagerkommandant nahm die Botschaft aus Berlin mehr als wörtlich, wartete auch nicht den nächsten Luftangriff als Tarnung des befohlenen Mordes ab. Er ließ Georg Elser, der in seiner Zelle das Abendessen einnahm, unverzüglich holen. Das Opfer wurde zum Krematorium geführt. Dort wartete der SS-Oberscharführer Bongartz. Er verwaltete die Verbrennungsöfen und war berüchtigt als Henker. Emotionslos erschoss er im Hof des Krematoriums seine Opfer oder erhängte sie im Verbrennungsraum. Zur Hand gingen ihm dabei der Kapo Mahl und weitere Funktionshäftlinge des Krematorium-Kommandos, deren Aufgabe es war, die Leichen einzuäschern. Wegen Koksmangel wurden die Mordopfer am Kriegsende in der Regel von einem anderen Häftlingskommando in der Nähe im Massengrab auf dem «Kalvarienberg» (heute: Leithenberg) verscharrt.

August Ziegler, Angehöriger des Krematorium-Kommandos, der im

Februar 1943 in Schutzhaft geraten war, die er in Natzweiler und ab August 1944 in Dachau erlitt, kannte Georg Elser nur vom Hörensagen. Er erinnerte sich aber, dass er eines Abends vom Kapo Mahl geweckt und in höchster Eile zum Krematorium gejagt wurde. Vor dem Gebäude stand der SS-Unteroffizier Bongartz, die Hände in den Taschen, zu seinen Füßen lag die Leiche eines schmächtigen gut gekleideten Mannes. Es war Georg Elser, den Bongartz mit einem Genickschuss ermordet hatte. Er befahl, den Toten in die Leichenhalle zu tragen. Ob er sofort – entgegen der Gepflogenheit in voller Kleidung – verbrannt wurde oder ob das erst am nächsten Tag geschah, wie August Ziegler im Herbst 1951 vor dem Münchner Untersuchungsgericht aussagte, ist nicht zu klären. Dass Elser am Abend des 9. April 1945 sein Leben verlor, steht hingegen fest, auch über die Person seines Mörders gibt es keinen Zweifel.[4] Strittig blieb lediglich, ob Edgar Stiller, der Betreuungsoffizier der Sonderhäftlinge im Dachauer Lagergefängnis, wegen Beihilfe zum Mord später noch irdische Gerechtigkeit erfahren sollte. Es fanden sich jedoch keine Beweise gegen ihn, sodass das Verfahren gar nicht eröffnet wurde.

Die Nachricht vom Tod des Bürgerbräu-Attentäters ging durch das Lager. Seine Zelle wurde geräumt, die Hobelbank sei auf dem Hof gestanden, berichten Zeugen. Das Datum blieb vage, auch die amtliche Todeserklärung, die auf Wunsch der Mutter Elsers im Jahr 1950 verfügt wurde, gibt einen falschen Zeitpunkt (26. April) an.[5]

Als Elser am Abend des 9. April 1945 Opfer nationalsozialistischer Vernichtungswut im Untergang des Regimes und der Rache Hitlers wurde, waren ihm in Flossenbürg Admiral Canaris, General Oster und der Theologe Dietrich Bonhoeffer mit ihren Gesinnungsgenossen vorausgegangen. Sie starben nach der Farce eines Standgerichts im Hof des Flossenbürger Arrestbaus am frühen Morgen des 9. April am Galgen. Am gleichen Tag fand in Sachsenhausen der Widerstandskämpfer Hans von Dohnanyi den Tod. Das Leben Georg Elsers endete in der besten nur denkbaren Gesellschaft von Männern, denen die Opposition gegen die Diktatur, der Kampf um Freiheit und Menschenwürde gemeinsam war. Der KZ-Kommandant, SS-Obersturmbannführer Weiter, auf dem die Verantwortung für den Vollzug des Mordbefehls gegen Georg Elser lastet (auch wenn er die Tat vielleicht gar nicht persönlich angeordnet hatte), überlebte das Opfer nicht lange: Am 26. April verließ er mit einem Evakuierungstransport Dachau. Der Häftlingskonvoi kam bis zum Außenlager Schloss Itter in Tirol. Dort erschoss sich Eduard Weiter am 27. April 1945.[6]

Das Schicksal Georg Elsers, der ohne intellektuellen Anspruch aus moralischem Antrieb den Tyrannenmord als freiheits- und friedensliebender Bürger versucht hatte und deswegen als «persönlicher Gefangener» Hitlers seine letzten Lebensjahre in den Konzentrationslagern Sachsenhausen und Dachau in strenger Isolation verbrachte, hat Parallelen mit dem seines genialischen Landsmannes Christian Friedrich Daniel Schubart. Der Dichter und Musiker, der literarisch in der Zeit des Sturm und Drang in der Frühklassik und politisch im Spätabsolutismus des 18. Jahrhunderts seinen historischen Ort hat, der kurze Zeit in Königsbronn in Diensten des befreundeten Eisenindustriellen Blezinger gestanden hatte, ehe er als Feuerkopf gegen Despotenwillkür schrieb, war zu seiner Zeit ein berühmter Mann gewesen. Schubart war theologisch und philosophisch gebildet, versiert in Latein, Griechisch und Hebräisch, als herzoglich-württembergischer Organist und Musikdirektor am Hof in Ludwigsburg wegen liederlichen Lebenswandels 1773 des Landes verwiesen worden. Als Journalist erregte er dann in Augsburg mit seiner Zeitung «Deutsche Chronik» Aufsehen, musste aber wegen der Kritik an den klerikalen Zuständen den Druckort und seinen Aufenthalt nach Ulm verlegen. Als früher Aufklärer kämpfte Schubart gegen Sklaverei und für die Emanzipation der Juden, gegen Leibeigenschaft und Folter, gegen den Menschenhandel europäischer Fürsten, die wie der württembergische Herzog Karl Eugen ihre Untertanen als Soldaten an andere Herrscher verkauften.

Herzog Karl Eugen, der schwäbische Despot in Stuttgart, lockte den rebellischen Mann der Feder aus der Freien Reichsstadt Ulm auf württembergisches Gebiet und ließ ihn dort verhaften. Zehn Jahre Kerker diktierte der Herzog dem Dichter ohne Rechtsgrund und Urteil auf. Der Dichter wurde auf die Festung Hohenasperg gebracht, wo ihn der Landesherr bei Ankunft erwartete. Auch den Kerker hatte der Despot persönlich ausgesucht. Mehr als ein Jahr vegetierte der Gefangene in einem Verlies im Turm der Burg, «in einem grauen düstern Felsenloche … in dieser Schauergrotte, in diesem Jammergeklüfte sollt' ich dreihundertsiebenundsiebzig Tage verächzen».

In seiner Autobiografie beschreibt Schubart sein Elend: «Ich konnte schon nicht mehr gehen, an allen Wänden mußt' ich mich halten, um nicht plötzlich umzusinken und hilflos zu verschmachten. Aber den dritten Februar 1778 kam der Kommandant führte mich auf Befehl des Herzogs aus meinem Turme in ein luftiges, trocknes, heiteres Zimmer, wo ich wieder aufatmete, wie ein Auferstandner …» Aber der Dichter blieb gefangen und zur Langeweile verdammt: «Wenn ich ein Klavier oder Tinte und Feder gehabt hätte, so würd' ich den Schwachheiten meines Leibes weniger haben nachdenken können. Aber dies wurde mir noch immer mit der äußersten Strenge versagt. Man erlaubte mir nicht einmal einen Bleistift, die Sprüche der Bibel zu unterstreichen.»[7] Das Schreibverbot quälte den Mitteilsamen besonders. Später fand er die Gelegenheit zum Kontakt mit einem Nachbarn, dem er durch ein Loch in der Mauer hinter dem Ofen seine Lebensgeschichte diktierte.

Verewigt hat Schubart seine Gefangenschaft im Gedicht «Die Fürstengruft», das ihn berühmt machte. Sein Drang zu schreiben war nicht zu bändigen. Bekannter als der Autor ist heute sein Lied «Die Forelle», das Franz Schubert vertonte. Das Theaterstück «Die Räuber» seines Freundes Friedrich Schiller hat Schubart nicht nur inspiriert, er hat die literarische Vorlage in Gestalt der Erzählung «Zur Geschichte des menschlichen Herzens» geliefert. Verfasst hat er sie auf dem Hohenasperg. Dort trotzte Schubart dem Elend der Gefangenschaft seine bedeutendsten Werke ab. Er komponierte, dichtete, brachte die «Ideen zu einer Aesthetik der Tonkunst» und seine Autobiografie «Leben und Gesinnungen» zu Papier. Nach den Jahren systematischer Ertötung aller intellektuellen und künstlerischen Bedürfnisse durfte Schubart schließlich ein Klavier in seinem Gefängnis haben. Der europaweit gerühmte Virtuose bekam gar den Auftrag, in den Familien der Garnison auf dem Hohenasperg Musikunterricht zu erteilen.

Am 17. Mai 1787 ließ der Herzog nach Interventionen des preußischen Hofes seinen Häftling wieder frei, ernannte ihn zum Hofpoeten und Theater- und Musikdirektor in Stuttgart, gewährte ihm huldvoll, die Zeitung «Chronik» (unter persönlicher Zensur des Herzogs) wieder erscheinen zu lassen. Schubart war vorsichtig geworden, äußerte seine Sympathie für die Französische Revolution, die zwei Jahre nach dem Ende seiner Haft die Welt erschütterte, nicht mehr mit dem Feuer seiner Jugend. Im Oktober 1791 ist er, erst 52 Jahre alt, gestorben.

Mit dem Handwerker Georg Elser aus Königsbronn teilte der Dichter den Wunsch nach Freiheit, Frieden und Gerechtigkeit, die Abneigung gegen Tyrannei und Untertanengeist. Dagegen kämpfte der eine mit beißendem Spott und machte Missstände öffentlich. Der andere nutzte, des Wortes nicht mächtig und ohne Möglichkeit, die richtige Erkenntnis drohenden Verderbens durch den Machtmissbrauch des Diktators öffentlich zu machen, seine handwerklichen Talente zum Versuch, den Lauf der Dinge zu ändern.

Georg Elsers Haft im KZ war erträglicher durch die Privilegien der Werkbank und der Möglichkeit zu musizieren. Sie war unerträglich wegen der absoluten Isolation und wegen der Gewissheit des tödlichen Endes, die Elser Tag und Nacht quälte. Elsers KZ-Haft endete, anders als der zehnjährige Aufenthalt Schubarts im Kerker, nicht in Würde und Freiheit. Als er am 9. April 1945 durch den Genickschuss eines SS-Feldwebels zusammenbrach, war er 42 Jahre alt. Gemeinsam waren dem barocken Dichter und dem Schreiner im «Dritten Reich», der 154 Jahre später starb, die Auflehnung gegen das Unrecht der Tyrannei, die Rebellion für Freiheit und Menschenrecht, die Unbeirrbarkeit der Überzeugung und die Entschlossenheit, den als richtig erkannten Weg zu gehen.

Die Spuren Georg Elsers wurden nach seiner Ermordung getilgt. Die Hobelbank stand kurze Zeit auf dem Hof des Zellenbaus. Die Zither verschwand mit der übrigen Habe spurlos. 24 Jahre später, 1969, lag sie vor der Haustür des Bruders Leonhard in Königsbronn.[8]

15. Vergessen, verleugnet, verleumdet

Georg Elser existierte als Schemen weiter. Sein zweites Leben nach dem elenden Tod in Dachau dauerte ein Vierteljahrhundert. Es war von Gerüchten, Verschwörungstheorien und Legenden bestimmt. Die Konstruktionen der Nazipropaganda mischten sich mit den Erklärungsversuchen im antifaschistischen Lager und der Historiografie zur Militäropposition zu einem seltsamen Gebräu, das der Nachwelt lange den Blick verstellte. Beispielhaft für die Legendenbildung ist das Zeugnis der Isa Vermehren in ihrem Bericht über die Evakuierung der Dachauer Sonderhäftlinge nach Tirol. Die junge Frau, die wegen Sippenhaft ins KZ geraten war, verließ Dachau am 26. April im Tross der Omnibusse, auf dem Gepäckwagen in Begleitung zweier Häftlinge und einiger SS-Wachen.

Einer der Lagerinsassen, dem Isa Vermehren ein «überwältigendes Gedächtnis» attestierte, erzählte ihr die im KZ Dachau gängige Version der Geschichte Georg Elsers: «Herr Tischlermeister Elser aus München hatte sich im Jahre 1939 bereit erklärt, gegen eine Bestechungssumme von vierzigtausend Mark die Zeitbombe im Bürgerbräukeller unterzubringen. Kaum hatte man in der Öffentlichkeit den britischen Secret Service als Schuldigen genannt, als auch schon Herr Elser im Sachsenhausener Sonderbau eingewiesen wurde, wo ihm zwei Zellen zur Verfügung standen. In der einen stand ein weiches Bett und in der anderen eine Hobelbank. Er bekam Sonderrationen im Essen, Trinken und Rauchen und lebte soweit gut, aber in vollkommener Isoliertheit. Selbst zur Toilette wurde er von zwei Wachen begleitet, nachdem vorher durch ein Kommando die Flure freigemacht waren. Im März 1945 wurde er nach Dachau gebracht, wo ihm die gleichen Vergünstigungen eingeräumt waren mit Hobelbank und allem, nur daß er den Vorzug der Evakuation nicht weiter genossen hat als bis ‹hinter die große Mauer›, wo er am 26. April erschossen wurde.»[1]

Als Bestandteil ihres Textes, den sie unmittelbar nach der Befreiung niederschrieb, der als eines der frühesten und glaubwürdigsten Exempel der Zeugnisliteratur, als authentische und reflektierte Erfahrung des Konzentrationslagers veröffentlicht wurde, erschienen auch die Person und die Tat Elsers, wie sie in Dachau kolportiert wurden, authentisch.

Mindestens ebenso wahrhaftig wirkte die Erzählung des Theologen Martin Niemöller. Während Isa Vermehren ausdrücklich die Mitteilung eines Häftlings zitiert und keine eigene Bekanntschaft mit Elser behauptet hatte, bereicherte der Gottesmann Niemöller seine Fabel mit der Behauptung, als Zellennachbar persönlich Kontakt mit dem Attentäter gehabt zu haben. Seine Überzeugung, dass Georg Elser ein gedungenes Subjekt, dass er ein SS-Mann gewesen sei, gründete sich nur auf Lagerklatsch, galt aber aufgrund der Autorität des Mannes der Bekennenden Kirche im Widerstand und seiner herausragenden Position in der Nachkriegszeit als verbürgt.

Selbstbewusst als Mann des Widerstands und Verfolgter des Hitlerregimes verkündete Pfarrer Niemöller im Januar 1946 der Evangelischen Studentengemeinde in Göttingen seine Botschaft von der Notwendigkeit der Abkehr vom Nihilismus und der Heimkehr zu Gott. Er erzählte eindrucksvoll von einer Begegnung mit Hitler, in der er den Diktator wütend und ängstlich gemacht habe durch die Verweigerung aller Mitverantwortung der Christen für kommendes Unheil. Und im gleichen Atemzug sprach Niemöller in Göttingen davon, dass er in demselben Zellenbau gefangen war «mit dem Mann, der 1939 das Attentat im Bürgerbräukeller auf Hitlers persönlichen Befehl durchzuführen hatte: dem SS-Unterscharführer Georg Elser».

Niemöller wollte seine autoritative Darstellung der Causa Elser als Beweis verstanden wissen, dass hinter dem Willen des Diktators kein Ethos gestanden habe, keine Seele, keine Verantwortung. Das war als theologische Erkenntnis gewiss nachvollziehbar, die Beweisführung durch Denunziation Elsers allerdings nicht. Niemöller beschwor seine Sicht der Dinge erstmals in der Rede vor Studenten im Januar 1946 und rückte davon nicht mehr ab.[2] Niemöller beharrte auch auf seiner Version, als ihm Georgs Mutter im Februar 1946 zwei Briefe schrieb. Im ersten fragte sie, ob er als Haftgenosse etwas über ihren Sohn wisse, von dem sie seit 1939 nichts gehört habe. Im zweiten bat sie um Auskunft, wie er dazu komme, Georg als SS-Mann zu bezeichnen. Ihre schlichte Ausdrucksfähigkeit machte die Empörung und Verzweiflung der unglücklichen Mutter nur noch deutlicher: «Mein Sohn war bis zu seiner Festnahme Nov.39 nicht bei der S. S. noch viel weniger S. S. Scharführer davon weiß ich nichts eine Mutter muß es doch besser wissen als ein Außenstehender. Das ganze Dorf war empört über diesen Bericht. Können Sie mir beweisen wo er Scharführer gewesen sein soll u zu welcher Zeit? bis zu seiner Festnahme 1939 weiß ich genau, daß er beim Hitler Regim in keiner Formation tätig, noch angehört hat, wenn es noch eines Beweises Bedarf können Sie im ganzen Dorfe fragen. Vielleicht sind Sie einem Irrtum verfallen. Das einzige was mich intresiert wird nie berichtet, ob er noch lebt oder nicht. Im dritten Reich wurden wir verfolgt u eingesperrt die ganze Familie und jetzt Wiederspricht sich auch alles wer wird daraus klar wer spricht die Wahrheit u wer lügt u wer hat gelogen. Wozu hat man uns alle dann damals als gefangene bis nach Berlin geschleppt wir Unschuldige Menschen von der Sache nichts ahnnent.»[3]

Niemöller antwortete, dass er im Frühjahr 1945, wahrscheinlich im Februar, Georg Elser zum letzten Mal gesehen und kurz gesprochen habe. Ende Mai sei ihm auch der Liquidierungsbefehl vor Augen gekommen, Frau Elser könne «fest damit rechnen», dass ihr Sohn nicht mehr am Leben sei. Dazu versicherte er sie seines herzlichen Mitgefühls. Die Gewissheit, dass Georg Unteroffizier der SS gewesen sei, begründete Niemöller ausführlich: «Dass ihr Sohn zur SS gehört habe ist mir schon in Oranienburg 1940 wie auch später in Dachau von SS-Angehörigen mitgeteilt worden. Er verkehrte mit ihnen auch durchaus kameradschaftlich und stand auf Du und Du mit ihnen. Ich selber kann hier nur Erfahrenes berichten. Er wurde in seiner Gefangenschaft bevorzugt behandelt, bekam SS-Kost, hatte einen eigenen Radioapparat in seiner Zelle und bewohnte nicht eine einzelne Zelle, wie die anderen, sondern mehrere Zellen auf einmal, zwischen denen zum Teil die Wände entfernt waren. Es war ihm bereits in Oranienburg eine Kunsttischlerwerkstatt eingerichtet, in der er arbeitete, und eine gleiche Einrichtung wurde bei seiner Überführung nach Dachau im Jahre 1944 getroffen. Er wurde aber von den übrigen Gefangenen sorgfältig ferngehalten und hatte ständig anfangs zwei, später in Dachau vielleicht nur noch einen (?) SS-Wachposten in bezw. vor der Zelle. Ich persönlich hatte ebenso wenig wie irgend ein anderer Gefangener Erlaubnis, mit ihm zu sprechen, traf ihn aber einmal in einem unbewachten Augenblick in der Wachstube des Zellenbaus in Dachau, wo wir aber nicht von dem Attentat oder den Begleitumständen miteinander gesprochen haben. Er sagte mir damals nur, dass er keine Verbindung mit seinen Angehörigen habe, dass aber seine Frau mein Buch ‹Vom U-Boot zur Kanzel› gelesen hätte.»[4]

So dürftig die «Beweisführung» des Theologen war, sie reicht nicht einmal dazu, ihn der bewussten Lüge zu zeihen. Dass Niemöller aber trotz der Verwahrung durch Georg Elsers Mutter und trotz des Bekenntnisses, dass seine «Informationen» aus zweiter Hand stammten, dass er, wenn überhaupt, nur einmal kurz über Belangloses mit dem Attentäter gesprochen hatte, auf seiner Version beharrte, spricht gegen ihn. Eine Anfrage des Münchner Generalstaatsanwalts zur Untersuchung der Todesumstände Georg Elsers im September 1950 beantwortete der Kirchenpräsident lakonisch mit der Abschrift seines Briefes an Marie Elser vom März 1946.[5]

Die wirkmächtigsten und nachhaltigsten Gerüchte über das Attentat und seine angeblichen Hintergründe stammen aus der Feder des britischen Geheimagenten Sigismund Payne Best, dessen Schicksal durch die Tat Elsers die unerfreuliche Wende von Venlo über Sachsenhausen nach Dachau genommen hatte. 1950 veröffentlichte Best die Geschichte seiner Gefangenschaft, die rasch mehrere Auflagen erlebte und jahrzehntelang stilbildend für die Bürgerbräu-Legende blieb.

Mit Details und «Beweisen» ausstaffiert, die Bests Expertise als Geheimagent mit professioneller Begabung zu Verschwörungstheorien und absurden Kombinationen belegen, enthielt die Story alle Ingredienzen der Gerüchteküche des KZ Sachsenhausen, gewürzt mit rührenden Episoden einer frei erfundenen Lebensgeschichte.[6] Elser sei in München zur Welt gekommen und habe früh die Mutter verloren. Sie sei bei der Totgeburt seiner Schwester gestorben, der Vater bald darauf ebenfalls umgekommen. Ein Onkel, der einzige Verwandte, ein kinderloser Witwer, habe Georg mit rauher Hand aufgezogen. Als der Onkel starb, sei Georg 15 oder 16 Jahre alt gewesen und auf die schiefe Bahn geraten. Nach Zusammenstößen mit der Polizei sei Elser nur knapp dem Erziehungsheim entgangen. Obwohl hochbegabt habe er nach dem Tod des Onkels die Schule aus Armut verlassen müssen. Eine Zeit lang habe Georg als

Modellbauer bei der Automobilfirma BMW gearbeitet. Alle Arbeitsverhältnisse hätten im Streit mit Vorgesetzten geendet. Im Herbst 1937 habe Georg sich, vollkommen mittellos, einer Gruppe von arbeitslosen Kommunisten angeschlossen, die von der Polizei ausgehoben worden sei. Als «Asozialer» sei Georg ins KZ Dachau eingeliefert worden, habe dort in der Möbelwerkstatt gearbeitet und sich gegen die Zusage, in die Schweiz entlassen zu werden, bereit erklärt, an einem Bombenanschlag mitzuwirken, den Hitler plante, um – nach dem Muster des «Röhmputsches» – unliebsam gewordene Parteimitglieder zu liquidieren.

Woher wollte Best diese Informationen haben, da er doch selbst schrieb, keinen persönlichen Kontakt zu seinem Mitgefangenen gehabt zu haben? «In the course of time I was able to establish relations with Elser and although we never met or spoke to each other, a sort of friendship developed between us. From what he communicated to me himself, and from information which I picked up from a number of other sources, I was eventually able to piece together his very strange story.»[7]

Best behauptete, dass niemand außer ihm die wahre Geschichte vom Hauptakteur selbst vernommen hätte. Und zwar habe er in einem von Elser für Best gefertigten Möbelstück den ersten einer Serie von Kassibern gefunden, in dem dieser ihm sein Leben und die angebliche Geschichte des Attentats offenbart habe. Best gab auch «spezielle Informationen» zum besten, wie Tabakspenden an den Kettenraucher Elser oder dessen Vergünstigung, zweimal wöchentlich das Bordell besuchen zu dürfen. Manche Details finden sich zum ersten Mal in Bests Buch, sie tauchen als Versatzstücke in späteren Darstellungen immer wieder auf. Dass fast alles zusammengeflunkert war, spielte bei der Weitergabe der fake news und der Bereitschaft, daran zu glauben, keine Rolle.

Konkrete Informationen über den missglückten Anschlag auf Hitler im November 1939 fehlten bis Ende der 1960er Jahre. Deshalb wurde die Version der NS-Propaganda von vielen weiter geglaubt. Und Zeitzeugen kolportierten das Hörensagen, das in den Lagern Sachsenhausen und Dachau in Umlauf gewesen war. Die ehemaligen Häftlinge, die nach dem Ende der NS-Herrschaft über den Hitler-Attentäter sprachen, waren ziemlich ahnungslos. Sie wurden aber schon deswegen als vertrauenswürdig wahrgenommen, weil sie als ehemalige Gefangene und Leidensgenossen Georg Elsers authentisch schienen. Sie logen auch nicht, sondern gaben nur das weiter, was sie gehört hatten, wovon sie aber auch überzeugt waren.

In der DDR bestand ebensowenig Interesse am Bürgerbräu-Attentat wie in der Bundesrepublik. Im Westen behandelte allenfalls die Sensationspresse gelegentlich den Fall Elser als Randerscheinung des Faszinosums Hitler. Ein Briefwechsel zwischen Rudolf Wunderlich, dem einstigen Lagerläufer in Sachsenhausen, und Harry Naujoks, dem ehemaligen Lagerältesten, zeigt deren Erkenntnisstand zwanzig Jahre nach der Befreiung. Wunderlich, wie Naujoks von den Nazis als Kommunist eingekerkert, war in Ostberlin Mitarbeiter im Komitee der Antifaschistischen Widerstandskämpfer, Naujoks lebte in Hamburg und war bis zu seinem Tod 1983 Präsident des «Sachsenhausenkomitees der Bundesrepublik» sowie Vizepräsident des «Internationalen Sachsenhausenkomitees». Naujoks und Wunderlich blieben überzeugt, dass Georg Elser an einer Nazi-Inszenierung mitgewirkt habe. Wunderlich sprach stets vom «sogenannten Attentat».[8] Als ehemalige Lagerinsassen galten sie als glaubwürdig und hatten Einfluss.

Auch Akteure des NS-Regimes, Angehörige der SS in niedriger Funktion – die Befehlenden gab es nicht mehr oder sie hüteten sich, ihre Vergangenheit in Erscheinung treten zu lassen –, trumpften in der Nachkriegszeit als Wahrheitskünder auf. Am ärgsten trieb es Walter Usslepp[9], einst SS-Unterscharführer und Angehöriger des Kommandanturstabes Sachsenhausen. Geltungsdrang und Geldgier trieben ihn an. In der Attitüde des Wissenden gab er sich als enger Vertrauter Elsers aus. Er habe von Himmler persönlich den Auftrag erhalten, sich um diesen Sonderhäftling zu kümmern. Mit Erfolg hielt Usslepp seine dubiose Version der Geschichte feil. Erstmals erschien sie 1956 in einer Serie des bei Hausfrauen und Rentnern damals geschätzten Blattes «Heim und Welt – Alles für die Frau».[10] Jahre später, gezeichnet mit dem Initial U., druckte ein anderes Blatt einen neuen Aufguss des trüben Gebräus. In gestelzter Sprache mit schlecht erfundenen Details breitete der ehemalige SS-Mann (sein ziviler Beruf war Städtischer Arbeiter in Berlin-Reinickendorf) die Fabel vom Geheimauftrag Hitlers bzw. Himmlers zum fingierten Attentat an den «SS-Mann» Elser aus. Usslepp behauptete, als Sonderbeauftragter zur Bewachung des wichtigen Gefangenen nach Sachsenhausen kommandiert worden zu sein.

Sie seien sich menschlich nahe gekommen, an einem Herbsttag habe sich Elser ihm anvertraut: auf Hitlers persönlichen Wunsch und auf Befehl Himmlers habe er den Anschlag ausgeführt. Blumenreich ausgeschmückt wird geschildert, wie es dazu kam. «Stets war er ein lebensfroher Mensch und hing sehr an seiner engeren Heimat. Wie es nun einmal bei den Deutschen ist, gehörte auch Elser einem Verein an, einem Gesangverein. Mit den Vereinsbrüdern machte er Wanderungen und sie sangen dabei. Aber bald war ihm dieser Verein zu wenig, er füllte Georg nicht aus und so wurde er Mitglied in der allgemeinen SS. Nun erst fühlte er sich als vollwertig, jetzt machte ihm das Wandern und Singen in der neuen militärischen Form Freude. Er lebte ja in einer Zeit, von der den jungen Deutschen immer wieder gesagt wurde, daß in ihr Großes vorginge. Deshalb wollte er nicht tatenlos abseits stehen. So geriet er langsam und unmerklich in die Maschen eines Netzes, aus dem er nicht wieder loskam. Bei einem Besuch des Reichsführers SS in seiner Heimat wurde Georg Elser jenem vorgestellt. Dabei war auch die Rede von seiner Tätigkeit als Modelltischler und seiner Sprengarbeit in den Steinbrüchen.» Dann sei er nach Berlin eingeladen worden, habe dort mehr als ein Jahr auf Kosten der SS-Führung gelebt und sei mit dem geheimen Auftrag, die vom SD gelieferte Höllenmaschine im Gepäck, nach München gereist.[11]

In diesem Stil ging es spaltenlang weiter. Eine kürzere Version derselben unseriösen Geschichte erschien drei Jahre später in einem anderen Blatt. Usslepp will mit Elser zusammen die Flucht aus dem KZ geplant haben; er beschreibt auch die luxuriöse Ausstattung des Kerkers. Außer dem Radio und Topfpflanzen fiel ihm ein Frauenbild «im Rosenholzrahmen» an der Wand ins Auge, auch die Generalstabskarte, an der der Gefangene Elser angeblich den Frontverlauf markierte, erwähnt Usslepp. Der wenig glaubwürdige SS-Mann zeichnet das Bild des Sonderhäftlings als das eines Cholerikers, der seine Wächter anherrschte, Kommandos brüllte und lärmte. Elser habe die Szene beherrscht, die SS habe vor ihm gekuscht.[12]

Entgegengetreten ist dem Unsinn damals nur ein einziger, Erwin Roth. Der Journalist war Redakteur der «Heidenheimer Zeitung». Er berichtete über die «Enthüllungen» in «Heim und Welt», recherchierte gründlich über das Bürgerbräu-Attentat, befragte Bürger und Angehörige Elsers. Er hatte damit gerechnet, dass sein großer Artikel, der zum ersten Mal wahrheitsgetreu über das Ereignis im Bürgerbräu-Keller und Elsers Alleintäterschaft berichtete, Aufsehen erregen und auf Widerstand stoßen würde. Aber nichts dergleichen geschah. Die Bürger der Ostalb blieben in der Reserve, der Artikel fand keine Resonanz. Auch der Spiegel-Herausgeber Augstein war nicht zu bewegen, der wahren Geschichte Georg Elsers zum Durchbruch zu verhelfen. Im April 1956 wollte sie niemand hören.[13]

Einiges von dem, was Usslepp schwadronierte (oder was ihm in den Mund gelegt wurde), findet sich auch in ernsthafteren Darstellungen wieder und beweist die Prägekraft «authentischer» Berichte von Zeitzeugen. Es lohnt nicht mehr, sich mit den Erfindungen Usslepps zu beschäftigen. Wohl aber mit ihrer Wirkung. Die märchenhaften Schilderungen waren genau das, was das Publikum in den 1950er und 1960er Jahren hören und lesen wollte. Nicht nur in Westdeutschland. Und nicht nur die Regenbogenpresse bot ihren Lesern Sensationelles aus der Wunderwelt des Hitlerstaats. Auch das junge Medium Fernsehen interessierte sich für solchen Stoff und bediente das Publikum mit Geschichten über das Dritte Reich. Es ging dabei weniger um Aufklärung als um Sensation und – vor allem und immer wieder – das Faszinosum Adolf Hitler. Der SS-Mann Usslepp versuchte penetrant und hartnäckig seinen Roman zu verkaufen. Im Institut für Zeitgeschichte erteilte ihm Anton Hoch als quellenkritischer Historiker, der als Erster ernsthaft über das Bürgerbräu-Attentat forschte, die verdiente herbe Abfuhr. In den Medien war der erfindungsreiche Zeitzeuge erfolgreicher. Unter den Fittichen des Journalisten Joachim Fest, der sich einer dankbaren Gemeinde selbst jahrzehntelang als Historiker, Experte des Nationalsozialismus und Hitlerbiograf präsentierte, erregte die Mär im Fernseh-Magazin Panorama Aufsehen und geisterte durch Rundfunksendungen, spukte in Interviews und auf Diskussionsforen.[14]

Durch das Wüten der Gestapo gegen die Bürger im Heimatdorf des Attentäters war die Familie Elser in Königsbronn in Acht und Bann geraten. Das änderte sich auch mit dem Zusammenbruch des NS-Regimes nicht. Über den Mann, der Schande über sie gebracht hatte, wollten die Königsbronner noch lange Zeit nicht reden. Und angesichts der Kränkung, dass das Dorf auch nach 1945 von Nachbarn im grimmigen Humor der Ostalb «Attentatshausen» genannt wurde, schon gar nicht.

Ende der 1990er Jahre, als die öffentliche Rezeption des Bürgerbräu-Attentats bereits weit fortgeschritten und die Alleintäterschaft Elsers akzeptiert war, plante der Süddeutsche Rundfunk eine Sendung über Georg Elser. Eine Reporterin aus Stuttgart, die sich durch einen früheren Beitrag über Königsbronn gut eingeführt glaubte, erlitt eine deftige Abweisung, als sie Meinungen lokaler Prominenz als O-Ton vor Ort sammeln wollte. Geeignete Gelegenheit glaubte sie am Honoratiorenstammtisch im Rössle zu finden. Mittwochs pflegten dort die Männer, die das Sagen hatten – Kommunalpolitiker, Unternehmer, Pfarrer, Gemeinderäte und wer sonst mitreden durfte – die Zeitläufte und Geschicke des Dorfes zu erörtern. Die Reporterin trug ihr Anliegen vor und wurde vom Altbürgermeister barsch abgewiesen. Mit einem Schlag auf den Tisch bekräftigte er den Bescheid, dass sie von keinem der Anwesenden etwas über Georg Elser erfahren werde, und sie tue gut daran, nicht weiter zu stören. Den groben Ton der Ostalb beantwortete die Journalistin Eva Witte in ihrer Sendung «Einer aus Königsbronn» mit der Frage, warum Repräsentanten der Heimatgemeinde Elsers nichts zum Anschlag gegen Hitler und den Attentäter sagen wollten, warum Jahrzehnte nach der Tat immer noch Schweigen verordnet sei. Grund der Verweigerung in Königsbronn war gewiss nicht eine zweifelhafte politische Gesinnung des Gemeindeoberhaupts, das von 1952 bis 1990 allseits geachtet amtierte, vielmehr die anhaltende Verletztheit der Bürger, auf deren Stimmen als Wähler Rücksicht zu nehmen war. Taktisch klug war jedenfalls ein Beschluss des Gemeinderats, dass ein Elser-Archiv eingerichtet werde. Die Ankündigung diente bis 1990 als Alibi, wann immer in den Medien die Zurückhaltung im Königsbronner Rathaus apostrophiert wurde.

Die Angehörigen Georg Elsers waren nicht nur durch die soziale Isolation getroffen. Die Mutter und der Bruder Leonhard, die in Königsbronn lebten, spürten die menschliche Abweisung der Mitbürger. Die Schwester Maria und deren Familie in Stuttgart erlitten außerdem auch materiellen Schaden. Maria und ihr Mann Karl Hirth waren wegen der besonderen Nähe zu Georg monatelang in Gestapohaft gewesen. Sie verloren auch den Arbeitsplatz. Maria war Näherin im Konfektionshaus Bleyle gewesen, dem schwäbischen Inbegriff für Knabenanzüge und andere gestrickte und gewirkte Kleidung. Zunächst arbeitslos, war sie von 1941 bis Kriegsende dienstverpflichtet in einer Stuttgarter Behörde der Feldpost. Karl Hirth war nach dem Rausschmiss vom «Württemberger Hof» ebenfalls ohne Beschäftigung, bis er in einem anderen Hotel eine neue Anstellung fand. Der zur Zeit des Attentats elfjährige Sohn Franz, dem Onkel Georg seinen Fotoapparat vermacht hatte, war, wie erwähnt, während der Haft der Eltern in einem Kinderheim untergebracht. (Die Kosten wurden den Eltern in Rechnung gestellt.)

Schadensersatz, den das Ehepaar Hirth nach dem Krieg für den Verlust von Vermögenswerten beantragte (Mobiliar, Werkzeug, Kleidung, Geld u. a.), die von der Gestapo beschlagnahmt, aber nicht zurückgegeben worden waren, wurde wie die Haftentschädigung und der Schaden im beruflichen Fortkommen nach jahrelangem Hin und Her teils schnöde abgewiesen, teils kleingeredet. Der letzte negative Bescheid erging im Mai 1962. Maria Hirth erhielt im Jahr 1956 450 DM Haftentschädigung. Karl Hirth wurde 1958 mit 113 DM für den Verdienstausfall während seiner Haft abgefunden. Der Rückerstattungsanspruch für die gesamte Habe, die Maria von ihrem Bruder Georg als Geschenk im November 1939 erhalten hatte, wurde nach gefinkelter bürokratischer Kraftentfaltung abgewiesen.

Die Rückerstattungskammer beim Landgericht Stuttgart bot dazu viel juristischen Scharfsinn auf, versuchte auch, «Näheres über die Beweggründe und etwaige Hintergründe bei dem Attentat» zu ermitteln, setzte eine knappe Frist, in der Maria Hirth nachweisen sollte, dass Georg ihr sein Eigentum tatsächlich geschenkt habe. Außerdem forderte das Gericht Nachweise über Wert, Beschaffenheit und Erhaltungszustand aller Gegenstände. Immerhin bescheinigte die Justiz der Familie, dass Georg Elser «als politischer Gegner des Nationalsozialismus verfolgt worden» sei: «Denn welcher Nichtgegner hätte das ungeheure Risiko der Ausführung des Attentats übernommen und welches andere Motiv hätte Georg Elser selbst – von anderen Erwägungen etwaiger Hintermänner abgesehen – für die Ausführung der Tat haben können? Als der ausführende Attentäter wurde er dann wegen eines Aktes der politischen Gegnerschaft par excellence verfolgt, wobei die Erwägung auszuscheiden hätte, dass ein Sprengstoffattentat auch nach allgemeinen Gesetzen eine strafbare Handlung darstellte.»[15]

Nicht nur die Familie Georg Elsers war traumatisiert durch seine Tat und die Reaktionen darauf. Das Thema blieb in Königsbronn tabu. Die Mutter und die Geschwister sprachen nicht darüber und wollten nicht darauf angesprochen werden. So hielten es auch die Königsbronner Bürger viele Jahre lang, so lange es Mitlebende Georgs gab. Verstört blieb auch Georg Vollmer, der ehemalige NSDAP-Ortsgruppenleiter, der wegen des Münchner Attentats auf Hitler ins KZ geraten war. Bis zu seinem Tod Anfang 1983 propagierte er die Legende von den Auftraggebern Elsers und dem Anstifter Karl Kuch. Das Vermächtnis seines Vaters, aus dessen Steinbruch Georg Elser Sprengstoff für die Bürgerbräu-Bombe gestohlen hatte, erfüllte der Sohn Georg Vollmer junior buchstäblich bis zum letzten Atemzug. Wie der Vater gehörte der Sohn, Architekt und Bauingenieur, zu den Honoratioren Königsbronns. Er war als Sportler und Sportfunktionär hochgeschätzt. So galt auch sein Wort zum Hitler-Attentat bei vielen. Als Vorsitzender des Gewerbe- und Verkehrsvereins verweigerte er Ende der 1990er Jahre die finanzielle Beteiligung am Königsbronner Elser-Denkmal. Unermüdlich verfocht Vollmer die These, die sein Vater mit der Geschichte des angeblichen Komplizen Karl Kuch in die Welt gesetzt hatte, nach der Georg Elser Auftraggeber und Hintermänner gehabt haben müsse.

Ende Mai 2014 hielt der Journalist und Elser-Forscher Ulrich Renz in Königsbronn einen Vortrag, in dem er sich mit den Legenden über den Hitler-Attentäter kritisch auseinandersetzte. Georg Vollmer jr. saß im Auditorium. Als er zur Gegenrede ansetzte, in der er einmal mehr vor Augen führen wollte, dass Elser das gedungene Subjekt geheimnisvoller Auftraggeber gewesen sei, brach er zusammen und starb wenige Stunden später.[16]

Auch nach der Bestimmung des historischen Ortes im Widerstand, den die Geschichtswissenschaft Georg Elser als allein und aus ethischer Verantwortung handelndem Gegner Hitlers Ende der 1960er Jahre endlich zuerkannte, dem die Verklärung zum Helden durch Klaus Maria Brandauers Kinofilm «Einer aus Deutschland» 1989 folgte, gab es Versuche, Georg Elser und seine Tat zu delegitimieren. Zum 60. Jahrestag des Bürgerbräu-Attentats, am 8. November 1999, erschien in der «Frankfurter Rundschau» ein Artikel aus der Feder eines Privatdozenten der Technischen Universität Chemnitz, der bis dato als Widerstandsforscher nicht in Erscheinung getreten war. Unter dem Titel «Die Bombe im Bürgerbräukeller. Der Anschlag auf Hitler vom 8. November 1939. Versuch einer moralischen Bewertung des Attentäters Georg Elser» war der Text seines Habilitationsvortrags vom 10. November 1998 abgedruckt.[17] Dem öffentlichen Skandal, den der Artikel auslöste, waren Auseinandersetzungen im Dresdner Hannah-Arendt-Institut für Totalitarismusforschung vorausgegangen. Die Thesen des Mitarbeiters Fritze waren dort auf erhebliche Bedenken gestoßen und wurden kontrovers diskutiert.[18] Das öffentliche Debüt des jungen Gelehrten nährte den Argwohn, aus geschichtspolitischem Streben sei der Text in dem als links-liberal geltenden Blatt lanciert worden, dessen Redaktion dazu möglicherweise übertölpelt wurde. Eine elaborierte Fassung des Fritze-Textes erschien später unter dem Titel «Der Ehre zuviel – Eine moralphilosophische Betrachtung zum Hitler-Attentat von Georg Elser».[19] Jahre später schob der Autor ein Rechtfertigungstraktat im Gewand blauäugiger Wissenschaftlichkeit nach.[20] Der Schluss ist zwingend, dass der Vorabdruck in der Frankfurter Rundschau politisch motiviert war, das heißt, dass Einfluss auf das Geschichtsbild der Mehrheit genommen werden sollte, dass provoziert und ein vorhandener oder vermuteter Konsens über ein bestimmtes historisches Ereignis in Frage gestellt werden sollte.

Der Streit um Traditionen, um die Bewertung und gegebenenfalls Neubewertung dessen, was an Personen und Ereignissen aus der Geschichte für die politische Kultur des Landes reklamiert wird, was im kollektiven Gedächtnis durch Rituale und Zeichen als besonders erinnerungswürdig gepflegt wird, ist ebenso Bestandteil demokratischer Kultur wie die Verteidigung des Konsens, der in der Gesellschaft nach der Hitlerära über die legitimierende Funktion des Widerstands gegen das NS-Regime nach dessen Untergang entstanden ist, oder wie die Verurteilung des Völkermordes an Juden, an Sinti und Roma, wie die Verurteilung von anderen NS-Verbrechen, etwa der «Euthanasie», der Ermordung Kranker und Behinderter.

Provokation durch wissenschaftliche, politische, moralische Thesen und Postulate ist nicht unzulässig. Freilich müssen energische Reaktionen darauf hingenommen werden. Ernst Nolte hat, als er in den 1980er Jahren den Historikerstreit auslöste, zweifellos mit harschen Erwiderungen auf seine in der «Frankfurter Allgemeinen Zeitung» vorgetragenen

Thesen zur Ursprünglichkeit des Holocaust gerechnet. Er hat sie bewusst hervorgerufen, sich dann aber gekränkt in die Rolle des weltfernen Gelehrten zurückziehen wollen, der in nebulösen Formulierungen Ideologie produziert. Die Freiheit der Wissenschaft nahm er in Anspruch mit der rhetorischen Phrase, ob man als Wissenschaftler überhaupt noch etwas fragen dürfe, was nicht konform sei.

Die Parallele besteht darin, dass auch nach dem Eklat über den Elser-Artikel, der energische Gegenrede provoziert hatte[21] (außerdem beträchtliche fachliche Einwände sowie Mängelrügen an den Autor hinsichtlich seiner Quellenrecherche und seiner Kenntnis des gesamten Forschungsfeldes), von Tabus die Rede war, die angeblich bestünden.

Das ist leicht gesagt und schwer bewiesen. Es gibt die Attitüde, demokratischen Konsens, also die Überstimmung einer Mehrheit in der Betrachtung bestimmter Sachverhalte wie z. B. den erlaubten und notwendigen Widerstand gegen ein Unrechtsregime oder die Verwerflichkeit des sexuellen Missbrauchs von Kindern oder die Notwendigkeit des Schutzes privaten Eigentums, als Tabu zu deklarieren, Denkverbote zu unterstellen, die angebliche Tabus verletzen könnten und dann den Verlust der Freiheit der Wissenschaft zu argwöhnen. Die Feststellung eines der Mentoren Lothar Fritzes in einem Zeitungsinterview ist als Indiz für die Methode zu werten, demokratischen Konsens zu denunzieren: «Wir haben in Deutschland im Umgang mit der NS-Geschichte eine traumatisierte Öffentlichkeit, die nicht mit der gebotenen Sachlichkeit, Nüchternheit, Offenheit und Unverkrampftheit unkonventionelle Thesen behandeln kann.»[22]

Die ebenso kühne wie unzutreffende und deshalb leichtfertige Behauptung erlaubt Rückschlüsse auf die mit der Publikation des Textes über Elsers Attentat verfolgte Strategie. Die Argumentation erinnert an das generationenübergreifende Aufbäumen gegen die Kollektivschuldthese, die angeblich von den Alliierten aufgestellt und gegen die Deutschen angewendet worden sei. Sie erinnert auch an das trotzige Aufbegehren mancher dagegen, dass die Verunglimpfung der Holocaustopfer strafrechtlich sanktioniert ist, die daraus folgern wollen, es sei verboten, über bestimmte historische Sachverhalte überhaupt zu diskutieren. Die Behauptung, die Mehrheit der Deutschen habe ein neurotisches Verhältnis zum Nationalsozialismus, folgt den gleichen Argumentationsmustern und nährt deshalb Zweifel an der wissenschaftlichen Absicht und dem reinen Aufklärungseifer.

Fritze urteilte aus der durch den Abstand von sechs Jahrzehnten und die realitätsferne Konstruktion einer absoluten Ethik doppelt gesicherten Bastion einer theoretisch fixierten rigoristischen Moral über einen Fall versuchten Tyrannenmords, unternommen von einem – so Fritzes Fazit – dazu intellektuell und ethisch unzulänglich ausgerüsteten und deshalb nicht legitimierten Täter. Graf Stauffenberg verursachte durch sein Attentat auf Hitler am 20. Juli 1944 den Tod von fünf Menschen. Bei der Bewertung seines Versuchs, den Diktator zu beseitigen, störten diese Opfer nicht. Durch Sozialisation, Bildung und Beruf wäre er nach Fritzes Kategorien als Tyrannenmörder vielleicht besser legitimiert gewesen, aber der Held des 20. Juli 1944 spielt in der Argumentation, die Elser als Verursacher des Todes von acht Unbeteiligten moralisch verurteilt, überhaupt keine Rolle.

Im Interesse der Generalisierbarkeit der moral-philosophischen Erwägungen Fritzes, die sich damit über den Verdacht des Demontageversuches an einem Einzelnen und über die dadurch vielleicht intendierte Delegitimierung des gesamten Widerstands gegen das NS-Regime erhoben hätte, wäre es aufschlussreich gewesen, die Thesen an dem von Anfang an kanonisierten Widerstandshelden Stauffenberg zu exemplifizieren. Das hätte wenigstens den Verdacht ausgeräumt, dass der lange vergessene Außenseiter Georg Elser stellvertretend für den Widerstand überhaupt in Anspruch genommen, dass der Demontageversuch als Versuchsballon am schlichten Tischlergesellen gestartet wurde, um zu ergründen, wie tragfähig der gesellschaftliche Konsens über den Widerstand gegen die nationalsozialistische Herrschaft ist.

16. Lichtgestalt des Widerstands

Die früheste Sympathiebekundung nach dem Ende des Hitlerstaats für den Attentäter aus Königsbronn stammt aus der spröden Feder eines Weggefährten. Josef Schurr, Arbeiter aus Schnaitheim, der 1933 als Kommunist ein halbes Jahr im KZ Heuberg verbringen musste, war wie Elser in der Firma Waldenmaier in Heidenheim beschäftigt gewesen. Die beiden hatten sich dort als Regimegegner ausgetauscht. Sie kannten sich flüchtig schon länger. Ob die gemeinsame Gesinnung zu der innigen Freundschaft geführt hat, die Josef Schurr nach dem Krieg für sich in Anspruch nahm, mag dahingestellt bleiben. In einem Leserbrief an die Ulmer «Donau-Zeitung» pries Schurr den Attentäter aus Königsbronn, er müsse «als ein Märtyrer und Freiheitskämpfer in die deutsche Geschichte eingehen».[1]

Die Rehabilitierung Georg Elsers durch die Anerkennung seiner Tat und ihre Bewertung als Widerstand dauerte freilich noch lange Zeit. Während in den 1950er Jahren und später die Regenbogenpresse und Blätter, die ihr Publikum mit Sensationsberichten statt seriös recherchierten Fakten unterhielten, die wie «Heim und Welt» für dankbare Leserinnen und Leser am Teppich aus Gerüchten und Mythen woben, war die Geschichtswissenschaft nicht so untätig, wie ebenso wohlfeil wie wirkungsvoll Jahrzehnte später konstatiert wurde, als die Verehrung Elsers die Medien eroberte. Mitte der 1960er Jahre begann der Historiker Anton Hoch, Archivar im Münchner Institut für Zeitgeschichte, mit der akribischen Erforschung des Bürgerbräu-Attentats. In mühsamer Kleinarbeit suchte er Quellen, prüfte sie kritisch, befragte Zeugen, korrespondierte mit Behörden, analysierte Zeitungsartikel und Aktennotizen, setzte Mosaiksteine zum wahrheitsgetreuen Bild des Ereignisses und seines Urhebers zusammen. Das Ergebnis seiner Forschung präsentierte er auf 30 Druckseiten im Herbst 1969 im zentralen Fachorgan der

Denkmal für Georg Elser in Königsbronn, 2010 (Skulptur von Friedrich Frankowitsch)

Zeitgeschichte.[2] Durch einen Zufall entdeckte Lothar Gruchmann, ebenfalls Historiker im Institut für Zeitgeschichte, im Bundesarchiv in den Akten des Reichsjustizministeriums die Verhörprotokolle.[3] Mit der Studie Anton Hochs und dem Quellenfund Lothar Gruchmanns war der Weg zur Rezeption des Elser-Attentats jenseits der Legenden und Sensationen geebnet. Aber noch eine weite Strecke musste bis dorthin zurückgelegt werden.

Die Gemeinde Schnaitheim (heute ein Ortsteil von Heidenheim), in der Georg Elser gewohnt hatte, von der aus er im Sommer 1939 nach München aufgebrochen war, widmete 1971/72 eine Grünanlage dem Andenken Georg Elsers. Insistiert hatte dazu die als kommunistisch geltende und entsprechend beargwöhnte Vereinigung der Verfolgten des Naziregimes (VVN). Nachdem der Streit darüber im Dorf etwas abgeklungen war, wurde ein Felsblock mit einem Georg Elser und seine Tat würdigenden Bronzerelief aufgestellt. In Schnaitheim engagierte sich auch der katholische Pfarrer Hermann Pretsch für ein würdiges Gedenken an Georg Elser. Er wollte die Initiative nicht der beargwöhnten

VVN überlassen und kritisierte zugleich die Indolenz der Königsbronner gegenüber dem Sohn der Gemeinde. In einem bemerkenswerten Aufsatz verwahrte er sich gegen die ewig kolportierten Legenden, verhöhnte einen leserbriefschreibenden «Herrn von Adel», der Elser als asozialen Dachauer KZ-Häftling bezeichnet hatte, und vereinnahmte den Hitler-Attentäter für Schnaitheim.[4]

In Hermaringen, dem Ort bei Heidenheim, aus dem Georg Elsers Mutter stammte, scheiterte dagegen zehn Jahre später ein Versuch, den Widerstandskämpfer zu ehren, mit Aplomb. Auf Initiative des evangelischen Gemeindepfarrers (unterstützt vom zuständigen katholischen Kollegen) begehrten 24 der 2200 Bürger im November 1982 die Umbenennung der Karlstraße. Hier, in der Hauptstraße des Dorfs, im Haus Nr. 29, war Georg am 4. Januar 1903 zur Welt gekommen. Der Gemeinderat wusste die Mehrheit der Einwohner hinter sich, die dem württembergischen König Karl die Treue halten wollten und deshalb die Ehrung des Attentäters durch die Umbenennung der Straße strikt ablehnten. Ein Arzt, in seinem Selbstverständnis offensichtlich in politischer Theorie bewandert und geschichtskundig, unterstützte die Ablehnung mit einem Leserbrief an die lokale Zeitung. Er vertrat die These, Elser sei nicht als Widerstandskämpfer zu betrachten, weil ihm das «mutige Bekenntnis zu seiner Tat» gefehlt habe und weil er nicht im Gefüge einer Organisation gehandelt habe: «Das Attentat am 8. November 1939 war primär hinterhältig geplant, nahm billigend den Tod von Unschuldigen in Kauf und ist somit prima facie als Mord zu definieren. Die Initiatoren und Befürworter dieser Namensänderung sind sich hoffentlich der Tragweite ihrer Antragsstellung bewusst.»[5] Die Obrigkeit der Gemeinde blamierte sich, ebenfalls in einem Leserbrief, weil sie das Schreiben von Leserbriefen und die Gründung von Bürgerinitiativen nicht nur als den Dorffrieden störend missbilligte, sondern als grundsätzlich undemokratisch verdammte. Für Hohn und Spott war damit weit über die Region hinaus gesorgt.[6]

Natürlich wurden auch die Kosten der Straßen-Umwidmung ins Treffen geführt. Das war schwäbischer Pragmatismus. Scheinheilig war hingegen der Hinweis auf die Todesopfer des misslungenen Anschlags auf Hitler. Pfarrer Hermann Hörger, vielen als progressiver Christ längst suspekt, büßte seinen Vorschlag mit dem Verlust von Gottesdienstbesuchern. Honorige Gemeindemitglieder mieden fortan seine Predigt, andere forderten beim Landesbischof die Versetzung des missliebigen Pfarrers.[7]

37 Jahre nach seinem Tod wurde Georg Elser Held eines Theaterstücks.[8] Das Drama war der literarisch anspruchsvolle und in den Fakten gut recherchierte Versuch, den Hitler-Attentäter für die antiautoritäre Bewegung zu vereinnahmen, die im «deutschen Herbst» des Jahres 1977 als Zweig des Linksterrorismus im Dunstkreis der kriminellen Baader-Meinhof-Gruppe von geängstigtem Bürgerturm stigmatisiert wurde. Germanisten haben damals die Gefangenenliteratur als gesellschaftlich relevant entdeckt, und in den Feuilletons stritten geistreiche Denker wie Golo Mann und Marcel Reich-Ranicki über die Grenzen des Erlaubten. Der Autor des Elser-Dramas stellt den Protagonisten als staatskritischen Idealisten im existentiellen Widerstand gegen institutionalisierte Gewalt dar und weist ihm die Rolle des Sozialrevolutionärs zu, nicht nur in der Avantgarde des Widerstands gegen Hitler, sondern grundsätzlich auch im Diskurs über die gesellschaftliche Bedeutung und Kritikwürdigkeit abhängiger Arbeit.

Bemerkenswerter als das ideologisch überfrachtete Stück sind der Kontext seiner Entstehung und dessen Autor. Peter-Paul Zahl war Mitte dreißig und saß im Gefängnis, als er das Stück schrieb. 1944 geboren, wuchs er in Mecklenburg und dann im Rheinland auf. Die Familie verließ 1953 die DDR, weil dem erfolgreichen Kinderbuchverlag des Vaters im Zeichen der sozialistischen Planwirtschaft die Lizenz entzogen wurde.

Peter-Paul Zahl war schon als Jugendlicher ein kritischer Geist, der mit Vorgesetzten in Konflikt geriet. Nach dem Abitur in Ratingen absolvierte er eine Lehre als Drucker, engagierte sich als Pazifist und zog 1964 nach Westberlin, um der Wehrpflicht in der Bundesrepublik zu entgehen. Politisch bewegte er sich mit dem Ziel, Schriftsteller zu werden, in linksradikalen Kreisen. Er demonstrierte gegen den Vietnamkrieg der USA und die Notstandsgesetze der BRD, schloss sich der Schriftstellerbewegung «Dortmunder Gruppe 61» an, veröffentlichte 1970 seinen ersten antikapitalistischen Roman und gehörte Mitte der 1960er Jahre der «Außerparlamentarischen Opposition» an, die gegen die von Kurt Georg Kiesinger geführte Große Koalition opponierte.

Peter-Paul Zahl verstand sich – im Gegensatz zur studentisch dominierten APO – als Glied einer proletarischen Protestbewegung, die staatskritisch und klassenbewusst eigene Wege ging. 1967 etablierte sich Zahl als Drucker und Kleinverleger in Berlin-Kreuzberg. Künstlerisch und intellektuell ambitionierte Zeitschriften anarchistischer und gegenkultureller Tendenz hatten in der linkslibertären Szene Erfolg und weckten den Argwohn der Behörden. Die Diskussion um den Übergang von systemkritischer ideologisch inspirierter Verweigerung zum Protest und bewaffneten Widerstand führte zu Strafanzeigen, Hausdurchsuchungen und weiterer Radikalisierung. Mit dem Untergrundblatt «Fizz» propagierte Peter-Paul Zahl Stadtguerilla-Gruppierungen wie die «Haschrebellen», die «Tupamaros West-Berlin», die «Bewegung 2. Juni».

Eine Anklage gegen Zahl wegen «öffentlicher Aufforderung zu Straftaten» endete 1971 noch mit einer Bewährungsstrafe.[9] In der Folge wurde der linksradikale Autor als Staatsfeind behandelt. Er hat in seinem Schicksal Parallelen zu Georg Elsers Widerstand gesehen. Wegen des – unbegründeten – Verdachts, an einem Banküberfall der «Rote Armee Fraktion» (RAF) beteiligt gewesen zu sein, fahndete die Polizei 1972 nach Peter-Paul Zahl, der sich durch Abtauchen in die Illegalität der Obrigkeit entzog. Im Dezember 1972 stellten ihn zwei Polizeibeamte beim Versuch, ein Auto zu mieten. Auf der Flucht wurde geschossen: Zahl gab drei oder vier Schüsse aus einer Pistole ab, die Polizisten feuerten neunmal. Ein Beamter wurde lebensgefährlich verletzt, auch Zahl war verwundet. Er ergab sich und beteuerte noch am Tatort, er habe niemanden töten wollen.

Nach zwei Jahren Untersuchungshaft verurteilte das Landgericht Düsseldorf den linksradikalen Literaten «wegen fortgesetzten Widerstandes gegen die Staatsgewalt in Tateinheit mit gefährlicher Körperverletzung» zu vier Jahren Gefängnis. Eine Tötungsabsicht sei nicht persönlichkeitsadäquat befand das Gericht. Die Staatsanwaltschaft legte Berufung ein. In einem neuen Verfahren wurde Zahl im März 1976 wegen zweifach versuchten Mordes und Widerstand zu einer Freiheitsstrafe von 15 Jahren verurteilt. Damit war der Strafrahmen aufs äußerste ausgeschöpft. Zur Begründung enthielt das Urteil den Satz: «Weil Zahl ein Gegner des Staates ist und zur allgemeinen Abschreckung.»[10]

Zahl sprach von einem «Gesinnungszuschlag von 11 Jahren» auf das Urteil erster Instanz. Das Gerichtsverfahren löste kontroverse Diskussionen über Rechtsstaatlichkeit und Verhältnismäßigkeit aus. Zahl sah sich als politischer Gefangener einer «faschisierten westdeutschen Gesellschaft und verpolizeilichten Politik».[11] In der Haft betätigte sich Peter-Paul Zahl als fruchtbarer und in der linken Szene beachteter Schriftsteller, schrieb Gedichte, Prosa, Romane und Theaterstücke. Während eines Regie-Volontariats 1981/82 an der Berliner Schaubühne (Zahl hatte im Gefängnis Tegel den Status Freigänger) entstand das Stück «Johann Georg Elser. Ein deutsches Drama».

Peter-Paul Zahl sah im Königsbronner Schreiner, der Hitler zu töten beabsichtigt hatte, einen ihm Wesensverwandten im Geiste des sozialrevolutionären Dichters des Vormärz Georg Büchner.[12] Er überzeichnete Elser als revolutionären Helden aus der Unterschicht, als staatsfernen Rebellen, als antikapitalistischen Idealtypus. Claus Peymann, damals Intendant des Schauspielhauses Bochum, nahm das Stück an. In der Spielzeit 1981/82 gelangte es in Bochum zur Uraufführung. Zur Premiere am 27. Februar 1982 erhielt Zahl Hafturlaub. Mit den Aufführungen in Heidenheim im folgenden Jahr endete die Wirkung des Stückes. Der Ruf des Dichters, der vom Literaturbetrieb trotz beachtlicher Lyrik und preisgekrönter Romane als politisch weit links stehend, als Störenfried aus Intention eingeordnet und entsprechend missachtet wurde, stand der Wirkung des Stücks entgegen. Für die spät in Gang kommende Elser-Rezeption, die erst mit dem Brandauer-Film unaufhaltsam wurde, war das Theaterstück ähnlich bedeutsam wie die Erzählung Rolf Hochhuths. Der Dichter Peter-Paul Zahl wurde im Dezember 1982, nachdem er zwei Drittel der Strafe verbüßt hatte, aus der Haft entlassen. Er lebte dann überwiegend in Mittelamerika, erwarb 1995 die Staatsbürgerschaft Jamaikas, weil er die Leute dort «als anarchoid, also obrigkeitshassend und sehr antiautoritär und damit verbunden sehr willensstark» schätzte.[13] 2011 ist er dort gestorben.

Das Regiedebüt des Schauspielers Klaus Maria Brandauer, der auch die Hauptrolle spielte, wurde mit dem Kinofilm «Georg Elser – Einer aus Deutschland» zum Paukenschlag, mit dem der Hitlerattentäter die Bühne der Erinnerungskultur eroberte. Der Film konzentriert sich auf den Anschlag im Bürgerbräukeller, also auf die Zeit von Oktober 1938 bis November 1939, verzichtet auf die Nachzeichnung des Lebensweges Georg Elsers, vermeidet Lokalkolorit, enthält sich moralischer Wertung.

Brandauer verdichtet und dramatisiert. Elser ist nicht als Held gezeichnet, sondern als Prototyp, als Mann aus dem Volk: «Einer muss es ja machen.» Das unterstellt, dass viele so dachten wie Georg, dass viele seine Idee teilten und sie hätten ausführen können. Damit ist Anspruch erhoben auf die Allgemeingültigkeit seines Handelns und dessen Rechtfertigung. Der Kategorische Imperativ des Tyrannenmords ist unausgesprochen in Szene gesetzt. Brandauer stützte sich auf einen Roman über Georg Elser, dessen Autor auch das Drehbuch schrieb.[14] Dem Filmemacher Brandauer ging es nicht um historische Exaktheit, er wollte nicht dokumentieren, sondern eine symbolische Tat und deren Notwendigkeit zeigen. Dazu nahm er sich künstlerische Freiheiten, verteidigte die von ihm geschaffene Kunstfigur des Georg Elser, führte Personen ein, veränderte Orte, erfand Begebenheiten und Beziehungen und war für Einwendungen, etwa des Heidenheimer Georg-Elser-Arbeitskreises, der auf historische Genauigkeit dringen wollte, nicht erreichbar.

Die Premiere fand am 17. Oktober 1989 im Heidenheimer Lichtspielhaus Capitol statt. Der Wiener Burgschauspieler Brandauer war angereist, erläuterte sein Werk, nahm wie bei weiteren Gelegenheiten den Beifall seines Publikums entgegen. Georg Elsers Bruder Leonhard hielt nichts von dem Film, er fand keinen Zugang zur künstlerischen Intention des Werks, ärgerte sich über die Zutaten und Vereinfachungen, die Brandauer für sein Werk benutzt hatte.

Im Elserfilm verbinden sich puristische Zurückhaltung, weitgehender Verzicht auf Dialoge mit Elementen des Genres Thriller zu opulentem Spannungskino.[15] Klaus Maria Brandauer war der prominenteste und wirkungsreichste, aber nicht der erste Regisseur und Darsteller, der Georg Elser auf der Leinwand oder dem Bildschirm präsentierte. Das Fernsehspiel «Der Attentäter», das Rainer Erler und Hans Gottschalk zwanzig Jahre zuvor in Szene setzten, mit dem Verhörprotokoll als Vorlage, auf schrille Effekte verzichtend, vom Historiker Anton Hoch wissenschaftlich beraten, ist vielleicht immer noch die beste visuelle Adaption der Geschichte des Attentats. Sie wird auch der Persönlichkeit Georg Elsers gerecht – soweit das mit Mitteln der Schauspielkunst möglich ist. Darsteller war Fritz Hollenbeck, am Theater Ulm im Ensemble, aber aus Norddeutschland stammend. Die Verkörperung des Widerstandskämpfers gelang ihm trotzdem so gut, dass Leonhard Elser, der als

Gast die Aufnahmen verfolgte, beim ersten Anblick die Flucht ergriff, verstört durch die «Echtheit» der Erscheinung Hollenbecks. Der Bruder Georgs kam aber wieder, freundete sich mit dem Schauspieler an. Der Norddeutsche Hollenbeck, der in Mimik und Gestik so authentisch wirkte, musste allerdings synchronisiert werden. Die Stimme lieh ihm ein Kollege, Robert Nägele. Der stammte allerdings aus Oberschwaben und sprach deshalb ein anderes Schwäbisch als den rauhen Dialekt der Ostalb, in dem sich Georg Elser ausgedrückt hatte. Der Wirkung tat das keinen Abbruch, Wesen und Eigenart des Attentäters waren überzeugend getroffen, wie Ulrich Renz in einer Würdigung des Fernsehspiels konstatiert: «Glänzend herausgearbeitet ist die scheinbare Harmlosigkeit, die schiere Unauffälligkeit, die zu einer der wichtigsten Waffen des Widerstandskämpfers Georg Elser zählt. Sie wird exemplarisch sichtbar, wenn Elser unbefangen und mit Unschuldsmiene in den Saal des ‹Bürgerbräukellers› schlendert, um sich dort nach Gelegenheiten für ein Attentat umzusehen. Niemand kann so jemanden für einen Attentäter halten.»[16] Der Film, entstanden im Auftrag des Süddeutschen Rundfunks als Co-Produktion mit der Bavaria, dem französischen, dem italienischen und dem österreichischen Fernsehen, wurde am 9. November 1969 zum ersten Mal von der ARD ausgestrahlt.

Rolf Hochhuth, der Schriftsteller, der mit dem Dokudrama «Der Stellvertreter» kaum hoch genug zu schätzende Meriten um die Erinnerungskultur, um die Aufarbeitung des Versagens der katholischen Kirche gegenüber dem Nationalsozialismus erwarb, hat sich auch um das Gedächtnis an Georg Elser verdient gemacht. In der Auflehnung gegen den Zeitgeist hat auch Hochhuth sich dem Königsbronner Handwerker zweifellos wesensverwandt gefühlt. In Gedichten und einem Prosatext 1989, ebenso im Engagement für öffentliche Erinnerungszeichen stritt er für den angemessenen Ort des Attentäters in der Geschichte. Über die literarische Qualität der Elserschriften Hochhuths ist hier nicht zu rechten – bewegt hat er damit einiges. 1989, im 50. Jahr nach dem Anschlag, erschien «Erst mußte er die Baßgeige verkaufen. Johann Georg Elser».[17] Hochhuth nennt es «Erzählung», tatsächlich ist es ein durch Polemik überschäumendes Traktat, das den Historikern in toto die Leviten liest, weil sie Elser bis dato nicht in der Widerstandshistoriografie würdigten. Jene, die das Attentat und den Attentäter zwanzig Jahre vor Hochhuth thematisierten, schmähte er, weil sie es nach des Dichters Urteil falsch gemacht hatten.

Hochhuths moralisches Verdikt über die Indolenz von Staat und Gesellschaft einer Bundesrepublik, in der Erinnerungsarbeit verabscheut, stattdessen ökonomischer Wiederaufbau vergötzt wurde, bleibt aller Ehren wert. Hochhuths Huldigung an Elser ist trotzdem misslungen, weil er zu selbstgerecht urteilte, zu oft auf Abwege geriet, weil er den konsequenten Verweigerer Elser im ungelenken Vergleich und mit herablassender Kritik an fast jeglichem anderen Widerstand (nur der seltsame Schweizer Hitlerfeind Bavaud fand die Gnade des Dichters) auf den Sockel hob. Farbenfrohe Szenen, aus der Fantasie des Poeten geschöpft oder ausführlich aus der journalistischen Aufbereitung der spärlichen authentischen Quellen durch die Reporter Peis und Petry zitiert,[18] schufen neue Legenden oder transportierten die alten ein Stück weiter.

Trotzdem: Dass Georg Elser im öffentlichen Gedächtnis allmählich präsenter wurde, ist auch ein Verdienst Hochhuths. Er verstand sich als Aufklärer. Er wurde darüber zum geifernden Moralisten, der sich den Auftrag erteilt hatte, ein für allemal, anzuklagen. Auch die Geschichte des Hitlergegners Elser wurde ihm zur Mission. «So sehr Rolf Hochhuth an Elsers Geschichte die Tat eines mutigen Mannes, Konsequenz und Zivilcourage bewundert – erzählenswert wird sie ihm erst durch den Skandal, den sie bis heute bedeutet. Also die Verfemung, das Verschweigen des Attentäters in Geschichtsschreibung und Widerstandsbüchern, seine Auslöschung im historischen Bewusstsein der Deutschen – vor allem aber durch das Skandalon eines ungeheuren Missverhältnisses zwischen Einsatz und Wirkung, zwischen dem Aufwand an menschlicher Kraft und der Gleichgültigkeit der Geschichte. Dass der Erfolg der so stillen wie übermenschlichen Heldentat Elsers durch den Zufall zunichte gemacht wurde, … dass zehn Minuten über Hitlers Tod und Leben entschieden und somit der zweite Weltkrieg mit seinen Millionen Opfern seinen Gang nehmen konnte, diese schmähliche Missachtung humaner Zwecke desavouiert für Hochhuth jede historische Sinnkonstruktion.» Das schrieb Gert Ueding in der Anthologie, die zum 60. Geburtstag Hochhuths erschien.[19]

Der Literaturbetrieb hat den stets lärmenden Dichter Hochhuth abgestraft oder missachtet. Das tat der Wirkung seines Engagements –

mindestens in der Sache Johann Georg Elser – keinen Eintrag. Dass Elser im öffentlichen Bewusstsein präsent ist, dass es Erinnerungszeichen wie die Silhouette an der Wilhelmstraße in Berlin gibt, ist auch ihm zu verdanken.

Der Brandauer-Film aus dem Jahr 1989 schließt mit der Klage «Kein Denkmal erinnert an ihn». Das war schon damals nicht mehr ganz richtig, aber erst in den 1990er Jahren fand Georg Elser ins allgemeine Bewusstsein. 1988 hatten sich historisch interessierte und politisch engagierte Bürger im Georg-Elser-Arbeitskreis Heidenheim zusammengefunden. Motor der Bürgerinitiative war zusammen mit der Buchhändlerin Gertrud Schädler der Schauspieler Gerhard Majer. Zur Vorbereitung des 50. Jahrestags des Bürgerbräu-Attentats – an dem dann der Brandauer-Film in Heidenheim Premiere hatte – sollte auch die Politik beteiligt werden. Gerhard Majer forderte deshalb den Generalsekretär der SED und Staatsratsvorsitzenden der DDR Erich Honecker auf, an der angemessenen Würdigung des Widerstandskämpfers Elser mitzuwirken. Das war naiv, da Elser ja nicht Mitglied der KPD gewesen war, keine Instruktionen von ihr empfangen hatte und als bürgerlicher Attentäter nicht in die politische Linie der SED und deren Verständnis des antifaschistischen Widerstands passte. Deshalb wurde das westdeutsche KPD-Mitglied Majer auch keiner Antwort aus Ostberlin gewürdigt.

In Heidenheim gab es immerhin Gedenkveranstaltungen mit prominenten Rednern wie dem Literaturwissenschaftler Joseph Peter Stern aus London. In Königsbronn wurde am 9. April 1995 erstmals offiziell des Todestages Elsers gedacht, drei Jahre später eröffnete die seit langem angekündigte Gedenkstätte. Später wurde die Schule des Dorfs nach Georg Elser benannt, 2010 war die Aufstellung einer Statue am Königsbronner Bahnhof ein symbolischer Akt der Rückkehr Georg Elsers in seine Heimat. Zu der Zeit war der Georg-Elser-Platz in München an der Türkenstraße, unweit der Wohnung des Attentäters im Herbst 1939, schon längst ein prominenter Erinnerungsort mit einer künstlerischen Installation. Die Weihe des Platzes 1995 krönte die Bemühungen einer Bürgerinitiative. Nach dem Vorbild des Heidenheimer Georg-Elser-Arbeitskreises hatten sich nicht nur in München Menschen zusammengefunden mit dem Ziel, dem Attentäter vom Münchner Bürgerbräu Gerechtigkeit widerfahren zu lassen. In Berlin-Mitte, an der Wilhelmstraße, der einstigen Schlagader des Machtzentrums der Nationalsozialisten, erhebt sich seit dem 8. November 2011 als Erinnerungszeichen eine nachts leuchtende Silhouette Elsers auf hohem Mast, in seiner lakonischen Abstraktion freilich nicht ohne weiteres als Denkmal wahrnehmbar.

Eine Briefmarke, die das Porträt des Widerstandskämpfers Georg Elser zeigt, wurde 2003 in Königsbronn der Öffentlichkeit vorgestellt. Das war nicht nur Balsam für alle, die unter der vermeintlichen Schande ihres Dorfes gelitten hatten, es war auch mit philatelistischen Mitteln sichtbar gewordene Rehabilitierung und die Aufnahme Georg Elsers in den Olymp des Widerstands gegen das Unrechtsregime des Dritten Reiches.[20]

Maria Elser, Georgs Mutter, ist 1960 im Alter von 80 Jahren nach einem Leben voller Mühsal und Plage gestorben. Die Tat des Sohnes drückte sie nieder, der Kummer über sein Schicksal war eine zusätzliche Last. Im Dorf Königsbronn wurde sie zur NS-Zeit gemieden. Außer einer Freundin aus ihrem Geburtsort Hermaringen sprach niemand mit ihr. Die Reserve gegenüber der Mutter des Attentäters dauerte über die Hitler-Ära hinaus an. Leonhard, Georgs jüngerer Bruder, gab auf Verlangen zwar Auskunft über seinen Bruder Georg, litt jedoch zunehmend unter dem Drängen von Journalisten, die oft voreingenommen waren und gern unterhaltender Sensation als der Wahrheitsfindung den Vorzug gaben.

Manfred, der Sohn Georg Elsers, der 1930 in Konstanz zur Welt gekommen war, zuerst den Nachnamen der Mutter Mathilde Niedermann trug, dann den ihres Mannes Hans Bühl, der ihn adoptierte, wuchs ohne Kontakt zu seinem Vater auf. Da das Verhältnis seiner Eltern im Zorn geendet hatte, verweigerte die Mutter auch ihm gegenüber jede Erinnerung an Georg. Es gab keine Auskunft, kein Gespräch über den Vater. Manfreds berufliche Karriere gipfelte in der Tätigkeit als Prokurist einer Türenfabrik in Waldsee in Oberschwaben. In der Ehe mit seiner Jugendliebe Isolde war Georg Elser von Anfang an als Thema präsent. Der Fernsehfilm «Der Attentäter», den der Süddeutsche Rundfunk 1969 ausstrahlte, wühlte den Sohn auf. Als Manfred 1983 durch Zufall hörte, dass in Heidenheim das Theaterstück «Johann Georg Elser – Ein deutsches Drama» zum letzten Mal auf dem Spielplan stand, wollten Manfred und

Isolde Bühl es unbedingt sehen. Die Aufführung war jedoch ausverkauft. Als sich Manfred als Sohn der Hauptfigur zu erkennen gab, erhielten sie Ehrenplätze in der ersten Reihe. Außer der medialen Aufmerksamkeit entwickelte sich auch die Beziehung zur Familie Elser in Königsbronn. Der Onkel Leonhard empfing Manfred und Isolde herzlich, weitere Besuche folgten. Bei der Uraufführung des Brandauer-Films 1989 in Heidenheim war Manfred anwesend, ebenso beim Vortrag des Historikers Peter Steinbach, der – ebenfalls in Heidenheim – der öffentlichen Rehabilitierung des Widerstandskämpfers ein weiteres Stück des Weges ebnete.

Im Januar 1997, wenige Monate vor seinem Tod, war Manfred Bühl bei der Weihe des Georg-Elser-Platzes in München, unweit der Universität und nahe der letzten Wohnung Georgs in der Türkenstraße 94 zugegen. Es war – nach tagelanger Aufregung – der erste öffentliche Auftritt des Sohnes, zugleich auch der letzte. Die Sonderausstellung über Georg Elser in der Gedenkstätte Deutscher Widerstand in Berlin 1997 und die Eröffnung der Erinnerungs- und Forschungsstätte in Königsbronn hat der stolze Sohn des endlich gefeierten Widerstandskämpfers nicht mehr erlebt.

In München hielt Manfred Bühl eine bewegende Ansprache. Es war der emotionale Höhepunkt einer Vater-Sohn-Beziehung, die in der Realität nicht hatte stattfinden können: «Daß Georg Elser mein leiblicher Vater war, habe ich erst im Alter von ca. 7 Jahren erfahren, leider nicht von meiner Mutter, sondern von einem Schulkameraden. Derselbe hat mich auch 1939 darauf aufmerksam gemacht, daß mein Vater der Attentäter vom Bürgerbräu-Keller war. Der Name Elser war bei mir zu Hause tabu, zumindest solange noch Krieg war. Meine Mutter besaß eine von meinem Vater gefertigte hölzerne Schmucktruhe, in der sie zwei Passbilder aufbewahrte. Auf meine Frage, wer dies sei, hat sie ein Bild vor meinen Augen zerrissen. Später hat sie mir gestanden, daß dies mein Vater gewesen sei. Ich kann mir nur vorstellen, daß das Verhältnis zwischen den beiden ausging wegen einer anderen Frau. Leider hat sich meine Mutter nie darüber geäußert.»[21]

Ein Neffe des Attentäters, Rudolf Hangs, Sohn der jüngsten Schwester Georg Elsers Anna Walpurga, wurde um 1950 von einem Schulkameraden über die Tat seines Onkels aufgeklärt. Zuhause hatte der damals

Achtjährige nie davon gehört. Das Thema war tabu. Rudolf lebte mit seiner Mutter, die 1944 Kriegswitwe geworden war und 1949 zum zweiten Mal geheiratet hatte, bei der Großmutter und dem Onkel Leonhard in Königsbronn. Rudolf war musikalisch wie sein Onkel Georg, wollte eigentlich auch Schreiner werden, machte dann aber eine Lehre als Maschinenschlosser, arbeitete erst bei Voith in Heidenheim, dann «beim Daimler» in Stuttgart. 2012, im Alter von 70 Jahren, gab er sich anlässlich eines Vortrags, den ein Mitglied des Stuttgarter «Elser-Arbeitskreises» in Waiblingen hielt, als Neffe des Widerstandskämpfers zu erkennen. Beschäftigt hatte er sich schon lange mit der Tat und dem Leben seines Onkels. Er verehrte und bewunderte den Mann, den er nie gesehen hatte. Als Hommage rekonstruierte er den Zündapparat der Bürgerbräu-Bombe, als Bauanleitung diente ihm das Protokoll des Verhörs, in dem Georg Elser sein Werk detailliert beschrieben hatte. Hangs präsentierte 2014 seine Replik in einer Veranstaltung der Elser-Gedenkstätte Königsbronn.[22]

Es war nicht das erste Mal, dass dem technischen Ingenium des Handwerkers Elser gehuldigt wurde. Bereits Kriminalitätsexperten und Gestapoleute waren nach dem Anschlag so beeindruckt, dass sie den Attentäter den Zündmechanismus der Bombe nachbauen ließen.

Franz Hirth, der 1928 geborene ältere Neffe Georg Elsers, der ebenfalls einen Teil der Kindheit bei den Großeltern in Königsbronn verbracht hatte, kannte den Onkel gut. Ihm hatte Georg auch seinen Fotoapparat vermacht, als er unmittelbar vor dem Attentat im November 1939 seine Schwester Maria und den Schwager Karl in Stuttgart besuchte. Auch Franz Hirth, der bis 1990 als Vermessungsingenieur in Diensten der Stadt Stuttgart stand, berichtete, dass seine Mutter bis zu ihrem Ende jedes Gespräch über den Bruder und das Attentat verweigerte. Franz interessierte sich nicht nur für den Onkel, seit dem Brandauer-Film war er stolz auf ihn, stand den Medien gern Rede und Antwort über Georg Elsers Tat. 1997 besuchte Franz Hirth die Sonderausstellung in der Gedenkstätte Deutscher Widerstand in Berlin über den Urheber des Bürgerbräu-Anschlags, zu der er Dokumente beigesteuert hatte. Der Königsbronner Erinnerungsstätte schenkte er eine Arbeit des Onkels, eine Standuhr aus Familienbesitz.

Im Oktober 1995 wurde in Stuttgart im Württembergischen Landesmuseum eine Ausstellung eröffnet. Sie war dem Thema «Schwäbische Tüftler» gewidmet und stellte im Untertitel die erkenntnisleitenden Fragen: «Der Tüftler ein Schwabe? Der Schwabe ein Tüftler?» Das ironisch auftrumpfende Motto am Eingang des Pantheons der Erfinder jener Region, die selbstbewusst verschmitzt für sich mit dem Slogan wirbt «Wir können alles – außer Hochdeutsch», versammelte die großen Namen Gottlieb Daimler und Carl Benz, Robert Bosch und Max Eyth, räumte auch Erfinderinnen aus Württemberg eine Nische ein.

Neben Größen der Technik und der industriellen Welt wie dem Freiherrn Reinhard Koenig-Fachsenfeld (Aerodynamik), dem Turbinenfabrikanten Friedrich Voith, Paul Mauser (Gewehre und anderes Kriegsgerät), Conrad Dietrich Magirus (Feuerwehrleitern), den Luftfahrtpionieren Graf Zeppelin, Claude Dornier und Ernst Heinkel wurde der Hitler-Attentäter von 1939 mit seiner Höllenmaschine präsentiert. Georg Elsers «tüftlerisches Meisterstück» wurde genau beschrieben und dessen Wirkung war mit Abbildungen veranschaulicht. Im Begleitbuch der Ausstellung wurde die Aufnahme der Konstruktion in die Ausstellung, sozusagen der Ritterschlag des Technikers aus Königsbronn, gerechtfertigt, da er selbstlos und couragiert gehandelt habe, keineswegs gewissenlos: «Was also spricht mit Blick auf die nur vordergründig destruktive Bestimmung der Höllenmaschine dagegen, Elser als ‹Ausnahme-Tüftler› zu würdigen?» Noch größere Anerkennung, das war hinzugefügt, habe er jedoch als Widerstandskämpfer verdient. Die Formulierung lässt darauf schließen, dass es bei den Kuratoren und sonstigen Verantwortlichen der Ausstellung Diskussionen gegeben hat über die Kanonisierung Georg Elsers durch die Aufnahme in den schwäbischen Erfinderparnass.[23]

Am 70. Todestag Georg Elsers, dem 9. April 2015, startete ein neuer Film «Elser – Er hätte die Welt verändert» in den Lichtspielhäusern. Die Uraufführung hatte im Februar auf der Berlinale stattgefunden. Unter der Regie Oliver Hirschbiegels nach dem Drehbuch von Fred und Léonie-Claire Breinersdorfer entstand ein Porträt Georg Elsers, das dessen Versuch des Tyrannenmords aus seiner Persönlichkeit und seinem Umfeld heraus zu verstehen und zu begreifen sucht: «Georg Elser ist ein filmisches Forschungsprojekt, mit dem wir zu zeigen versuchen, wie ein diktatorisches System in eine dörfliche Welt eindringt, dort metastasiert und wie es die Menschen verändert – besonders einen, eben jenen Elser, einen freiheitsliebenden Mann, der sein Leben genießt und dann durch das System langsam zum Außenseiter und dann zum Attentäter wird.»[24]

Empathie für die Person, intensive Schilderung seines sozialen Umfeldes, sorgfältige Rekonstruktion der privaten und lokalen Situation stehen nicht im Widerspruch zum Verzicht auf Aufnahmen in Königsbronn und die Verwendung des schwäbischen Idioms. Der Darsteller des Georg Elser, Christian Friedel, spricht Hochdeutsch. Solcher Purismus beeinträchtigt weder Authentizität noch Wirkung des Films. Georg Elser ist, wie schon im Brandauer-Film, nicht in der Apothese des durch die Geschichte gerechtfertigten Helden gezeichnet. War Georg bei Brandauer 1989 das Artefakt des Mannes aus dem Volk, der so handelte, wie viele hätten handeln müssen, so erscheint er 2015 in Hirschbiegels Film zwar als der Archetyp des Tyrannenmörders, aber auch mit den Eigenschaften und Schwächen des gewöhnlichen Mannes. Das macht den Film, der sich an die Fakten hält, sie durch fiktionale Szenen bereichert, zum wahrhaften Porträt des Bürgerbräu-Attentäters – so weit das bei der kargen Quellenlage möglich ist.[25]

Die meisten Hitlerbiografen historischer oder journalistischer Profession haben keine Mühe an den Attentäter Elser verschwendet, auch kaum die Forschungen der Kollegen zum Bürgerbräu-Anschlag zur Kenntnis genommen. Joachim Fest, Autor mit Starallüren in Sachen Hitler und Drittes Reich, behandelt den «namenlosen Einzelgänger» geringschätzig als belanglose Randfigur[26]. Weniger arrogant ist Ian Kershaw,[27] der ihn jedoch als «Zimmermann» einführt, was den werkstolzen Kunsttischler schwer gekränkt hätte. Peter Longerich[28] hat die falsche Berufsbezeichnung, die wohl auf einen Übersetzungsfehler des Kershaw-Werkes zurückgeht, übernommen. David Irving,[29] dem – ehe er seine politische Heimat im Rechtsextremismus und bei Holocaustleugnern fand – akribische Recherche nachgesagt wurde, nennt Elser einen Uhrmacher. In diese Rolle war er auch – aus dramaturgischen Gründen – im Brandauer-Film gesteckt worden. Das sind unwichtige Details, sie zeugen aber vom Desinteresse an der Person des Hitler-Gegners aus bescheidenen Verhältnissen oder von einer vollkommenen Fixierung der Hitlerforscher auf den Diktator, von dem Elser die Welt erlösen wollte.

Mit Hitler beschäftigte sich auch der Germanist Joseph Peter Stern. Ihn interessierte in den 1970er Jahren die Faszination, die der «Führer» auf seine Gefolgschaft und auf die Mehrheit derer ausübte, die sich in zivilem Gehorsam in die «Volksgemeinschaft» fügten. J. P. Stern war 1920 in einer jüdischen Familie in Prag geboren, im Jahr des Bürgerbräu-Attentats nach Großbritannien emigriert, wo er eine große wissenschaftliche Karriere machte. Als einziger reagierte er auf die frühe historische Forschung zu Georg Elser. In seinem Buch,[30] das 1975 in Englisch, drei Jahre später auch auf Deutsch erschien, ist er auf der Suche nach der Ursache jener Begeisterung für Hitler und dessen Ideologie, die auch Intellektuelle wie Gottfried Benn und Emil Nolde, Richard Strauß oder Martin Heidegger und so viele ergriffen hatte, deren Jugendsünden erst Jahrzehnte nach dem Untergang des Hitlerstaats bekannt wurden. Stern war auf der Suche nach der Freiheit des Individuums in einer Welt, die von lustvoller Unterwerfung gekennzeichnet war. Georg Elser sah er deshalb als den Antagonisten Hitlers, als Mann ohne Ideologie, aber moralischen Postulaten verpflichtet, von ähnlichem Herkommen aus kleinen Verhältnissen wie Hitler, aber von den entgegengesetzten Idealen – Freiheit, Gerechtigkeit, Friedfertigkeit – angetrieben.

Die vielzitierte Metapher «Hitlers wahrer Antagonist»[31], womit Stern Elser als Repräsentanten der «kleinen Leute» mit deren altmodischer Moral, Wahrhaftigkeit und Rechtschaffenheit in Anspruch nimmt, ist in ihrer Unbedingtheit wohl nicht zu halten. Stern, der sich in den Fakten auf die Forschung Anton Hochs und in der Person auf den Wortlaut des Verhörs stützt, behandelt das Protokoll wie einen literarischen Text, als Quelle, die Aufschluss über Charakter und Gesinnung Georg Elsers gibt. Aber da stößt er auf jene Passage, die auch als Widerruf der oppositionellen Gesinnung gelesen werden kann. Er habe seine Ansicht geändert, sagt Elser am Ende des Verhörs. Er wolle, wenn dazu die Möglichkeit bestünde, versuchen, seinen Platz in der «Volksgemeinschaft» zu finden. «Ich glaube bestimmt, dass mein Plan gelungen wäre, wenn meine Auffassung richtig gewesen wäre. Nachdem er nicht gelungen ist, bin ich überzeugt, dass er nicht gelingen sollte und dass meine Ansicht falsch war.» Stern widersteht der Versuchung, diesen Satz zu interpretieren. Er begnügt sich mit rhetorischen Fragen: «Sagte er dies, um die eigene Haut zu retten und weil er meinte, sie wollten es so hören, oder glaubt er es tatsächlich?»[32] Das bleibt für die Elser-Biografie das unauflösliche Dilemma.[33]

Georg-Elser-Graffiti an der Hauswand in der Bayerstraße 69 nahe des Münchner Hauptbahnhofs von 2017

Als moralisches Gegenbild zum Diktator, den er beseitigen wollte, um Frieden, Anstand, Humanität zu retten, hat Stern Georg Elser als den «Mann ohne Ideologie» gezeichnet. Er steht für viele, die es hätte geben können, die sich jedoch nicht trauten, was Georg Elser wagte. Er steht für das Gute, für alle, die in Selbstverständlichkeit das als richtig und notwendig Erkannte tun, er steht für die Unbeirrbarkeit des zum Widerstand gegen Tyrannei Entschlossenen. Kein Held, aber doch Alleintäter in stiller Obsession, kein einsamer Querkopf, aber doch beharrlich im Schweigen über seine Absicht. Elser war ein kategorischer Moralist, in der Konsequenz der Ausführung einer als notwendig erkannten Tat. Zu Recht sehen die Nachgeborenen Georg Elser deshalb als besonders authentischen Widerstandskämpfer.

Anmerkungen

1. Acht Tote und 63 Verletzte – aber Hitler lebt
Der Mordanschlag im Münchner Bürgerbräu

1 Ernst Deuerlein (Hrsg.), Der Hitler-Putsch. Bayerische Dokumente zum 8./9. November 1923, Stuttgart 1962.
2 Lothar Gruchmann und Reinhard Weber (Hrsg.), Der Hitler-Prozeß 1924, 4 Bd., München 1997–1999.
3 Vgl. Hans Günther Hockerts, Mythos, Kult und Feste. München im nationalsozialistischen «Feierjahr», in: München – «Hauptstadt der Bewegung», Ausstellung des Münchner Stadtmuseums, Katalog/Begleitband, München 1993, S. 331–337.
4 Die Tagebücher von Joseph Goebbels, hrsg. Von Elke Fröhlich, Teil I., Band 7, München 1998, S. 188 (Eintragung 9. 11. 1939).
5 Vgl. z. B. «Der Führer rechnet mit England ab», in: Hannoverscher Kurier 9. 11. 1939.
6 Völkischer Beobachter, Berliner Ausgabe 9. 11. 1939.

2. Königsbronn: Industriedorf auf der Schwäbischen Alb – Idyll und Rebellen

1 Hermann Süskind, Geschichte des Klosters Königsbronn zur Zeit des Restitutionsedikts, Stuttgart 1906.
2 Christian Friedrich Daniel Schubart, Leben und Gesinnungen. Von ihm selbst im Kerker aufgesetzt, Stuttgart 1791, Reprint Leipzig 1980, S. 9.
3 Wortlaut des Briefes von Pfarrer Kadelbach an Hitler, 17. 9. 1934, in: Karl-Martin Hummel, Königsbronn. Aus der Geschichte seines Klosters und der evangelischen Kirchengemeinde (Vortrag anlässlich der Einweihung des evangelischen Gemeindehauses Königsbronn am 15. 1. 1968), in: Rund um den Herwartstein, Königsbronner Wochenblatt, 15. 3. 1968.
4 Ulrich Kadelbach, Requiem für einen Vater. Mit einem Vorwort von Erhard Eppler, Stuttgart 2007 (zuerst 1999).

3. Kindheit, Jugend, Wanderjahre

1 Völkischer Beobachter 22. 11. 1939.
2 Hamburger Tageblatt 22. 11. 1939.
3 Völkischer Beobachter Münchner Ausgabe 23. 11. 1939.
4 Landespolizei Württemberg/Kriminalhauptstelle Stuttgart/Außenstelle Ellwangen, Vernehmung Maria Elser am 19. 6. 1950, Institut für Zeitgeschichte, München Archiv, Bestand ZS/A 17 (künftig zit.: IfZ).
5 Allgemeine Realencyclopädie oder Conversationslexicon für das katholische Deutschland, Band 8, Regensburg 1848.
6 Ein Blick ins Archiv, S. 19.
7 Tobias Engelsing/Ulrich Renz, Elser & Sohn. Prägende Jahre am Bodensee, Königsbronn 2009, S. 12.
8 Die biografischen Details folgen dem Vernehmungsprotokoll, der Hauptquelle zu Person und Tat Georg Elsers. Das Protokoll wurde zuerst publiziert und kommentiert von Lothar Gruchmann: Johann Georg Elser. Autobiographie eines Attentäters. Aussage zum Anschlag im Bürgerbräukeller, Stuttgart 1970. S. a. Anton Hoch und Lothar Gruchmann: Georg Elser. Der Attentäter aus dem Volke, Frankfurt a. M. 1980. Das Protokoll ist auch in der Schriftenreihe der Georg Elser Gedenkstätte Königsbronn, Band 7, Königsbronn 2006 und 2011 veröffentlicht: Das Protokoll. Die Autobiographie des Georg Elser. Abgedruckt auch im Dokumentenanhang bei Peter Steinbach und Johannes Tuchel: Georg Elser. Der Hitler-Attentäter, Berlin 2010, S. 208–337.

4. Der Aufstieg der NSDAP in Württemberg

1 Die Zahlen und weitere wichtige Informationen verdanke ich Engelbert Frey (Königsbronn), der seine Forschungen zusammengefasst hat im Text «Potz, Blitz und Donner – Königsbronner!» Der Versuch einer Annäherung an eine gefühlte Mentalität, Königsbronn Dezember 2021.

5. Prekäre Existenz in der Heimat

1 Ulrich Renz, Elser und Elsa. Geschichten um den Königsbronner Widerstandskämpfer, Königsbronn 2014.
2 Ebenda, S. 14.
3 Ebenda, S. 9.
4 Protokoll der Vernehmungen Georg Elsers zwischen dem 19. und 23. November 1923 in Berlin im Geheimen Staatspolizeiamt, Prinz-Albrecht-Straße 8, in: Steinbach/Tuchel, Georg Elser, S. 208–337, zit. S. 262 (künftig: Vernehmungsprotokoll).

5 Vernehmungsprotokoll, S. 265 f.
6 Vernehmungsprotokoll, S. 257 f.
7 Ebenda, S. 257.

6. Tyrannenmord: ethische Voraussetzungen und technische Probleme

1 Peter Hoffmann, Die Sicherheit des Diktators. Hitlers Leibwachen, Schutzmaßnahmen, Residenzen, Hauptquartiere, München 1975.
2 Will Berthold, Die 42 Attentate auf Adolf Hitler, Wien 1997.
3 Peter Hoffmann, Widerstand, Staatsstreich, Attentat. Der Kampf der Opposition gegen Hitler, München 1969.
4 Joachim Fest, Staatsstreich. Der lange Weg zum 20. Juli, Berlin 1994; Peter Hoffmann, Stauffenberg und der 20. Juli 1944, München 1998; Gerd R. Ueberschär, Stauffenberg und das Attentat vom 20. Juli 1944, Frankfurt a. M. 2004; Thomas Karlauf, Stauffenberg. Porträt eines Attentäters, München 2019.
5 Bernd Burckhardt, Helmut Hirsch. Ein Aktivist der bündischen Jugend, in: Michael Bosch, Wolfgang Niess (Hrsg.), Der Widerstand im deutschen Südwesten 1933–1945, Stuttgart 1984.
6 Hoffmann, Sicherheit des Diktators, S. 137.
7 Klaus Urner, Der Schweizer Hitler-Attentäter. Drei Studien zum Widerstand und seinen Grenzbereichen. Systemgebundener Widerstand. Einzeltäter und ihr Umfeld. Maurice Bavaud und Marcel Gerbonay, Zürich 1982; Peter Hoffmann, Maurice Bavaud's Attempt to assassinate Hitler in 1938, in: George L. Mosse (Ed.), Police Forces in History, London 1975, p. 173–204.
8 Rolf Hochhuth, «Tell 38». Er wollte Hitler töten. Der Fall des Theologie-Studenten Maurice Bavaud, in: Die Zeit, Nr. 52, 17. 12. 1976; ders., «Tell 38». Dankrede für den Baseler Kunstpreis 1976 am 2. Dezember 1976 in der Aula des Alten Museums. Anmerkungen und Dokumente, Reinbek bei Hamburg 1979.
9 Oswald Bindrich/Susanne Römer, Beppo Römer. Ein Leben zwischen Revolution und Nation, Berlin 1991, S. 54.
10 Klaus-Jürgen Müller, Generaloberst Ludwig Beck. Eine Biographie, Paderborn 2009[2].
11 Erich Kordt, Nicht aus den Akten … Die Wilhelmstraße in Frieden und Krieg. Erlebnisse, Begegnungen und Eindrücke 1928–1945, Stuttgart 1950, S. 369 ff.
12 Hoffmann, Sicherheit des Diktators, S. 177 f.
13 Bodo Scheurig, Henning von Tresckow. Ein Preuße gegen Hitler. Eine Biographie, Berlin 1997.
14 Fabian von Schlabrendorff, Offiziere gegen Hitler, Frankfurt a. M. 1959 [zuerst 1946], S. 93.
15 Philipp von Boeselager, Wir wollten Hitler töten. Ein letzter Zeuge des 20. Juli erinnert sich, München 2011.

16 Schlabrendorff, Offiziere, S. 94.

17 Rudolf-Christoph von Gersdorff, Soldat im Untergang, Frankfurt a. M. 1979.

18 Jürgen Engert, «Er wollte Hitler töten». Ein Porträt des Axel von dem Bussche, in: Gevinon von Medem, Axel von dem Bussche, Mainz 1994, S. 143–158, zit. S. 150.

19 Horst Mühleisen, Hellmuth Stieff und der deutsche Widerstand, in: Vierteljahrshefte für Zeitgeschichte 39 (1991), S. 339–377.

20 Zit. nach Engert, «Er wollte Hitler töten», S. 148 und 152.

21 Eberhard von Breitenbuch, Erinnerungen eines Reserveoffiziers 1939–1945. Aufgeschrieben zur Kenntnis meiner Kinder. Hrsg. von Andreas von Breitenbuch, Norderstedt o. J. [2010], S. 124.

22 Ebenda.

23 Frank Werner, Eberhard von Breitenbuch. Ein Offizier, der Hitler töten wollte, in: Schaumburger Landschaft (Hrsg.), Gegen den Strom. Widerstand und Zivilcourage im Nationalsozialismus in Schaumburg, Bielefeld 2005, S. 62.

24 Gersdorff, Soldat im Untergang, S. 149.

7. Entschluss und Obsession

1 Vgl. Ulrich Renz, Elser und der Fabrikant und weitere Beiträge zu Leben und Tat des Widerstandskämpfers, Königsbronn 2020.

2 Ebenda, Bericht Erhard Waldenmaier, 11. 5. 1936, S. 15–16.

3 Interview mit Eugen Rau, Frühsommer 1988, in: Georg-Elser-Arbeitskreis (Hrsg.), Gegen Hitler – gegen den Krieg! Georg Elser. Der Einzelgänger, der frei und ohne Ideologie, auf sich selbst gestellt, bereit war zum Eingriff in die Geschichte, Heidenheim 2003, S. 68 f.

4 Hellmut G. Haasis, «Den Hitler jag' ich in die Luft». Der Attentäter Georg Elser. Eine Biographie, Reinbek 2001, S. 175 f. Vgl. Peter Steinbach/Johannes Tuchel, Georg Elser. Der Hitler-Attentäter, Berlin 2010, S. 65 und insbesondere die textkritische Anmerkung 44, S. 342.

8. Vorbereitung der Tat

1 Interview Erna Danzl mit Rosa Lehmann, 10. 7. 1969, IfZ 25/A17 Nr. 52.

2 Nach architektonischem und kunstwissenschaftlichem Verständnis war es ein Pfeiler. Da Elser im Verhör stets von einer Säule sprach und diese Lesart in die Literatur zum Bürgerbräu-Attentat einging, wird auch im Folgenden auf semantische Spitzfindigkeit verzichtet.

9. Der historische Augenblick

1 Heeresadjutant bei Hitler 1938–1943. Aufzeichnungen des Majors Engel. Hrsg. von Hildegard von Kotze, Stuttgart 1974, S. 66 f.

2 Es gibt zwei Versionen für Hitlers Reise nach München: Laut Harald Sandner, Hitler. Das Itinerar. Aufenthaltsorte und Reisen von 1889 bis 1945, Bd. 3:1934–1939, Berlin 2016, S. 1757 fuhr Hitler um 22.40 Uhr mit der Bahn in Berlin ab, übernachtete im Sonderzug und kam um 10.32 Uhr in München an. Hitlers Pilot erinnert sich dagegen: «Am 8. November 1939 flogen wir zu den traditionellen Feiern zum 9. November nach München. Kurz nach der Landung wurde ich von Hitler gefragt, ob es möglich wäre, am 10. November vormittags um 10 Uhr wieder in Berlin zu sein. Es sei eine dringende Besprechung anberaumt, die sich nicht verschieben lasse. Da im November mit einfallendem Nebel zu rechnen war, konnte ich die Garantie nicht übernehmen. Ich mußte, wenn auch mit geringer Wahrscheinlichkeit, immerhin damit rechnen, daß sich der Start um einige Stunden verschieben könnte. Hitler entschloß sich deshalb, mit dem Zuge nach Berlin zurückzufahren.» (Flugkapitän Hans Baur, Mit Mächtigen zwischen Himmel und Erde, Pr. Oldendorf 1971, S. 183.)

3 Anton Joachimsthaler, Hitlers Liste. Ein Dokument persönlicher Beziehungen, München 2003, S. 517–540.

4 Hans Baur, Mit Mächtigen zwischen Himmel und Erde, Preußisch Oldendorf 1971, S. 183 f.

5 In den ersten Reihen im «Bürgerbräukeller» saßen: Alfred Rosenberg – Reichsleiter der NSDAP, Chefideologe; Max Amann – Reichsleiter, Präsident der Reichspressekammer; Robert Ley – Leiter der Deutschen Arbeitsfront, Reichsleiter; Joseph Goebbels – Reichsminister für Volksaufklärung und Propaganda; Karl Fiehler – Reichsleiter, Chef des NSDAP-Hauptamtes für Kommunalpolitik; Konstantin Hierl – Reichsarbeitsführer; Wilhelm Frick – Reichsinnenminister; Julius Schaub – Adjutant Hitlers; Rudolf Heß – Stellvertreter des Führers; Friedrich Weber – Reichstierärzteführer; Adolf Hühnlein – Führer des NSKK; Hermann Kriebel – Oberstleutnant a. D., militärischer Führer des Putsches von 1923; Fritz Todt – Generalbevollmächtigter für die Regelung der Bauwirtschaft, Generalinspektor für das deutsche Straßenwesen; Franz Xaver Ritter von Epp – Reichsstatthalter in Bayern; Adolf Wagner – Gauleiter von München-Oberbayern; Martin Bormann – Reichsleiter, Chef der Parteikanzlei; Wilhelm Brückner – Chefadjutant Hitlers; Heinrich Himmler – Reichsführer SS; Ulrich Graf – früher persönlicher Begleiter Hitlers, Mitglied des Reichstages; Christian Weber – SS-Brigadeführer, Inspektor der SS-Reitschulen; Heinrich Hoffmann – Hitlers Fotograf («Reichsbildberichterstatter»); Rudolf Schmundt – Chefadjutant der Wehrmacht bei Hitler; Karl Wolff – Chef des Persönlichen Stabes Reichsführer SS. Es sind nur die Ränge angegeben, die sie am 8. November 1938 bekleideten. Zu-

sammenstellung von Ulrich Renz, in: Ein Blick ins Archiv: Dokumente und Aufzeichnungen aus der Königsbronner Gedenk- und Forschungsstätte, Königsbronn 2010, S. 20 f.

6 Hermann Göring, damals der zweite Mann im Staat, fehlte allerdings am 8. November 1939 in München.

7 Jakob Grimminger (geboren 1892) war Modellschreiner von Beruf. Als Mitglied der NSDAP und SA seit 1922 nahm er am Hitlerputsch teil. 1926 wurde der SS-Mann (Mitglied Nr. 135) zum Träger der «Blutfahne» bestimmt. 1929 bis 1945 gehörte er dem Münchner Stadtrat an, ohne irgendeine politische Rolle zu spielen. Im Entnazifizierungsverfahren wurde er in zweiter Instanz als «minderbelastet» deklariert.

8 Wortlaut in: Der großdeutsche Freiheitskampf. Reden Adolf Hitlers vom 1. September 1939 bis 10. März 1940, hrsg. von Reichsleiter Philipp Bouhler, München 1940, S. 111–129.

9 Interview Maria Strobl, 15. 10. 1959, IfZ.

10 Völkischer Beobachter, 9. 11. 1939.

11 Der Grenzbote, 9. 11. 1939 (Anschlag im Bürgerbräukeller).

12 Die Entdeckung des Dokuments im Rundfunkarchiv Frankfurt a. M. ist das Verdienst des Autors Hellmut G. Haasis, der in seiner Elser-Biografie Auszüge publiziert hat: Hellmut G. Haasis, Den Hitler jag ich in die Luft, Reinbek 2001 (zuerst 1999), S. 37 f.

13 Hamburger Tageblatt, 12. 11. 1939, zit. nach Gerhard Schoebe, Die Hitler-Rede vom 8. November 1939. Erläuterungen und Hinweise für die Auswertung des Tonbandes, Hamburg 1960, S. 34.

14 Münchner Neueste Nachrichten, 10. 11. 1939.

15 Ebenda.

10. Verhaftung

1 Bericht Xaver Rieger G. A. St. Konstanz I, 15. 12. 1939, in: Steinbach/Tuchel, Georg Elser, S. 179 f.

2 Ebenda. S. 181.

3 Stefan Scheytt/Oliver Schröm, Unerschrocken zugepackt. Von den Nazis belohnt – ein Orden aus Bonn: Der Mann, der Georg Elser verhaftete, in: Die Zeit, 24. 11. 1989.

4 Die Opposition bayerischer Monarchisten und des katholischen Adels wurde vom NS-Regime sorgfältig beobachtet. Der Widerstand bestand bis zum 20. Juli 1944, zu dessen Umkreis Beziehungen existierten. Vgl. Wolfgang Benz, Im Widerstand. Größe und Scheitern der Opposition gegen Hitler, München 2019, S. 64 ff.

5 Vgl. die widersprüchlichen Aussagen Hubers, IfZ 2S 735, und deren skeptische Beurteilung durch Steinbach und Tuchel, in Georg Elser, S. 95 und S. 346 f.

6 Münchner Neueste Nachrichten, 22. 11. 1939.
7 Ebenda.

11. «Die Liebe zum Führer ist noch mehr gewachsen» Reaktionen und Wirkungen des Attentats

1 Thomas Mann, Tagebücher 1937–1938, hrsg. von Peter de Mendelssohn, Frankfurt a. M. 1980, S. 498.
2 Thomas Mann, Deutsche Hörer! Radiosendungen nach Deutschland aus den Jahren 1940 bis 1945, Frankfurt a. M. 1987, S. 106 f.
3 Gestapo München an Oberbürgermeister München, 6. März 1940, Faksimile in: Ulrich Renz/Joachim Ziller, Bürgerbräukeller. Hochburg und Trümmerfeld, Königsbronn 2011, S. 22 (Schriftenreihe Erinnerungs- und Forschungsstätte Georg Elser, Königsbronn Nr. 12).
4 Korrespondenz ebenda.
5 Anton Hoch, Das Attentat auf Hitler im Münchner Bürgerbräukeller 1939, in: Vierteljahrshefte für Zeitgeschichte 17 (1969), H. 4, S. 383–413, zit. nach Hoch/Gruchmann, Attentäter, S. 33 u. 164.
6 Ebenda, S. 34.
7 Aktenvermerk Eberstein, 9. 11. 1939, IfZ, gedruckt in: Tuchel/Steinbach, S. 182 f.
8 Helmut Krausnick/Hans-Heinrich Wilhelm, Die Truppe des Weltanschauungskrieges. Die Einsatzgruppen der Sicherheitspolizei und des SD 1938–1942, Stuttgart 1981.
9 Hans Bernd Gisevius, Bis zum bittern Ende, Zürich 1946; ders., Wo ist Nebe? Zürich 1966.
10 Steinbach/Tuchel, Georg Elser, S. 187 Faksimile.
11 Völkischer Beobachter, Münchener Ausgabe, 11. 11. 1939.
12 Ebenda. Vgl. Volker Ackermann, Nationale Totenfeiern in Deutschland. Von Wilhelm I. bis Franz Josef Strauß. Eine Studie zur politischen Semiotik, Stuttgart 1990, S. 169 f.
13 Walter Schellenberg, Memoiren, Köln 1959, S. 79–83, zit. S. 83.
14 Ebenda, S. 84.
15 Völkischer Beobachter, Münchner Ausgabe 23. 11. 1939.
16 Das Schwarze Korps. Zeitung der Schutzstaffeln der NSDAP – Organ der Reichsführung SS, 30. November 1939.
17 Patrick Moreau, Nationalismus von links. Die «Kampfgemeinschaft Revolutionärer Nationalsozialisten» und die «Schwarze Front» Otto Straßers 1930–1935, Stuttgart 1984; Otto Straßer, Hitler und ich, Konstanz 1948; ders., Mein Kampf, Frankfurt a. M. 1969.
18 Vgl. Zeitungsartikel wie «Anschlag oder Propagandatrick? Vor 10 Jahren: Explosion im Bürgerbräu», in: Telegraf (Berlin), 9. 11. 1949; Ernst Günther, Das Atten-

tat im Bürgerbräukeller aufgeklärt. Hitler opferte «alte Kämpfer» zur Stimmungsmache, in: Süddeutsche Zeitung, 22. 2. 1946; dagegen: Das umstrittene Attentat im Bürgerbräukeller. Der Täter Elser hatte keine Hintermänner/Die Schliche der Goebbels-Propaganda, in: Süddeutsche Zeitung, 21. 7. 1949.

19 DNB 10. 11. 1938, zit. nach Hellmut G. Haasis, Georg Elsers Attentat im Spiegel der NS-Presse und des Schweizer Journalismus, in: Andreas Grießinger (Hrsg.), Grenzgänger am Bodensee. Georg Elser. Verfolgte-Flüchtlinge-Opportunisten, Konstanz 2000, S. 92.

20 Deutsche Allgemeine Zeitung, 10. 11. 1939, Berliner Ausgabe («Der Welteindruck des Attentats»).

21 Appenzeller Zeitung 10. 11. 1939, zit. nach Grießinger, Grenzgänger, S. 109.

22 Appenzeller Zeitung 23. 11. 1939, zit. ebenda, S. 97 f.

23 National-Zeitung, Basel 9. und 15. 11. 1939, zit. ebenda, S. 104.

24 Basler Volksblatt, 9. 11. 1939, zit. ebenda, S. 105 f.

25 Heinz Boberach (Hrsg.), Meldungen aus dem Reich. Die geheimen Lageberichte des Sicherheitsdienstes der SS 1938–1945. Herrsching 1984, Bd. 2, S. 441.

26 Victor Klemperer, Ich will Zeugnis ablegen bis zum letzten: Tagebücher 1933–1941, Berlin 1995, Bd. 1, S. 499.

27 Bericht zur innenpolitischen Lage (Nr. 15), 13. 11. 1939, in: Boberach (Hrsg.), Meldungen aus dem Reich, Bd. 3, S. 449.

28 Ebenda.

29 Ebenda.

30 Reaktion der Kirchen auf das Münchner Attentat, ebenda, S. 459.

31 Klemperer, Ich will Zeugnis ablegen, Band 1, S. 501.

32 Neuer Vorwärts. Sozialdemokratisches Wochenblatt, Paris 19. 11. 1939, zit. nach ebenda, S. 60.

33 Deutschland-Berichte der Sozialdemokratischen Partei Deutschlands (SOPADE) 1934–1940, 6. Jahrgang 1939, 2. Dezember 1939, S. 1023 f.

34 Ebenda.

35 Die Anweisung zum Aufmarsch unter diesem Tarnbegriff basierte auf dem «Schlieffenplan» des Ersten Weltkriegs und sah den Durchbruch starker Panzerverbände durch belgisches Gebiet gegen Frankreich vor.

36 Hans Bernd Gisevius, Wo ist Nebe? Erinnerungen an Hitlers Reichskriminaldirektor, Zürich 1966, S. 187.

37 Denkschrift Ludwig Beck, 2. 1. 1940, in: Helmuth Groscurth, Tagebücher eines Abwehroffiziers 1938–1940, hrsg. Von Helmuth Krausnick u. a., Stuttgart 1970, S. 493–497. Zit. 497.

38 Bericht zur innenpolitischen Lage (Nr. 19), 22. 11. 1939, in: Boberach (Hrsg.), Meldungen aus dem Reich, Bd. 3, S. 481.

39 Bericht zur innenpolitischen Lage (Nr. 20), 24. 11. 1939, ebenda, S. 491.

12. Verhöre, Terror, Sippenhaft

1 Mitteilung F. J. Huber, IfZ, ZS 735, zit. nach Hoch, Attentat, S. 37. Zur Bewertung der Aussagen Hubers vgl. allerdings Steinbach/Tuchel, Georg Elser, S. 346.

2 Lothar Gruchmann (Hrsg.), Johann Georg Elser, Autobiographie eines Attentäters. Der Anschlag auf Hitler im Bürgerbräu 1939, Stuttgart 1969.

3 Johannes Tuchel und Reinold Schattenfroh, Zentrale des Terrors. Prinz-Albrecht-Straße 8: Hauptquartier der Gestapo, Berlin 1987.

4 Anton Hoch, Recherchen zum Bürgerbräu-Attentat, IfZ.

5 Ulrich Renz, Elser und die Kommissare. Bericht über eine Spurensuche, Königsbronn 2008.

6 Alle folgenden Angaben und Zitate nach dem Protokoll der Ermittlungen der Landespolizei Württemberg/Kriminalhauptstelle Stuttgart/Außenstelle Ellwangen auf Ersuchen der Staatsanwaltschaft beim OLG München. Die Vernehmung fand am 28. 7. 1950 in der Wohnung Göppingen-Jebenhausen statt.

7 Dr. Joseph Goebbels, Vom Kaiserhof zur Reichskanzlei, München 1934, S. 251 f.

8 Aussage Elsa Votteler, geschiedene Härlen am 28. 7. 1950, IfZ 2S/A-17/83–115.

9 Vernehmung der Maria Hirth am 4. 8. 1950 in Stuttgart, IfZ 2S/A-17/01–112.

10 Vernehmung Karl Hirth, 5. 8. 1950, IfZ 2S A17/01–110.

11 Interview mit Hans Elser, in: Gegen Hitler – gegen den Krieg! Georg Elser, Der Einzelgänger, der frei und ohne Ideologie, auf sich selbst gestellt, bereit war zum Eingriff in die Geschichte, hrsg. vom Georg-Elser-Arbeitskreis, Heidenheim 2003, S. 73–75.

12 Vernehmung Wilhelm Rauschenberger am 9. 8. 1950 in Stuttgart, in: Ulrich Renz (Bearb.), Georg Elsers Abschied. Angehörige und anderen Zeugen berichten über die letzte Begegnung mit dem Widerstandskämpfer, Königsbronn 2015, S. 31–39.

13 Vernehmung Maria Daberger geb. Schmauder am 22. 8. 1950 in Schnaitheim, ebenda, S. 40.

14 Schreiben Vollmer an Rundfunkdirektion München, 17. 3. 1946, in: Vernehmung Vollmers im Ermittlungsverfahren LG Stuttgart am 20. 6. 1950, IfZ.

15 Der Fama Karl Kuch ist an markantem Ort ein Aufsatz gewidmet, der die gängigen Ingredienzen mit weiteren Spekulationen garniert: Gottfried Odenwald, Georg Elser und Karl Kuch, zwei Königsbronner. Erwägungen zum Hintergrund des Münchener Attentats, in: Heimat- und Altertumsverein Heidenheim an der Brenz (Hrsg.), Jahrbuch 1996, S. 288–306.

16 Die Akte Elser, Königsbronn 2000.

17 Wolfram Selig, Welzheim, in: Wolfgang Benz/Barbara Distel (Hrsg.), Der Ort des Terrors. Geschichte der nationalsozialistischen Konzentrationslager, Band 9, München 2009, S. 511–520.

18 Aufzeichnungen Johann Georg Vollmer (jun.), Besuch bei Rudolf Hess durch

meine Mutter, Königsbronn 1991, Manuskript in der Georg Elser Gedenkstätte Königsbronn.

19 Sippschaft Elser, 18. 11. 1939, Kriminalpolizeistelle München, IfZ, 2S/A-17/85, S. 73–79.

20 Die Akte Elser, Königsbronn 2000. Die Publikation, bearbeitet von Ulrich Renz, dokumentiert den Fragenkatalog und den Ermittlungsbericht, deren Originale im Schweizer Bundesarchiv Bern liegen.

13. Einsamkeit und Todesangst

1 Ulrich Renz, Georg Elser und die Justiz, Königsbronn 2018, dort die eidesstattliche Erklärung des Staatsanwalts a. D. Karl Spahr, 14. 7. 1947, S. 16 f.; s. a. Helmuth Groscurth, Tagebücher eines Abwehroffiziers, S. 309 (Eintragung 15. 11. 1939).

2 Steinbach/Tuchel, Georg Elser, S. 124 f.

3 Ulrich Herbert, Von der Gegnerbekämpfung zur «rassischen Generalprävention». «Schutzhaft» und Konzentrationslager in der Konzeption der Gestapo-Führung 1933–1939, in: ders. (Hrsg.), Die nationalsozialistischen Konzentrationslager. Entwicklung und Struktur, Göttingen 1998, S. 60–68.

4 Volker Koop, In Hitlers Hand. Die Sonder- und Ehrenhäftlinge der SS, Köln 2010.

5 Eccarius geriet 1945 in sowjetische Gefangenschaft und war bis Herbst 1955 im Arbeitslager Workuta. 1956 in die BRD entlassen, wurde er in Strafverfahren 1962 und 1969 zu 8 ½ Jahren Zuchthaus verurteilt.

6 Für weitere Sondergefangene wie den Herzog Albrecht von Bayern mit Familie und fünf minderjährige Töchter des Kronprinzen Rupprecht, Mitglieder des italienischen Königshauses, den SPD-Politiker Rudolf Breitscheid, Fritz Thyssen und den ehemaligen österreichischen Bundeskanzler Kurt Schuschnigg errichtete die SS-Bauverwaltung 1941 die vier Einfamilienhäuser des «Sonderlagers» am nordwestlichen Rand des KZ, das ab 1942 erweitert wurde. Bei zwei Männern bestand der Haftgrund daraus, dass sie ohne Verwandtschaft mit dem britischen Premier den Namen Churchill trugen. Einige Gefangene wurden aus dem Zellenbau ins Sonderlager verlegt. Vgl. Hermann Kaienburg, Das Konzentrationslager Sachsenhausen 1936–1945. Zentrallager des KZ-Systems, Berlin 2021, S. 154 ff.

7 Armin Fuhrer, Herschel. Das Attentat des Herschel Grynszpan am 7. November 1938 und der Beginn des Holocaust, Berlin 2013.

8 Martin Niemöller, Vom U-Boot zur Kanzel, Berlin 1934.

9 Wilhelm Niemöller, Der Pfarrernotbund. Geschichte einer kämpfenden Bruderschaft, Hamburg 1973.

10 James Bentley, Martin Niemöller. Eine Biographie, München 1985.

11 Harry Naujocks, Mein Leben im KZ Sachsenhausen 1936–1942. Erinnerungen des ehemaligen Lagerältesten, Köln 1987, S. 222 f.

12 Steinbach/Tuchel, Georg Elser, S. 125 f.

13 Vgl. die ausführliche und gut belegte Darstellung ebenda, S. 124 f.

14 Aussage Dr. Corbinian Hofmeister in der gerichtlichen Voruntersuchung gegen Stiller, Edgar wegen Beihilfe zum Mord, Untersuchungsrichter beim Landgericht München II, 17. Oktober 1951, Staatsarchiv München StAnw M 11 VSG 25/2. Die Identität eines SS-Mannes namens Possenig war nicht zu ermitteln.

15 Aussage Dr. Michael Höck am 28. August 1951 in der Untersuchung gegen Stiller wegen Beihilfe zum Mord, Staatsarchiv München, StAnw M II VSG 25/2.

16 Aussage Paul Wauer in der gerichtlichen Untersuchung gegen Stiller 16. 7. 51, ebenda.

17 Aussage Dr. Lothar Rohde am 1. 9. 1951 vor dem Untersuchungsrichter beim LG München II, Staatsarchiv München StAnw M 11 VSF 25/2.

18 Aussage Franz Xaver Lechner, 25. September 1951 vor dem Untersuchungsrichter beim LG München II, ebenda. Lechner nennt als Datum der geschilderten Begebenheit allerdings, wie Rohde, den Tag vor Elsers Tod.

14. Das Ende

1 Isa Vermehren, Reise durch den letzten Akt. Ein Bericht, Hamburg 1946.

2 Faksimile in: Steinbach/Tuchel, Georg Elser, S. 197.

3 Miriam Wolf, Das Verfahren gegen Walter Huppenkothen und Otto Thorbeck. Die gescheiterte Aufarbeitung der Ermordung der Widerstandskämpfer um Dietrich Bonhoeffer und Wilhelm Canaris durch die westdeutsche Nachkriegsjustiz, Berlin 2021.

4 Elsers Mörder, SS-Oberscharführer Theodor Bongartz geriet, getarnt als Soldat der Wehrmacht in amerikanische Gefangenschaft. Er starb am 15. Mai 1945 in einem Lager bei Heilbronn. Vgl. Ulrich Renz, Georg Elser, Allein gegen Hitler, Stuttgart 2014, S. 80.

5 Ulrich Renz, Georg Elser und die Justiz. Falsches Todesdatum und andere Denkwürdigkeiten, Königsbronn 2018.

6 Johannes Tuchel, Die Kommandanten des Konzentrationslagers Dachau, in: Dachauer Hefte 10 (1994), S. 69–90, insbes. S. 88 f.

7 Christian Friedrich Daniel Schubart, Leben und Gesinnungen. Eine Selbstbiographie, Stuttgart 1791, Reprint Leipzig 1980, S. 150 ff.

8 Dies geschah einige Wochen nach der Ausstrahlung des Fernsehfilms «Der Attentäter», in dem Leonhard Elser über seinen Bruder berichtet hatte. Er schenkte das Instrument Georgs Sohn Manfred, der es bis zu seinem Tod 1997 spielte. Jetzt befindet sich die Zither in der Gedenkstätte Königsbronn. Ulrich Renz, Die Rückkehr der Zither, in: ders., Elser und der Fabrikant, S. 26 f.

15. Vergessen, verleugnet, verleumdet

1 Isa Vermehren, Reise durch den letzten Akt. Ein Bericht, Hamburg 1946, S. 178.

2 Pfarrer Niemöller D. D. an die Göttinger Studenten. Rede, gehalten auf Einladung der Evangelischen Studentengemeinde am 17. Januar 1946 zu St. Jacobi in Göttingen, in: Ulrich Renz (Bearb.), Der Fall Niemöller. Ein Briefwechsel zwischen Georg Elsers Mutter und dem Kirchenpräsidenten, Königsbronn 2002, S. 11–22.

3 Marie Elser an Pastor Niemöller, 13. und 23. Februar 1943, Wortlaut in: ebenda, S. 24–25. Orthographie und Interpunktion so im Original.

4 Niemöller an Marie Elser, 23. 3. 1946, ebenda, S. 26–27.

5 Niemöller an Generalstaatsanwalt München, 15. 9. 1950, ebenda, S. 30–31.

6 S. Payne Best, The Venlo Incident, London 1950.

7 Ebenda, S. 94.

8 Rudolf Wunderlich an Harry Naujoks, 30. 07. 1965, Gedenkstätte Sachsenhausen, Archiv.

9 Der Name erscheint auch in amtlichen Unterlagen sowohl als Uslepp wie als Usslepp. Dass er in der Monografie Andrea Riedle, Die Angehörigen des Kommandanturstabes im KZ Sachsenhausen. Sozialstruktur, Dienstwege und biografische Studien, Berlin 2011, überhaupt nicht erwähnt wird, ist Indiz für seine Bedeutungslosigkeit und Hinweis zur kritischen Beurteilung seiner Rolle im Umfeld Elsers.

10 Unter der Serienüberschrift «Endlich die Wahrheit über das Hitler-Attentat im Münchener Bürgerbräukeller» erschienen drei Folgen, am 6. 4. 1956 («Der Geheimnisvolle von Zelle 13»), 13. 4. 1956 («Auf jeden Fall eine Hinrichtung») und am 20. 4. 1956 («Der letzte Gang des Generals»).

11 Ebenda, Folge 1.

12 Georg Elser: Sonderhäftling Hitlers. Im Auftrag des «Führers» und Himmlers legte er am 8. November 1939 im Münchner Bürgerbräukeller die Bombe, 14. 8. 1959, Kopie ohne Angabe des Mediums im Archiv der KZ-Gedenkstätte Dachau.

13 Erwin Roth, «Der Geheimnisvolle von Zelle 13», Heidenheimer Zeitung 10. und 11. 4. 1956, ders. Georg Elser – die Hand am Rad der Geschichte, 21. 4. 1956, beide Artikel in: Ulrich Renz, Gebt ihm seine Tat zurück. Erwin Roth findet die Wahrheit über Georg Elser, Königsbronn 2007, S. 10–22.

14 Schreiben Rudolf Wunderlich an Harry Naujoks, 30. 7. 1965 mit Notizen über die Sendung «Das bestellte Attentat» NDR-Fernsehen 9. 11. 1965 (Zeitzeugen-Statements von Leonhard Elser, Elsa Härlen, Georg Vollmer, Pastor Niemöller, Stevens, Usslepp) und die Panorama-Sendung Juli 1965 mit Gerhard Binder, Hans Mommsen, Fritz Tobias, Anton Hoch, Peter Schier-Gribowsky, Archiv Gedenkstätte Sachsenhausen.

15 Wortlaut in: Kampf um Gerechtigkeit. Das Schicksal der Familie Hirth. Mit einem Vorwort von Ulrich Renz und Dokumenten zu ihrem Kampf um Entschädigung, Königsbronn 2007, S. 17 f.

16 Heidenheimer Zeitung 26. 5. 2014 («Die These vom Spinner. Der Journalist Ulrich Renz versucht mit den Vorurteilen gegen Georg Elser aufzuräumen» und «Georg Vollmer verstorben. Ein Leben für den Sport und die Politik»).

17 Auch in: Juristische Zeitgeschichte 1 (1999/2000), S. 206–216.

18 Vgl. Der Streit um den Widerstandskämpfer Georg Elser. Forum, in: Jahrbuch Extremismus und Demokratie 12 (2000), S. 95–178.

19 Ebenda, S. 101–139.

20 Lothar Fritze, Legitimer Widerstand? Der Fall Elser, Berlin 2009. S.a. ders., Geschichtspolitischer Fehlschlag. Zum Verständnis eines Skandalisierungsversuchs, in: Aufklärung und Kritik 2 (2010), S. 203–210.

21 Benedikt Erenz, Unfassbar. Ein Anschlag auf den Widerstand, in: DIE ZEIT 11. 11. 1999; Peter Steinbach/Johannes Tuchel. Der Mann, der es tat. Leben und Nachleben des Widerstandskämpfers Georg Elser, in: DIE ZEIT, 28. 10. 1999, dies., Kein Denkmal für Elser. Wie der Widerstandskämpfer nach dem Krieg verleumdet wurde, ebenda 4. 11. 1999.

22 Uwe Backes, «Neurotischer Umgang mit NS-Geschichte», in: «Dresdner Neueste Nachrichten» vom 6. Januar 2000.

16. Lichtgestalt des Widerstands

1 Leserbrief Josef Schurr an die Redaktion der Donau-Zeitung Ulm, 25. Januar 1947. Der Leserbrief wurde lt. Mitteilung von Ulrich Renz, dem ich für den Wortlaut des Originals danke, nur teilweise abgedruckt. Anlass war ein Artikel in der Donau-Zeitung, der die bekannten Gerüchte und Legenden kolportierte. Die Details, die Schurr zur Bekanntschaft mit Elser anführt, sind größtenteils nicht plausibel oder falsch.

2 Anton Hoch, Das Attentat auf Hitler im Münchner Bürgerbräu-Keller 1939, in: Vierteljahrshefte für Zeitgeschichte 17 (1969), S. 383–413.

3 Lothar Gruchmann (Hrsg.), Autobiographie eines Attentäters. Aussage zum Anschlag im Bürgerbräukeller, Stuttgart 1970.

4 Hermann Pretsch, Wohin mit dem Schnaitheimer Schreiner? Georg Elser – Vierzig Jahre nach dem Attentat auf Adolf Hitler im Münchner Bürgerbräukeller, in: Stuttgarter Zeitung 10. 11. 1979.

5 Leserbrief Dr. med. Rudolf Fuchs, Hermaringen, in: Heidenheimer Zeitung 21. 12. 1982.

6 Peter Henkel, Zu viel Aufwand für Verwaltung und Anlieger. Die misslungene Ehrung eines Mannes, der Hitler beseitigen wollte, in: Frankfurter Rundschau, 31. 1. 1983.

7 Dem Georg Elser Arbeitskreis Hermaringen danke ich herzlich für Gespräch und Unterlagen über die Hermaringer Bürgerinitiative «Joh.-Georg-Elser-Straße»; Pfarrer i. R. Hermann Hörger danke ich für telefonische Auskünfte.

8 Peter-Paul Zahl, Johann Georg Elser. Ein deutsches Drama, Berlin 1982.

9 Erich Fried, Helga M. Novak, Initiativgruppe P. P. Zahl (Hrsg.), Am Beispiel Peter-Paul Zahl, Frankfurt a. M. 1976. Dort sind die folgenden juristischen Schritte ausführlich dokumentiert und kommentiert.

10 Ebenda, S. 86–101.

11 Ebenda, S. 117. Vgl. Heinrich Hannover, Die Republik vor Gericht. 1954–1974, Berlin 2000.

12 Rudi Dutschke, Georg Büchner und Peter-Paul Zahl, Oder: Widerstand im Übergang und mittendrin, in: Georg Büchner Jahrbuch 4 (1984), S. 10–75.

13 Ernst Volland, Peter-Paul Zahl, Interview Frühjahr 1994, blogs. taz.de 27. 1. 2011 (https://blogs. taz.de/peter_paul_zahl_interview_teil_2/).

14 Stephen Sheppard, The Artisan, New York 1986; ders. Georg Elser, einer aus Deutschland, München 1989.

15 Klaus Dammann, Das Attentat als Thriller: «Georg Elser – Einer aus Deutschland» (1989), in: Georg Elser im Kino. Filme über den Königsbronner Widerstandskämpfer, Königsbronn 2016, S. 18–24.

16 Ulrich Renz, Ein Widerstandskämpfer bei der «Arbeit». «Der Attentäter» (1969), in: ebenda, S. 9–14.

17 In: Rolf Hochhuth, Panik im Mai. Sämtliche Gedichte und Erzählungen, Reinbek 1991, S. 115–175.

18 Günter Peis, Zieh' dich aus, Georg Elser! 20 Jahre danach: Die Wahrheit über den 8. November 1939, in: Bild am Sonntag, Serie 8.11.-27. 12. 1959; Ernst Petry/ Günter Peis, Der Attentäter, in: Stern Nr. 18–20 3.5.-17. 5. 1964.

19 Hochhuth, Panik im Mai, S. 754 f.

20 Ulrich Renz, Hitlers «wahrer Antagonist». Briefmarke für den Widerstandskämpfer Johann Georg Elser, in: Tribüne. Zeitschrift zum Verständnis des Judentums 41 (2002), H. 164, S. 55–62.

21 Tobias Engelsing und Ulrich Renz, Elser & Sohn. Prägende Jahre am Bodensee, Königsbronn 2009, S. 11.

22 Die Zeitbombe. Beschreibung und Dokumentation des Nachbaus von Rudolf Hangs. Vorwort von Ulrich Renz, Königsbronn 2015.

23 Württembergisches Landesmuseum Stuttgart, Schwäbische Tüftler. Der Tüftler ein Schwabe? Der Schwabe ein Tüftler? Begleitbuch zur Ausstellung im Württembergischen Landesmuseum Stuttgart 13. 10. 1995–18. 1. 1996, Stuttgart 1995, S. 28–33.

24 Léonie-Claire Breinersdorfer, Das Drehbuch mehrfach umgeschrieben. Die Drehbuchautorin erinnert sich an die Filmarbeit, in: Georg Elser im Kino, S. 34–37.

25 Elser – Er hätte die Welt verändert, 2015, Regie Oliver Hirschbiegel, Uraufführung Berlin 12. Februar 2015.

26 Joachim Fest, Hitler. Eine Biographie, Frankfurt a. M. 1973.

27 Ian Kershaw, Hitler. 1936–1945, Stuttgart 2000, S. 372.

28 Peter Longerich, Hitler. Eine Biographie, München 2015, S. 711.

29 David Irving, Führer und Reichskanzler. Adolf Hitler 1933–1945, München 1989, S. 263 f.

30 J. P. Stern, Hitler. Der Führer und das Volk, München 1978.

31 J. P. Stern, Der Mann ohne Ideologie. Georg Elser – Hitlers wahrer Antagonist, in: Frankfurter Allgemeine Zeitung 4. 11. 1978.

32 Stern, S. 143.

33 J. P. Stern hat auch ein Hörspiel verfasst: «Der Mann ohne Ideologie. Leben und Rehabilitierung des Tischlergesellen Johann Georg Elser». Typoscript in der Gedenkstätte Königsbronn.

Quellen, Informationen, Dank

Die schwierige Quellenlage ist zu Beginn des Buches bereits angedeutet worden. Das Fehlen schriftlicher Zeugnisse aus Georg Elsers und seiner Angehörigen Hand wird vergrößert durch das Dilemma, dass nationalsozialistische Politik und Ideologie auch eine objektive staatliche Überlieferung in Gestalt archivalischer Dokumente oder von Prozessakten verhindert haben. Einzig das zufällig überlieferte Protokoll der Polizeiverhöre im November 1939 steht als amtliches wie autobiographisches Material aus der NS-Zeit dem Historiker zur Verfügung. Umso wichtiger ist die von Anton Hoch begründete Sammlung von Materialien im Archiv des Instituts für Zeitgeschichte München (Bestand ZS/A 17 sowie diverse Zeugenschriften und Nachlässe), die auch digital zugänglich sind. Im Staatsarchiv München werden aufschlussreiche Unterlagen verwahrt, die aus der Tätigkeit des Landgerichts München nach dem Zweiten Weltkrieg in Sachen Georg Elser entstanden sind, insbesondere die Zeugenvernehmungen anlässlich der Untersuchung seiner Ermordung in Dachau.

Im Archiv der KZ-Gedenkstätte Dachau war Andre Scharf sehr hilfreich und nicht minder Albert Knoll mit Auskunft und gutem Rat. Im Archiv der KZ-Gedenkstätte Sachsenhausen konnte ich die Materialien des Prozesses gegen Kurt Eccarius und weitere Dokumente einsehen. Monika Liebscher, Bibliothekarin, und Dr. Astrid Ley, stellvertretende Leiterin der Gedenkstätte, haben mir den Zugang ermöglicht, wofür ich ihnen herzlich danke. Auch Matthias Mann in der Gedenkstätte Deutscher Widerstand war wieder sehr hilfreich.

Wichtige Dokumente, die in einigen der genannten Archive oder im Schweizer Bundesarchiv Bern verwahrt werden, sind in der Schriftenreihe der Elser-Gedenkstätte Königsbronn veröffentlicht, ergänzt durch Studien aus lokaler und regionaler Perspektive, die mir wertvolle Einsichten vermittelten.

Unterlagen über Leben und Tod Georg Elsers sind in der Gedenkstätte Deutscher Widerstand in Berlin zu finden, ebenso in der Georg-Elser-Gedenkstätte Königsbronn. Deren Leiter Joachim Ziller hat meine Arbeit durch Auskünfte und Recherchen, durch die Herstellung von Kontakten und durch Hinweise auf Irrtümer unermüdlich gefördert. Unterstützt von seinen Mitarbeitern Engelbert Frey und Josef Seibold hat er darüber hinaus mein Verständnis von Wesen und Charakter der Menschen zwischen Härtsfeld und Albuch, die Georg Elser verkörperte, ungemein bereichert. Wie Barbara Distel, ehemalige Leiterin der KZ-Gedenkstätte Dachau hat

Ulrich Renz, Elser-Forscher und Publizist, sich der Mühe unterzogen, Teile meines Manuskripts kritisch zu lesen. Ulrich Renz hat mir darüber hinaus mit vielen Auskünften zu entlegenen Details geholfen. Ihnen allen danke ich sehr herzlich.

Gespräche über Georg Elser, die Wirkungsgeschichte seiner Tat, die Reaktion der Königsbronner Mitbürger und ihrer Nachfahren waren mir wichtige Quellen. Dafür danke ich Hans-Ulrich Koch (Georg Elser Arbeitskreis Heidenheim), Bürgermeister a. D. Kurt Keller (Hermaringen) Hans-Dieter Diebold (Elser-Kreis Hermaringen), Pfarrer Ulrich Kadelbach (Stuttgart), Pfarrer Hermann Hörger (Lindau) und vielen anderen.

Zu danken habe ich Irmela Roschmann-Steltenkamp und Angela Siebert in der Bibliothek des Zentrums für Antisemitismusforschung für ihre Findigkeit bei der Beschaffung entlegener Literatur. Johanna Blender und Laura Stöbener haben das Manuskript betreut und Janna Rösch im Verlag C.H.Beck hat weitere Mühen daran gewendet, um es zum Druck zu befördern.

Literatur

Angeführt sind die wichtigsten Monografien zum Thema Georg Elser. Weitere Titel, insbesondere Artikel und Aufsätze in Zeitungen und Zeitschriften sind in den Anmerkungen zum Text zu finden. Alle Titel mit dem Erscheinungsort Königsbronn sind in der Schriftenreihe der Georg Elser Gedenkstätte Königsbronn erschienen.

Benz, Wolfgang: Im Widerstand. Größe und Scheitern der Opposition gegen Hitler, München 2019.

Berthold, Will: Die 42 Attentate auf Adolf Hitler, Wien 1997.

Best, S. Payne: The Venlo Incident, London 1950.

Engelsing, Tobias und Renz, Ulrich: Elser & Sohn, Prägende Jahre am Bodensee, Königsbronn 2009.

Erinnerungs- und Forschungsstätte Johann-Georg-Elser (Hrsg.): Kampf um Gerechtigkeit. Das Schicksal der Familie Hirth. Mit einem Vorwort von Ulrich Renz und Dokumenten zu ihrem Kampf um Entschädigung, Königsbronn 2007.

Fritze, Lothar: Die Bombe im Bürgerbräukeller. Der Anschlag auf Hitler vom 8. November 1939. Versuch einer moralischen Bewertung des Attentäters Johann Georg Elser, in: Jahrbuch der Juristischen Zeitgeschichte 1 (1999/2000), S. 206–216 (Erstveröffentlichung in: Frankfurter Rundschau vom 8. 11. 1999).

Fritze, Lothar: Legitimer Widerstand? Der Fall Elser, Berlin 2009.

Fritze, Lothar: Gesichtspolitischer Fehlschlag. Zum Verständnis eines Skandalisierungsversuchs, in: Aufklärung und Kritik, 2/2010, S. 203–210.

Georg-Elser-Arbeitskreis (Hrsg.): Gegen Hitler – gegen den Krieg! Georg Elser. Der Einzelgänger, der frei und ohne Ideologie, auf sich selbst gestellt, bereit war zum Eingriff in die Geschichte. Überarbeitete und erweiterte Neuausgabe, Heidenheim 2003.

Georg Elser Gedenkstätte Königsbronn (Hrsg.): Die Akte Elser, Königsbronn 2000.

Georg Elser Gedenkstätte Königsbronn (Hrsg.): Das Protokoll. Die Autobiografe des Georg Elser. Mit Beiträgen von Joachim Ziller, Ulrich Renz und Lothar Gruchmann, Königsbronn 2006.

Gisevius, Hans Bernd: Bis zum bitteren Ende, Zürich 1947.

Gisevius, Hans Bernd: Wo ist Nebe? Erinnerungen an Hitlers Reichskriminaldirektor, Zürich 1966.

Groscurth, Helmuth: Tagebücher eines Abwehroffiziers 1938–1940. Mit weiteren Dokumenten zur Militäropposition gegen Hitler, hrsg. von Helmut Krausnick u. a., Stuttgart 1970.

Gruchmann, Lothar (Hrsg.): Johann Georg Elser. Autobiografie eines Attentäters. Aussage zum Anschlag im Bürgerbräukeller, Stuttgart 1970.

Haasis, Hellmut G.: »Den Hitler jag ich in die Luft«. Der Attentäter Georg Elser, Hamburg 2009.

Hoch, Anton: Das Attentat auf Hitler im Münchner Bürgerbräukeller 1939, in: Vierteljahrshefte für Zeitgeschichte 17 (1969), Heft 4, S. 383–413.

Hoch, Anton und Gruchmann, Lothar: Georg Elser: Der Attentäter aus dem Volke. Der Anschlag auf Hitler im Bürgerbräu 1939, Frankfurt am Main 1980.

Hochhuth, Rolf: Erst mußte er die Baßgeige verkaufen. Johann Georg Elser, in: Ders.: Panik im Mai. Sämtliche Gedichte und Erzählungen, Reinbek bei Hamburg 1991, S. 115–175.

Koop, Volker: In Hitlers Hand. Die Sonder- und Ehrenhäftlinge der SS, Köln 2010.

Meyer, Winfried (Hrsg.): Verschwörer im KZ. Hans von Dohnanyi und die Häftlinge des 20. Juli 1944 im KZ Sachsenhausen, Berlin 1999.

Naujoks, Harry: Mein Leben im KZ Sachsenhausen 1936–1942. Erinnerungen des ehemaligen Lagerältesten. Bearbeitet von Ursel Hochmuth, hrsg. von Martha Naujoks und dem Sachsenhausen-Komitee für die BRD, Köln 1987.

Ortner, Helmut: Der Einzelgänger. Georg Elser. Der Mann, der Hitler töten wollte, Rastatt 1989. (Neuauflagen mit ähnlichen Titeln an mehreren Orten)

Renz, Ulrich: Georg Elser. Allein gegen Hitler, Stuttgart 2014.

Renz, Ulrich: Elser und die Kommissare. Bericht über eine Spurensuche, Königsbronn 2008.

Renz, Ulrich: Georg Elsers Heimat. Beiträge über den Königsbronner Widerstandskämpfer. Mit einem Vorwort von Bürgermeister Michael Stütz und einem Nachwort von Joachim Ziller, Königsbronn 2004.

Renz, Ulrich (Bearbeiter): »Gebt ihm seine Tat zurück.« Erwin Roth findet die Wahrheit über Georg Elser, Königsbronn 2001.

Renz, Ulrich (Bearbeiter): Der Fall Niemöller. Ein Briefwechsel zwischen Georg Elsers Mutter und dem Kirchenpräsidenten, Königsbronn 2002.

Renz, Ulrich (Bearbeiter): In der Sache Gisevius. Ein Augenzeuge des 20. Juli urteilt über Georg Elser, Königsbronn 2003.

Renz, Ulrich (Bearbeiter): Georg Elsers Abschied. Angehörige und andere Zeugen berichten über die letzte Begegnung mit dem Widerstandskämpfer, Königsbronn 2005.

Renz, Ulrich: Elser und Elsa. Geschichten um den Königsbronner Widerstandskämpfer. Königsbronn 2014.

Renz, Ulrich: Elser und der Fabrikant und weitere Beiträge zu Leben und Tod des Widerstandkämpfers, Königsbronn 2020.

Riedel, Dirk A.: Kerker im KZ Dachau. Die Geschichte der drei Bunkerbauten, Dachau 2002.

Rogoss, Achim/Hemmer, Eike/Zimmer, Edgar (Hrsg.): Georg Elser – Ein Attentäter als Vorbild, Bremen 2006.

Schoebe, Gerhard: Die Hitler-Rede vom 8. November 1939, Hamburg 1960.

Sheppard, Stephen: Georg Elser. Roman, München 1989.

Steinbach, Peter und Tuchel, Johannes: »Ich habe den Krieg verhindern wollen«. Georg Elser und das Attentat vom 8. November 1939. Eine Dokumentation. Katalog zur Ausstellung, Berlin 1997.

Steinbach, Peter und Tuchel, Johannes: Georg Elser. Der Hitler-Attentäter, Berlin 2010.

Stern, Joseph Peter: Der Führer und das Volk, München 1978 (zuerst London 1975).

Stiftung Topographie des Terror (Hrsg.): Das »Hausgefängnis« der Gestapo-Zentrale in Berlin. Terror und Widerstand 1933–1945, Berlin 2005.

Straßer, Otto: Hitler und ich, Konstanz 1948.

Urner, Klaus: Der Schweizer Hitler-Attentäter. Drei Studien zum Widerstand und seinen Grenzbereichen, Stuttgart 1980.

Zahl, Peter-Paul: Johann Georg Elser. Ein deutsches Drama, Berlin 1982.

Bildnachweis

Frontispiz: Schweizerisches Bundesarchiv, Bern – E4320B#1970/25#2*
Seite 10, 25, 27, 28, 29, 32, 33, 42, 76: Privatbesitz/Reproduktion Gedenkstätte Deutscher Widerstand, Berlin
Seite 12, 31, 112, 116, 117: Gedenkstätte Deutscher Widerstand, Berlin
Seite 16: Gemeinde Königsbronn/Reproduktion Gedenkstätte Deutscher Widerstand, Berlin
Seite 85: Stadtarchiv, München (Signatur: FS-STB-0550)
Seite 87, 88: Institut für Zeitgeschichte, München (ZS/A 17/5)
Seite 95: Sammlung Berliner Verlag/Archiv/Süddeutsche Zeitung Photo, München
Seite 104: TT News Agency/SVT/akg-images, Berlin
Seite 119, 130: Reproduktion Gedenkstätte Deutscher Widerstand, Berlin
Seite 131, 147: Schweizerisches Bundesarchiv, Bern – E4320B#1970/25#2*
Seite 133: Bayerische Staatsbibliothek/Heinrich Hoffmann/bpk-Bildagentur, Berlin
Seite 154: United States Holocaust Memorial Museum (Foto-Nr. 75041) – Abdruck mit freundlicher Genehmigung von William und Dorothy McLaughlin
Seite 182: Foto: Georg Elser Gedenkstätte Königsbronn/Gerhard Konold
Seite 197: Public Domain/Wikimedia Commons

Personenregister